청동기시대의 고고학 1
인간과 환경

지은이(집필순)

문영롱	한국고고환경연구소
이홍종	고려대학교
이희진	고려대학교 고고환경연구소
안승모	원광대학교
김민구	전남대학교
外山秀一	皇學館大學
山崎純男	고려대학교 고고환경연구소
김건수	목포대학교

한국고고환경연구소 학술총서 12

청동기시대의 고고학 1 : 인간과 환경

초판인쇄일	2014년 7월 25일
초판발행일	2014년 7월 30일
편 저 자	이홍종, 이희진
발 행 인	김선경
책 임 편 집	김윤희, 김소라
발 행 처	**서경문화사**
	주소 : 서울시 종로구 이화장길 70-14(동숭동) 105호
	전화 : 743-8203, 8205 / 팩스 : 743-8210
	메일 : sk8203@chol.com
등 록 번 호	제300-1994-41호
ISBN	978-89-6062-125-1 94900(세트)
	978-89-6062-126-8 94900

정가 16,000원

청동기시대의 고고학 1

인간과 환경

이홍종 · 이희진 편

서경문화사

서 문

　대한민국의 고고학은 해방 이후 1946년에 경주의 호우총을 처음 발굴하면서 비로소 탄생기를 맞이하게 되었다. 그 뒤 한국고고학 전문 서적으로 국가 주도의 『한국사론』이 1983년 국사편찬위원회에서 출판되었지만, 시대 구분이 가능할 정도의 단순한 편년만을 갖추고 있어 한국고고학은 소아기를 벗어나지 못하고 있었다. 아직 발굴을 통한 고고자료가 많이 부족한 상태였고, 발굴기법이나 유물에 대한 기록도 미숙하였으며, 연구 인력도 대학과 국립박물관에 한정된 상태였다.

　한국고고학이 질풍노도와 같은 사춘기를 겪기 시작한 것은 1994년 발굴조사연구기관이 설립된 이후이다. 1995년에는 전해보다 40%를 초과하는 발굴조사가 진행되었고, 이때부터 발굴조사는 급격히 상승하여 2001년에는 469건의 유적이 조사되었다. 이는 거의 하루에 1건 이상의 유적이 발굴되었음을 의미하는 것이다. 그리고 취업의 문이 넓어진 탓에 젊은 연구자가 양산되었다. 특히 산더미처럼 쌓이는 고고자료는 과거처럼 소수 연구자에 의한 연구의 주도를 불가능하게 하였고, 각 지역마다 별도의 성과를 도출할 수밖에 없었다. 따라서 다수의 연구자에 의한 다양성의 시기였으며 또한 혼란의 시기이기도 했다. 그 중에서도 청동기시대에 대한 유적 조사가 압도적이었고, 이에 상응하여 청동기시대를 연구하는 분위기도 고조되었다.

　2007년 비로소 한국청동기학회가 창립되면서 청동기시대 모든 연구자가 특유의 인화력을 중심으로 정보의 공유, 발굴현장의 공개, 연구토론 등을 펼쳐나가게 되었다. 그 결과로서 각 지역의 대표적인 회원들이 그들의 연구력을 집약하여 출판하게 된 것이 본 『청동기시대의 고고학』 전 5권이다. 1권은 『인간과 환경』, 2권은 『편년』, 3권은 『취락』, 4권은 『분묘와 의례』, 5권은 『도구론』으로 구성되었는데, 약 50명의 연구자가 참가하여 다양한 주제를 치밀하게 다루고 있다.

　본서의 내용은 각 연구자마다 다른 주장처럼 보이겠지만, 언젠가 각자의 논리들은 하나의 학설로 융합하여 다양한 색채로서 역사적 진실의 공간을 채울 것이라 확신한다. 따라서 본서는 현재 우리들의 자화상이고, 또 미래를 향한 또 다른 사색의 출발점이기도 하다. 이 점을 본서의 출판이 가지는 가장 큰 가치라 보고 싶다. 이 출판을 통하여 한국 국가 발생의 맹아적 성격을 가진 청동기 시대 연구가 한국고고학을 청년기로 이끌어 나갈 수 있을 것이라 믿어 의심치 않는다.

끝으로 바쁘신 중에도 원고의 집필을 수락하여 옥고를 제출해 주신 50여 명의 집필진과 특히 2인 1조로 각 권의 책임편집을 맡아주신 10명의 편집자 분들, 그리고 책의 출판을 허락해 주신 서경문화사 관계자 여러분들께 감사의 말씀을 올린다.

2014년 7월

제3대 한국청동기학회장 안 재 호
한국고고환경연구소장 이 홍 종

목 차

총 설

환경은 인류문화의 요람이자 그 흥망성쇠를 주관하는 중요한 변수 중의 하나이다. 따라서 인류문화를 이해하기 위해서는 그 배경인 고환경의 복원 및 자연자원의 이용상을 검토하여 인간과 자연환경간의 상호작용에 대한 심도있는 연구가 필수적으로 요구된다고 하겠다. 그럼에도 생태유물과 같은 특수 환경자료를 다루어야 하는 방법론상의 어려움으로 인해 고환경에 관한 연구는 오랫동안 제한적으로 이루어져 왔다. 그러나 지난 30여 년 동안 본격적으로 시작된 환경고고학적 연구에 힘입어 청동기시대의 기후환경, 식생, 자연자원의 이용 및 농경에 관한 기초적인 자료가 상당량 축적되었다. 더불어 근래에 들어 새로운 방법론의 확대적용으로 인해 청동기시대 환경에 관계한 인간활동의 다양한 면모가 속속 밝혀지고 있다.

따라서 이 책에서는 기존의 연구성과와 새로운 자료의 해석방법에 대해 다각적으로 소개하고자 한다. 이를 위해 일찍이 연구가 시작되어 방대한 자료가 집성된 고식생과 지표환경의 복원, 작물자료 및 어패류에 관한 연구 성과를 정리하고 과거의 환경과 청동기시대 생업양상을 정리하였다. 한편, 새로운 시도로서 매몰된 고지형을 추적하여 청동기시대 취락의 입지 및 경관의 정밀한 복원을 가능케 할 수 있는 지형고고학적 분석방법도 소개하였다. 그리고 식물의 이용에 관해서는 종래의 주 연구대상이었던 탄화종실 외에 토기 내 식물이나 동물의 압흔 그리고 토양에서 검출한 규산체의 분석을 통해 풍부한 정보를 얻을 수 있는 방법 등을 살펴보고자 하였다. 특히, 기존에 잘 정리되지 않았던 야생식물에 관한 목록을 수록하여 농경과 더불어 일상생활에 중요한 기능을 하였던 식물채집에 대한 기초자료를 제공하였다.

제1부는 청동기시대의 고환경을 다루었는데, 주로 기후환경, 식생, 지표환경 및 지형의 복원에 관한 연구를 집성하고 정리하였다. 이를 기반으로 하여 청동기시대인이 선호한 경관과 그 활용상에 관한 측면을 집중적으로 조망하였다.

문영롱은 화분분석을 중심으로 청동기시대 식생복원의 연구를 정리하였다. 화분분석은 가장 선행연구가 많이 축적된 분야의 하나로서 지역에 따른 청동기시대의 식생변화를 거시적으로 살필 수 있다. 이를 통하여 냉량 건조한 기후를 유지하였던 강원지역, 온난 습윤한 기후가 지속되었던 호남지역 그리고 온난 습윤한 기후에서 서서히 냉량 건조화로 변화하는 경기, 영남 및 충청지역 등의 지역별 특성을 검토하였다.

이홍종은 항공사진을 활용한 고지형의 분석을 통해서 현재 매몰되어 있는 청동기시대 경관을 다각도로 분석하였다. 본고에서는 지형고고학의 실제적 분석방법을 상세히 서술하여 과거 지형의 단위, 규모와 형성 및 매몰과정에 대한 이해를 도왔다. 분석결과를 기반으로 과거 대단위 환경변화에 따른 충적지의 형성과 지형안정기의 큰 흐름하에서 취락 주변의 미지형을 복원하고, 이에 따른 다양한 인간활동의 가능성을 제시하였다.

이희진은 그동안의 청동기시대 농경관련 연구를 바탕으로 지표환경의 모습과 발굴된 경작지 토양의 특성에 기반한 초기 농경의 형태를 추정하였다. 청동기시대에는 전반적으로 높은 지하수위와 충적지의 세립질 토양의 퇴적이 원시적인 수전이 입지하기에 좋은 조건을 제공하였으며 또한, 저지대의 건류화에 따른 농경공간의 확장이 주목된다. 이와 더불어 화전, 전작 및 수도작 등의 다양한 농경활동이 지속될 수 있는 기후환경, 토양조건 및 경작기술의 문제 등에 관하여 논의를 제기하였다.

제2부는 인간과 자연환경의 활용이라는 주제로 다양한 분석방법을 통한 작물 및 야생식물상의 복원과 어패류의 이용상 등에 대하여 다루었다.

안승모는 식물고고학적 연구성과를 총집성하여 청동기시대 작물이용 상황과 작물체계를 복원하였다. 주거지 출토 탄화종실의 발견정황을 세밀히 검토하고 작물조성 및 지역적 특징을 청동기시대 전반부와 후반부로 나누어 살펴보았다. 그 결과 벼, 조, 기장, 보리, 밀, 콩 등이 대체적으로 공존하지만 지역별로 우세하는 종의 비율이 변화하는 양상이 간취되었다.

김민구는 잘 다루어지지 않았던 선사시대의 야생식물 이용상에 대하여 정리하였다. 일본 죠몬 시대 식물자료와의 연구성과를 비교하여 청동기시대 식물의 생장주기와 가용식물들을 검토하였다. 또한, 중국 한나라의 시경에 나타나는 채소류에 대한 문헌적 검토와 함께 한반도의 야생식물을 정리한 목록을 제시하였는데, 향후 생업연구와 식물상의 이해를 위한 참고자료로서 널리 활용될 수 있을 것이다.

外山秀一은 한반도 농경유적의 플랜트오팔(규산체) 분석에 활발히 참여한 연구자로서, 주요 유적의 플랜트 오팔 출토상황을 상술하고, 출토 유적의 입지를 살폈으며, 나아가 한일 도작문화에 대한 통합적 시각 속에서 도작관련 자료를 다루었다.

山崎純男는 최근 본격적으로 시작된 토기압흔의 연구현황을 상세하게 소개하였다. 특히 토기압흔이 생성되는 과정과 빈번히 확인되는 식물과 곤충상을 풍부한 사진자료와 함께 자세하게 기술하였다. 향후, 토기압흔 연구를 위한 모범적 교본으로 활용될 수 있으리라 기대된다. 아울러 일본 죠몬시대와 야요이시대 그리고 한반도의 청동기시대 토기압흔의 분석자료를 비교 검토하여 각각의 고유한 특성을 살펴보았다.

김건수는 청동기시대 어패류의 이용상에 대한 정리를 통하여 한반도 근해의 가용 어류자원과 계절적 이용의 지역적 차이와 집단에 따른 선호도 등을 제시하였다. 비록 신석기시대와 철기시대에 비해 수는 적지만 동해안에서는 한류성 어류가, 서해안에서는 회유어종이 주를 이루는 등의 특색을 보인다. 또한 어패류의 분석과 어구의 연구를 통하여 대표적 청동기시대 패총인 고남리와 소송리패총은 연중 지속적으로 활용되었을 가능성을 제기하였다.

선사시대는 고환경이 곧 과거사회의 경제 그 자체라고 해도 과언이 아닐 것이다. 따라서 본 책에서 소개한 과거 환경과 이를 바탕으로 한 인간의 생활모습을 복원하는 연구방법들이 청동기시대 연구를 다각적으로 활성화시킬 수 있는 하나의 계기가 될 수 있기를 기대하는 바이다.

제1부
청동기시대의 고환경

제1장
고기후와 고식생

문영롱   한국고고환경연구소

Ⅰ. 머리말

지구상에 존재하는 모든 생명체는 태양과 대기, 그리고 육상과 바다 간의 복잡한 상호 작용의 결과물인 기후의 영향을 절대적으로 받는다. 인간도 예외일수는 없으며, 특히 자연환경을 변화시키는 능력이 현재보다 약한 청동기시대 선사인에게 기후는 전 생애 뿐 아니라 세대를 이어 장기간에 걸쳐 관여한다. 주거지의 위치 및 가옥의 재료, 의복의 종류와 형태, 그리고 식량자원의 종류와 획득시기 등 모든 선사인들의 생활은 기후를 포함한 지형, 식생, 수문, 토양 등의 환경으로부터 지배적인 영향을 받아, 이들을 배제하고는 그들의 생활상을 생각할 수 없다.

청동기시대 자연환경 복원에 앞서 개략적인 연대범위를 설정해 둘 필요가 있다. 이를 위해 먼저 해결해야 할 점으로, 첫째는 자연적인 현상을 인간 중심의 시대 구분 기준과 중첩하므로 발생하게 되는 어려움이다. 다시 말해서, 청동기시대는 최종빙기 최성기 이후 빙하가 후퇴되고 나서 약 10,000년 전부터 현재까지의 시기인 홀로세(Holocene)에 속하는 것은 확실하다. 그러나 청동기시대가 홀로세 기간 중 정확히 어느 시기에 해당되는지는, 청동기시대라는 구분 자체가 시공간적 범위설정과 함께 인간의 사회문화적 변화가 결부되어 있기 때문에, 지역에 따라 그 시기가 다르다는 문제점이 있다. 둘째는 복원될 고기후의 규모 문제로, 기후는 매우 짧은 시간 안에 급속하게 변화하면서도, 때로는 아주 큰 시간규모를 가지고 느리게 변화한다. 전자의 경우 그 기후요소나 인자와 관련된 흔적은 협소한 범위에서 출현하거나 쉽게 사라질 수 있지만, 후자는 보통 대규모의 범위에서 다방면에 걸쳐 증거가 남는다.

따라서 위의 문제점들을 고려해 본문에서는 국내에서 논의된 청동기시대 편년 중 광범위한 시기를 다룬 신숙정(2001, 3쪽)의 편년을 기초로 하여, 3,500~2,000년 BP(BC 1,835~14년)를 자연환경 복원의 대상범위로 정한다. 그리고 대리자료(proxy data)를 통해 선사시대의 기후를 추정하기 위하여 비교적 신뢰도가 높은 전 지구적 범위에서의 기후변화를 우선 논하고자 한다. 더불어 본문 중에 삽입된 BP 연대는 원문표기에 따라 미보정된 연대로써, 이 연대를 Stuiver et al.(1998)가 제시한 연대보정프로그램인 CALIB 4.3을 참조하여 보정된 AD/BC연대를 함께 제시하였다.

Ⅱ. 전 지구적 기후변화

글로 기록된 사실이 없는 선사시대의 고기후는 대리자료(proxy data)에 의존해 추정 가능하다. 고기후의 대리자료는 기후의 영향을 받는 모든 생명체와 다양한 지질학적 증거들로, 대표적인 종류로는 육안으로 확인 가능한 대형화석, 현미경을 통해 동정되는 미화석, 지질학적 지식이 요구되는 퇴적학적 증거와 고도의 기술을 이용한 동위원소 증거들이 있다(표 1). 이 중 전통적으로 가장 많이 이용되는 대리자료는 화분(pollen)으로, 과거에 식물의 생식활동을 위해 바람이나 동물, 또는 물에 의해 화분이 산포되는 과정에서 현재까지 화석의 형태로 남은 화분이 연구자들에 의해 채취되어 고환경 복원에 이용된다. 이 화분의 모식물(母植物)은 당시의 기후와 지형, 토지이용 상태를 가장 잘 반영하고 있어 화분분석(pollen analysis)을 통해 기후변화나 인간활동 양상 등을 추적할 수 있고, 여타 미화석과 비교해 자료획득이 비교적 용이하다는 장점이 있다. 그러나 환경 변화가 발생하고부터 식물이 성숙될 때까지의 지연시간이 다소간 존재한다.

표 1 _ 고기후 대리자료의 종류(Bell and Walker 2004, 22쪽 수정)

대형화석	대형식물유체, 연체동물, 곤충, 포유류 등의 화석
미화석	화분, 포자, 규조, 유공충, 미세 숯 등
퇴적학적 증거	토탄, 호수퇴적물, 동굴퇴적물, 빙하퇴적물, 사면퇴적물, 범람원퇴적물, 풍성퇴적물, 고토양, 해안퇴적물과 지형, 심해저퇴적물, 빙하코어 등
동위원소 증거	심해저 퇴적물 화석 내 탄소, 빙하코어 내 산소, 동굴 내 2차 생성물의 동위원소, 나이테, 토탄 등에 포함된 탄소 및 산소 등

전 세계 연구자들은 화분을 비롯한 다양한 대리자료를 이용해 생물의 생육 특성이나 기온 및 해수면 변동에 따른 증거들을 수집하여 각 지역 혹은 전 세계의 고환경을 복원하기 위해 노력하고 있다(그림 1). 그 중 식생 변화 및 편년자료를 현재의 기후와 관련지어 만든 것이 〈그림 1〉(가)의 중부유럽 편년자료이다. 이 연구는 약 18,000년 전부터 현재까지를 선드라이아스(Oldest Dryas)부터 후기 온난기(Subatlatikum)로 나누어, 시기에 따른 식생 분포범위와 기후를 설명한다. 중부유럽에서 3,500~2,000년 BP(BC 1,835~14년)는 현재보다 기온이 2~3℃ 하강한 늦은 온난기(Subboreal; 약 4,500~2,500년 BP)와 후기 온난기(약 2,500년 BP~현재)에 속한다(윤순옥 1996, 22쪽).

또한, 이 시기는 방사성 탄소생성율에 의해 추정된 태양활동 약화시기 중 세 번째 시기인 T3 시기(약 2,750년 BP)와 중첩되며, 빙하 쇄설물량의 증가와 낮아진 해수면 온도로 확인되는 북대서양 한랭 이벤트인 본드 이벤트(Bond event)의 2시기(약 2,700년 BP)와도 일치한다(그림 1(나)와 (다); Stuiver and Reimer 1993; Bond et al. 1997; 小泉 格 2007, 66쪽에서 재인용). 특히 3,500~2,500년 BP(BC 1,835~644년)는 홀로세의 6개의 급속한 기후변화 시기 중 하나로 꼽히고 있어(Mayewski et al. 2004, 246쪽), 고기후 연구자들에게 아주 흥미로운 시기이기도 하다.

이처럼 기후에 영향을 미치는 태양활동, 빙하 및 해류의 변화와 같은 전 지구적 시스템은 너무나 거대해 마치 지구상의 각 지역들과는 별개의 것으로 작동하는 것 같지만, 각각은 톱니바퀴처럼 연결되어 지역적 특성을 고려해 다양한 방식으로 나타났다. 동일 시기의 기후변화로 인해 북대서양에서는 빙하가 이동하고, 스칸디나비아지역에서 산림한계선은 남하하며, 중위도에 위치한 칠레는 이전보다 습윤해지고, 저위도의 동아프리카, 아마존분지, 적도 및 버뮤다 지역은 극도로 건조해졌다(Bond et al. 1997, 1260쪽; van Geel et al. 2000, 661쪽; Haug et al. 2001, 1306쪽).

이러한 기후변화는 이미 기존 환경에 적응한 인간에게도 변화를 요구했고, 의식주뿐만 아니라 문명 성쇠에도 결정적인 영향을 미치게 된다. 예를 들면, BC 1,200~800년 사이에 유라시아 대륙에서는 민족 대이동이 활발하게 일어나면서 아리안족의 에게해 미케네와 미노아 문명 유린, 스키타이의 대이동, 동남아 한민족의 폴리네시아 진출 등을 발생시켰다(정회성 2009, 98쪽). 또한 중국 남부의 Dongge 동굴 내 2차 생성물인 석순의 $\delta^{18}O$ 값을 측정해 아시아 계절풍[1]의 변화를 살펴본 Wang et al.(2005)의 연구에 의하면, 아시아 계절풍이 두드러지게 약화되는 시기는 약 1,200년 간격으로 8차례 출현하며, 이 중 6차례는 본드 이벤트와 중첩되고, 특히 본드 이벤트의 3시기는 중국 신석기시대 종말이 일어났던 시기와 일치한다(그림 1(다)).

---

1) 계절풍(monsoon) : 대륙과 해양간의 계절적 온도차로 발생하는 것으로, 한반도를 포함한 아시아와 아프리카에서는 바람과 강우패턴에 지배적인 영향을 미친다(안중배 · 김해정 2010, 92쪽; Akin 1991, 42쪽).

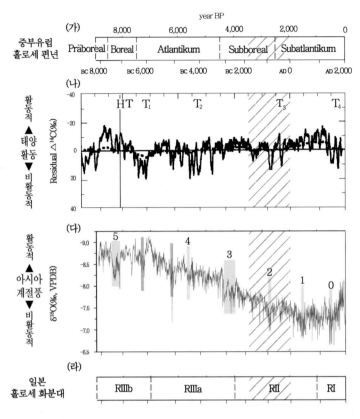

(가) 중부유럽의 홀로세 편년(Murawski 1992; 윤순옥 1996, 22쪽 수정 및 재인용)

(나) 태양활동 변화 그래프. HT와 T1~4는 태양활동 약화시기(Stuiver and Reimer 1993; 小泉 格 2007, 66쪽 재인용)

(다) 중국 Dongge 동굴 내 2차 생성물의 $\delta^{18}O$ 분석을 이용한 아시아 계절풍 변화 그래프. 8개의 음영은 계절풍이 약화된 시기로, 0~5는 본드 이벤트를 의미(Wang et al. 2005, 855쪽 수정)

(라) 일본의 홀로세 화분대(Nakamura 1952; 박지훈·이상헌 2008, 59쪽 수정 및 재인용)

그림 1 _ 전 지구적 고기후 변화(사선은 청동기시대)

우리나라와 인접한 일본에서는 Nakamura J.(1952)가 화분분석 결과를 상호 비교해 홀로세 식생형을 RI~RIII기까지 구분하였다. 이 중 한반도 청동기시대와 교차하는 시기는 4,000~1,500년 BP(BC 2,513~AD 582년)의 RIIIa기인 감난(感暖)기로, 4,000년 BP(BC 2,513년) 이전인 R II 기의 온난했던 기후가 RIII기에 다소 냉량해지고 아고산림이 증가했다.

Yasuda(1983)는 3,000년 BP(BC 1,217년)와 2,500~2,000년 BP(BC 644~14년)에 연평균기온이 2~3℃ 낮아졌으며, 고산지대와 사면에서의 활발한 빙하활동이 있었다고 주장한다. 그리고 Grossman(2001)은 일본 중부지방에 위치한 아라(Ara)강에서 대형 범람의 강도가 5,500년

BP(BC 4,329년)를 기점으로 급격하게 변화하면서 3,250년 BP(BC 1,526년)에 최소로 나타나, 이 시기에 기온이 조금 냉량해졌다고 추정했다. 왜냐하면 대규모 범람이 발생하기 위해서는 태풍의 발생강도가 중요한데, 태풍의 규모 및 경로에는 지구 온난화가 뒷받침되기 때문이다.

Ⅲ. 한반도의 청동기시대 고기후 변화와 고식생 환경

한반도의 고기후와 관련해 가장 초기단계에서 논의한 것은 中井信之·홍사욱(1982)이다. 그들은 동해안의 영랑호에서 호저퇴적물의 유기탄소 함량, $\delta^{13}C$ 값 및 황화광물(sulfide mineral)의 함량 분석을 통해 3,000년 BP(BC 1,217년)경에는 온난했으나, 4,000년 BP(BC 2,513년)와 2,500년 BP(BC 644년)경에는 약간 냉량하다고 보았다.

서해안에서는 황상일(1998)이 일산 충적평야 퇴적물의 퇴적상, 탄소연대측정자료, 규조분석결과 등을 종합적으로 검토하여 해수면 변동 역사를 복원하고, 해진과 해퇴에 따른 고지리 변화상을 확인하였다. 여기서 해수면 변동은 현재 우리가 당면하고 있는 전 지구 평균 기온 상승에 따른 해수면 상승과 동일하게 기후와 밀접한 연관성이 있기 때문에, 과거의 해수면 변동곡선은 당시의 기후변화를 온전히 반영한다고 볼 수 있다.

Yoon et al.(2012)은 한반도 홀로세 기후변화 및 인간간섭에 따른 홀로세의 주요 식생 변화를 1,000년 단위의 등시화분도(Isopollen map)를 작성해 나타내었다. 그 결과 습윤한 저습지 환경을 대변하는 오리나무 屬이 4,000년 BP(BC 2,513년)경 동해안과 서해안 북부에서 우점하였으나 2,000년 BP(BC 14년)에 이르러 급속히 감소하였고, 소나무 屬은 반대의 경향을 나타내었다. 그리고 참나무 屬은 4,000년 BP(BC 2,513년)에 동해안과 남해안에서 산림의 많은 부분을 구성한 것으로 생각되며, 이후 전국에서 점진적으로 감소했다.

그러나 Yoon et al.(2012)의 연구에서 보여주듯이, 한반도의 지형적 특성상 우리나라 전체의 특정시기 고기후를 복원하는 것은 어려운 일이다. 다시 말해서, 우리나라는 유라시아 대륙 동안에 위치하며, 남북으로 긴 반도이고, 국토의 70% 이상이 산지로 구성되어, 한반도의 기후를 복원하기 위해서는 동아시아 계절풍의 영향과 함께 위도, 해발고도 및 바다와의 거리에 따른 변화를 종합적으로 검토해야 한다. 이러한 문제는 단순히 몇 개의 국지적인 연구결과가 한반도 전체의 고기후를 대변할 수 없다는 것을 반증하고 있다.

표 2 _ 한반도 주요 수종의 특성(공우석 2006; 李永魯 1996; 최명섭 1996)

수종(학명)	생육 및 기타 특성
소나무 屬 (Pinus)	· 상록침엽수 · 한랭한 북부 고산지대부터 온난한 제주도 해안까지 전국에서 자생 · 척박하고 건조한 토양에서도 잘 자라서 산지 능선이나 토지이용에 따른 이차림 　으로도 출현 · 주요수종 : 소나무, 잣나무, 백송, 곰솔 등
참나무 屬 (Quercus)	· 상록 또는 낙엽교목 · 해발 100~1,800m 사이 산지에서 자생 · 양지의 비옥한 곳에서 왕성하게 생장 · 주요수종 : 상수리나무, 갈참나무, 떡갈나무, 신갈나무 등
오리나무 屬 (Alnus)	· 낙엽교목 또는 관목 · 전국의 고산지대 습원이나 하천유역 등의 습한 곳에서 생장 · 주요수종 : 물오리나무, 사방오리나무, 떡오리나무

따라서 본문에서는 한반도 청동기시대의 고식생 및 고기후 복원을 위해 한반도를 몇 개의 지역으로 구분하고, 3,500~2,000년 BP(BC 1,835~14년)의 화분분석과 대형식물유체 자료를 이용하였다. 고식생의 복원범위는 장기간의 평균적인 기후상태를 반영할 수 있는 목본류로 한정하였으며, 수종분석과 종실유체 동정 결과를 포함하는 대형식물유체의 경우 청동기시대 유적 내부에서 발견된 것과 대형식물유체의 연대측정결과가 이 시기에 포함되는 자료를 대상으로 하였다.

1. 강원지역

강원지역은 산지가 차지하는 비율이 높아 유적과 유물이 확인되는 지점이 해안에 집중되어 있다. 특히 홀로세 중기 해수면 상승으로 인하여 하곡이 내만으로 변하고, 연안류의 작용으로 사주나 사취 등이 만의 입구를 막아 형성된 석호가 다수 분포하고 있다(문영롱 2009, 4쪽). 석호 주변은 저평한 지형이 많고, 식량자원을 채취하기에 유리한 입지를 갖고 있어 여러 유적들이 확인된다. 이러한 석호 퇴적층과 함께 하천 주변 충적평야에서는 화분분석을 비롯해 고환경 복원을 위한 다수의 연구가 있다(그림 2).

강원지역의 고환경 초창기 연구로는 영랑호에서 실시한 塚田 외(1977)의 화분분석 연구가 있다. 청동기시대에는 소나무 屬이 우점하였으며, 참나무 屬에 이어 밤나무 屬, 개암나무 屬, 느릅나무 屬, 가래나무 屬 등이 상당수 출현하였다. 주문진(조화룡 1979), 영랑호(Chang and Kim 1982)와 향호(Fujiki and Yasuda 2004)에서는 청동기시대에 강원지역 일대가 소나무 屬과 참나무 屬이 동반 우점한 사실을 확인하였다. 특히 Chang and Kim(1982)의 연구는 참나무 屬과 소나무 屬의 우점과 함께 자작나무 屬, 서어나무 屬, 개암나무 屬, 버드나무 屬 등이 다수 출현해, 냉량한 기후

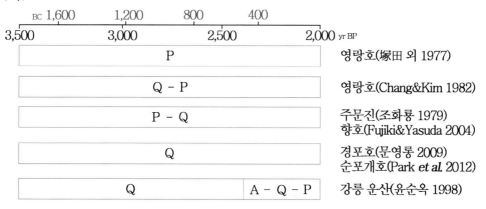

(가)

P		영랑호(塚田 외 1977)
Q - P		영랑호(Chang&Kim 1982)
P - Q		주문진(조화룡 1979) 향호(Fujiki&Yasuda 2004)
Q		경포호(문영롱 2009) 순포개호(Park et al. 2012)
Q	A - Q - P	강릉 운산(윤순옥 1998)

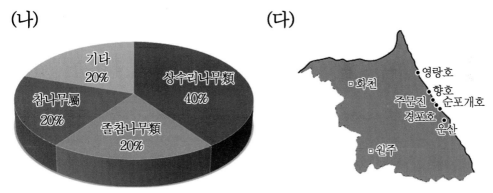

(가) 강원지역 화분분석 연구로 확인된 청동기시대의 우점 수종
    (A:오리나무 屬, P:소나무 屬, Q:참나무 屬)
(나) 유적의 수로 집계된 청동기시대 대형식물유체 출현 비율
    (참나무 屬은 類 단위로 동정되지 않은 참나무 屬 대형식물유체)
(다) 강원지역의 청동기시대 대형식물유체(□) 및 화분분석(●) 연구지점
그림 2 _ 강원지역의 고식생

를 반영한다고 추정하였다. 그리고 Fujiki and Yasuda(2004) 역시, 4,500년 BP(BC 3,219년)부터 전나무 屬, 가문비나무 屬과 솔송나무 屬이 출현해 향호 일대의 기후가 냉량해졌음을 시사하였다.

청동기시대에 경포호(문영롱 2009)와 순포개호(Park et al. 2012)에서는 참나무 屬이 우점하였다. 두 지역 모두 청동기시대에 참나무 屬이 점차 쇠퇴하고 있다는 공통점이 있으며, 순포개호에서는 그 이유를 동아시아 계절풍이 약화되어 기후가 건조해지면서 발생한 변화로 보았다. 이와 유사하게 강릉 운산(윤순옥 1998)에서는 청동기시대 초·중기에는 참나무 屬이 대세였으나, 약 2,400년 BP(BC 518년)경부터 오리나무 屬, 참나무 屬, 소나무 屬으로 우점 수종이 변화했다. 여기서 해안에 분포하는 소나무 屬에는 염분에 강한 해송도 다수 포함될 것으로 보인다.

소나무 屬은 중생대 이후 기후변화에 가장 성공적으로 적응한 종류로서 홀로세에 전국에 걸쳐 나타나, 현재는 한랭한 북부 고산지대부터 온난한 제주도의 해안에 이르기까지 다양한 생태적 범위에 걸쳐 나타난다(공우석 2006, 78쪽). 참나무 屬은 해발 100~1,800m 사이의 산지에 자생하며, 건조하고 척박한 산지에서도 잘 자라고, 그늘에서는 약하지만 비옥한 곳에서는 왕성하게 생장을 한다(최명섭 1996, 33쪽).

강원지역 유적에서의 대형식물유체 분석 결과는 총 4개 유적에서 확인되었으나, 이 중 목본류가 포함된 사례는 3개소(원주 동화리유적 외)이다. 참나무 屬에 속하는 상수리나무 類와 졸참나무 類의 대형식물유체가 확인된 유적 수가 가장 많았고, 이 외 나머지 참나무 屬과 참죽나무가 각각 1개소에서 확인되었다. 유적에서 확인되는 대형식물유체는 인간이 접근하기 가장 용이하거나 생활구역 폐기 당시 유입이 가장 쉬운 식생이므로, 인간활동 지역 내 우점 수종을 반영할 수 있다. 공교롭게도 강원지역의 청동기시대 대형식물유체가 확인된 유적은 모두 내륙지방에 위치하고 있어, 강원지역 내륙에서의 참나무 屬의 우점은 일정부분 인정된다.

즉, 강원지역의 청동기시대 주요 식생은 해안지역에서는 시간에 따라 증가하는 소나무 屬과 감소하는 참나무 屬, 내륙지방에서는 참나무 屬으로 볼 수 있다. 이러한 주요수종 구성은 자연적인 원인과 인위적인 원인으로 나눌 수 있다. 우선 자연적인 원인은 기후가 냉량건조해지면서 상대적으로 생육조건이 좋은 소나무 屬이 우점하고, 온난한 기후를 선호하는 참나무 屬은 감소한 것이다. 그리고 인위적인 원인으로 소나무 屬이 우점한 것은 농경활동을 비롯한 적극적인 토지이용에 따라, 기존의 참나무 숲이 벌채되고, 화전이 이루어지면서 척박한 토지에서의 적응력과 번식력이 강한 소나무 屬이 이차림으로 자리잡았기 때문이다.

강원지역의 냉량한 기후와 관련해 Park(2011)은 석호 화분분석 결과를 현생 화분의 생육특성과 비교·종합하여 7,500년 BP(BC 6,339년)부터 현재까지의 고기온을 복원해 청동기시대 후기의 기온하강현상을 보여주었다(그림 3). 그리고 홀로세 중기 해수면 상승으로 형성된 강원도 고성의 봉포는 약 BC 650년 경에 습지가 형성되기 시작되었고(Park et al. 2012, 213쪽), 석호와 함께 대하천 하구역에서 발달하는 동해안 대부분의 토탄은 그 형성시기가 4,000~700년 BP(BC 2,513~AD 1,258년) 경으로 추정되어(황상일 외 1997, 417쪽), 이러한 연구결과들은 당시의 해수면 안정 및 저하를 뒷받침하고 있다. 그러나, 강릉 경포호 퇴적층에서 식물규소체를 이용해 측정된 기후지수(김효선 2009)는 청동기시대에 온난습윤한 환경을 보여주어, 일부 지역에 따른 차이도 확인되었다.

따라서, 강원지역의 청동기시대 기후와 식생은 냉량건조한 환경 하에 참나무 屬은 점진적으로 감소하고, 소나무 屬은 우점하는 시기였을 것이다.

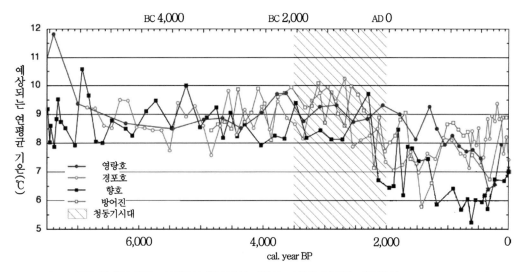

그림 3 _ 한국 동해안 석호 퇴적물의 화분분석 기록을 이용한 연평균 기온곡선(Park 2011, 8쪽 수정)

2. 경기지역

경기지역은 서쪽으로는 조수간만의 차가 큰 서해가 있어 해수면 변동에 따른 해진과 해퇴의 영향을 쉽게 받고, 동쪽으로는 강원도 산지와 맞닿아 기후변화에 따른 다양한 수종의 이동이 비교적 자유롭다.

경기지역에서 실시된 화분분석 결과는 소나무 屬과 참나무 屬이 주요 우점 수종이었던 강원지역에 비해 식생변화상이 조금 더 복잡하다. 소나무 屬·참나무 屬과 함께 경기지역에서 주목할 수종은 오리나무 屬이다. 오리나무 屬은 우리나라 각지에서 자라는 낙엽교목으로, 고산지대 습원이나 하천유역과 같은 습한 곳에서 생육한다(李永魯 1996, 64쪽). 이 지역 일대에서의 화분분석 결과들은 대체로 오리나무 屬의 우점이 확인되는데, 이는 청동기시대 초기의 비교적 높은 해수면과 관련이 있다(그림 4).

조화룡 외(1994)는 일산 가와지곡의 퇴적상, 규조분석과 화분분석을 통해 5,000~3,200년 BP(BC 3,758~1,464년)까지 해수면이 안정상태에서 해퇴로 넘어가는 과정에 있으며, 3,200~2,400년 BP(BC 1,464~519년)까지 해수면 저하에 따른 해퇴가 일어났다고 보았다. 황상일(1998)의 해수면 변동곡선에서 서해안은 3,200년 BP(BC 1,464년)경까지 해수면이 상대적으로 높은 수준을 유지하다가 다시 하강해 2,300년 BP(BC 394년)경에는 현재보다 0.15m 더 높은 수준까지 하강하였다.

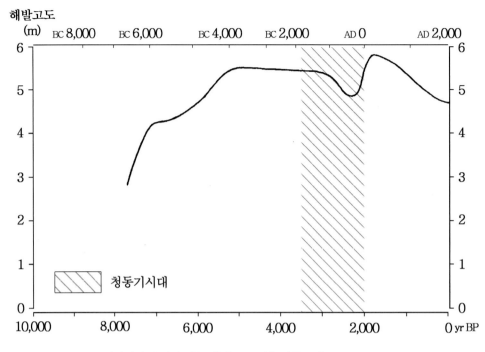

그림 4 _ 일산지역 후빙기 해수면(평균고조위) 변동곡선(황상일 1998, 159쪽 수정)

복원된 해수면 변동곡선과 유사하게 김포(윤순옥 · 김혜령 2001), 일산(조화룡 외 1994), 화성 (이상헌 외 1999)에서는 늦어도 2,400년 BP(BC 519년)까지 오리나무 屬이 우점했고, 온난한 기후를 반영하는 온대 활엽수인 참나무 屬도 확인되었다(그림 5). 약 2,300년 BP(BC 394년)경에는 냉량한 기후의 영향으로 인해 해수면이 현재보다는 높지만 다소 저하되면서 기존에 물에 잠겨 있던 지형들이 습지가 되거나 토탄층을 형성하고, 소나무 屬이 극상림을 이루어 자연적 · 인위적 원인의 변화를 감지할 수 있었다.

그리고 경기지역 유적에서 확인된 대형식물유체는 참나무 屬의 상수리나무 類가 4개소(시흥 능곡동유적 외)로 가장 많았으며, 굴피나무(3개소), 참나무 屬의 졸참나무 類(3개소)와 소나무 屬(3개소)이 그 뒤를 이었다. 유적이 이용되던 당시 주변 산림에서는 참나무 屬이 넓게 분포해 쉽게 이용할 수 있었던 것 같다.

따라서 경기지역의 식생은 청동기시대 초기에 비교적 온난한 상태에서 현재보다 높은 해수면에 대응해 오리나무 屬과 참나무 屬이 우점했다. 그리고 청동기시대 후기로 갈수록 기후가 냉량해지고, 해수면이 현재보다는 높지만 지속적으로 저하되고, 농경활동이 적극적으로 이루어지면서 초본류와 소나무 屬의 비율이 급격히 높아졌다.

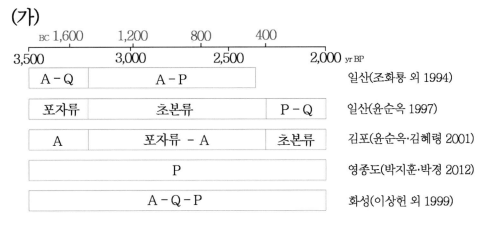

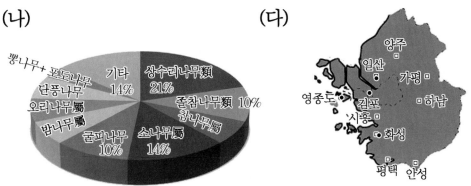

(가) 경기지역 화분분석 연구로 확인된 청동기시대의 우점 수종
   (A:오리나무 屬, P:소나무 屬, Q:참나무 屬)

(나) 유적의 수로 집계된 청동기시대 대형식물유체 출현 비율
   (참나무 屬은 類 단위로 동정되지 않은 참나무 屬 대형식물유체)

(다) 경기지역의 청동기시대 대형식물유체(□) 및 화분분석(●) 연구지점

그림 5 _ 경기지역의 고식생

3. 충청지역

충청지역의 식생은 주요 수종이 소나무 屬, 참나무 屬과 오리나무 屬으로, 서해의 영향을 받는 경기지역과 거의 유사하다(그림 6). 육지가 아닌 서해 먼 바다(이명석 · 유강민 2001)와 아산만(Yi et al. 1996)에서의 연구를 볼 때, 청동기시대 초기에는 소나무 屬과 참나무 屬이 주를 이루지만, 중기 내지 후기로 가면서 소나무 屬이 우점한 것으로 나타났다. 육지에서 소나무 屬의 우점은 인

(가)

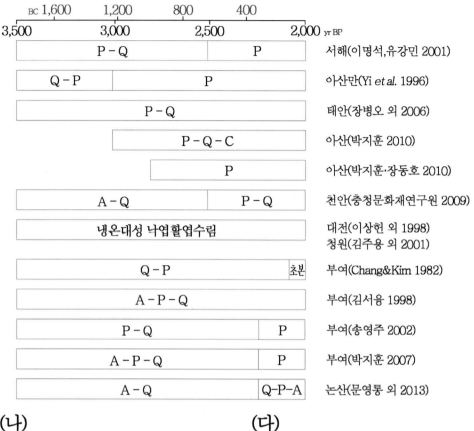

P - Q		P	서해(이명석,유강민 2001)
Q - P	P		아산만(Yi et al. 1996)
P - Q			태안(장병오 외 2006)
P - Q - C			아산(박지훈 2010)
P			아산(박지훈·장동호 2010)
A - Q	P - Q		천안(충청문화재연구원 2009)
냉온대성 낙엽활엽수림			대전(이상헌 외 1998) 청원(김주용 외 2001)
Q - P	초본		부여(Chang&Kim 1982)
A - P - Q			부여(김서용 1998)
P - Q	P		부여(송영주 2002)
A - P - Q	P		부여(박지훈 2007)
A - Q	Q-P-A		논산(문영통 외 2013)

(나)   (다)

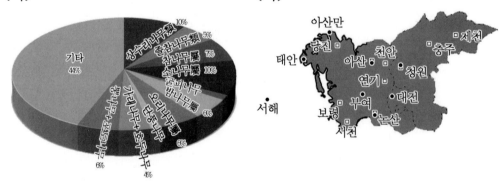

(가) 충청지역 화분분석 연구로 확인된 청동기시대의 우점 수종
     (A:오리나무 屬, C:밤나무 屬, P:소나무 屬, Q:참나무 屬)

(나) 유적의 수로 집계된 청동기시대 대형식물유체 출현 비율
     (참나무 屬은 類 단위로 동정되지 않은 참나무 屬 대형식물유체)

(다) 충청지역의 청동기시대 대형식물유체(□) 및 화분분석(●) 연구지점

그림 6 _ 충청지역의 고식생

위적인 영향을 배제할 수 없으나 이 지역은 육지와 떨어진 곳에 위치해 있기 때문에, 동아시아 계절풍의 약화로 인해 기후가 냉량해지면서 온대수종인 참나무 屬이 감소하고 상대적으로 소나무 屬이 증가하였다고 볼 수 있다.

충청 내륙지방인 아산의 금곡천(박지훈 2010)과 탕정평야(박지훈 · 장동호 2010)에서는 소나무 屬이 우점하는 가운데 청동기시대 후기에 참나무 屬, 밤나무 屬과 같은 낙엽활엽수림이 함께 산림을 이룬다. 대전 장대지역(이상헌 외 1998)과 청원 소로리(김주용 외 2001)에서는 습윤한 기후의 영향으로 냉온대성 낙엽활엽수림이 우점했다. 또한, 청원의 궁평리유적(박원규 1994)에서 확인된 숯 조각을 이용한 수종분석에서 4,500~1,400년 BP(BC 3,219~AD 678년)에 냉량습윤한 시기가 도래한 것을 확인하였다. 이는 곧, 내륙지방에서 청동기시대 초기에는 온난습윤 하였고 이후에는 냉량해진 결과로 볼 수 있다. 천안 청수(충청문화재연구원 2009)에서는 기온저하로 인하여 소나무 屬과 함께 가문비나무 屬, 전나무 屬과 자작나무 屬이 일시적으로 출현하였다.

금강 하류지역인 부여(김서용 1998; 박지훈 2007)와 논산(문영롱 외 2013)에서는 소나무 屬, 참나무 屬과 함께 오리나무 屬이 두드러지게 출현한다. 이것은 경기지역과 유사하게 해수면 변동과 직접적으로 관계가 있다. 과거 기록에 따르면, 금강 하구둑이 건설되기 이전에는 하구로부터 60km 떨어진 부여 규암까지 조석의 영향이 미쳤고, 밀물시에는 논산 강경까지 강물이 역류했다(한국민족문화대백과사전편찬부 1991, 141쪽).

이는 일산의 해수면 변동곡선(그림 4; 황상일 1998)을 참고하더라도, 청동기시대 후기에 해수면이 하강한 수준도 현재보다 약 0.15m 정도 더 높았을 것이기 때문에, 부여와 논산 일대 저지대는 저습한 환경으로 인해 오리나무 屬이 극상림을 이루었을 것이다. 부여 나복리(Hwang et al. 2012)에서 측정된 식물규소체 기후지수[2]를 통해 알려진 청동기시대 초기의 기온은 일시적으로 온난하였다가 이내 냉량해졌으나, 습도지수는 전체적으로 높았다는 사실도 이를 뒷받침한다.

충청지역 유적에서 확인된 대형식물유체는 참나무 屬 상수리나무 類(보령 관창리유적 외 6개소)가 가장 많으며, 수로에서 대형식물유체가 발견된 부여 구봉리 · 노화리유적을 제외하고는 모두 주거지에서 확인되었다. 이 외에 청동기시대 열매 및 목재로는 밤나무 屬, 소나무 屬, 오리나무 屬, 잣나무 屬, 참나무 屬 졸참나무 類와 낙엽교목인 때죽나무 등이 있다.

따라서, 청동기시대에 충청지역은 초기에는 온난습윤한 환경이나 점점 냉량한 기후로 변화하면서 우점 수종도 오리나무 屬과 참나무 屬에서 소나무 屬과 참나무 屬으로 바뀌었다. 해역에서는 동아시아 계절풍의 약화로 기후 냉량화가 감지되었고, 금강 하류지역의 부여 · 논산은 높은 해

---

2) 식물규소체를 기후지시자로 이용하기 위해 사용된 지수로는 Iph 지수와 Ic 지수가 있다. Iph 지수는 Diester-Hass et al.(1973)에 의해 고안된 것으로, Chloridoideae와 Panicoideae를 이용해 건조-습윤의 정도를 파악하는데에 적용된다. Twiss(1992)에 의해 고안된 Ic 지수는 Pooideae, Chloridoideae와 Panicoideae를 이용해 기후의 온난 또는 냉량한 환경을 지시한다(윤순옥 외 2009).

수면의 영향으로 청동기시대 후기까지 오리나무 숲이 극상림을 이룬 가운데, 소나무 屬과 참나무 屬이 함께 발달하였으나, 이후 해수면이 저하 및 안정되어 육화과정을 겪게 되면서 산림은 소나무 屬 중심으로 전환되었다.

4. 영남지방

영남지방은 동해·남해와 맞닿아 있어, 저지대에 해수면 변동의 영향이 다양한 형태로 잘 남아있다. 그 흔적인 동해안의 홀로세 해수면 변동곡선은 강릉 주문진과 함께 울산 방어진, 울산평야의 화분분석과 규조분석을 이용해 작성되었다(조화룡 1980). 고고학적으로는 울산 세죽유적에서 발견된 도토리 구덩이의 위치(동국대학교매장문화재연구소 2002), 울산 반구대 암각화의 형성 시기(황상일·윤순옥 2000), 김해 율하-관동리 충적평야에서 부두시설의 구조와 규조분석을 통한 해수면 복원(황상일 외 2009) 등 해수면 변동과 관련된 여러 유적들이 있다. 김해 율하-관동리 충적평야에서 제시된 남해안의 해수면 변동 곡선은 해수면이 약 4,000~3,200년 BP(BC 2,513~1,464년)에 현재보다 1.9m 높은 수준에서 안정되었으나, 3,200~2,300년 BP(BC 1,464~394년)에 소폭 하강하고, 이후 해수면이 서서히 상승하면서 2,000~1,800년 BP(BC 14~AD 224년)에는 평균 고조위가 현재보다 2.6m 상승한 지점에 도달하였다(그림 7; 황상일 외 2009, 98쪽).

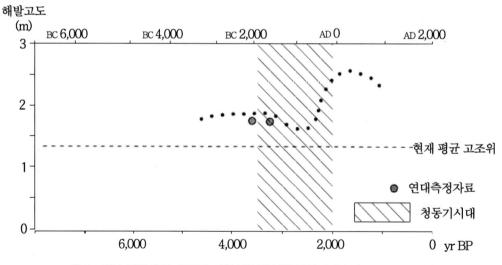

그림 7 _ 경남 김해 율하-관동리 지역 해수면 변동곡선(황상일 외 2009, 95쪽 수정)

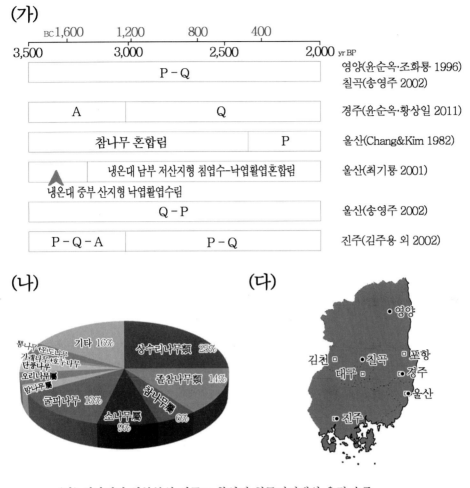

(가) 영남지방 화분분석 연구로 확인된 청동기시대의 우점 수종
(나) 유적의 수로 집계된 청동기시대 대형식물유체 출현 비율
　　(참나무 屬은 類 단위로 동정되지 않은 참나무 屬 대형식물유체)
(다) 영남지방의 청동기시대 대형식물유체(□) 및 화분분석(●) 연구지점

그림 8 _ 영남지방의 고식생

　　경주 왕경지역(윤순옥 · 황상일 2011)에서 실시된 연구는 청동기시대 초기의 오리나무 屬의 우
점이 특징적이다(그림 8). 지리적인 특성상 왕경지역 일대가 경주선상지 선단부에 위치해 있어,
청동기시대 전기에 높았던 해수면의 영향이 영일만으로 유입하는 형산강을 따라 경주선상지 선
단부에 미치면서 온난습윤한 기후 하에 연구지역 일대가 습지 상태였다. 그러나 청동기시대 중기
내지 후기로 갈수록 해수면이 점차 낮아지고, 습지가 육화되면서 오리나무는 사라지고, 참나무 屬

이 산림을 구성한다. 기존의 습지였던 구역은 농경을 비롯한 다양한 토지이용으로 초본화분이 다수 확인되었다. 진주 장흥리유적(김주용 외 2002)에서도 청동기시대 초기에는 오리나무 屬과 함께 소나무 屬과 참나무 屬이 산림을 이루었지만, 중기 이후 해수면 하강으로 오리나무 屬은 쇠퇴한 것으로 보인다. 더불어 울주 천전리 암각화에는 콩나물이나 벼와 같은 초본류 외에도 밤과 도토리도 그려져 있어, 청동기시대에 이 일대 밤나무 屬과 참나무 屬 상수리나무 類의 존재를 당시 살았던 선사인의 시각으로도 확인할 수 있었다(김호석 2005).

내륙에 위치한 영양(윤순옥 · 조화룡 1996)과 대구 칠곡(송영주 2002)에서는 청동기시대 전 시기에 걸쳐 소나무 屬은 증가하고, 참나무 屬은 꾸준히 감소했다. 이 지역은 해수면의 영향은 크게 미치지 않았으나, 냉량건조한 기후로 인해 소나무 屬이 증가했다. 그리고 청동기시대 후기에 초본화분이 함께 급증한 것은 이차림의 성격으로 소나무 屬의 증가 가능성을 제시한다. 이와 유사하게 구릉상에 위치한 울산 무제치늪(최기룡 2001)과 울산 방어진(송영주 2002)에서도 소나무 屬과 참나무 屬이 우점하는 경향이 지속되며, 특히 울산 무제치늪에서는 현재 울릉도에만 자생하는 것으로 알려진 상록침엽교목의 솔송나무 屬이 낮은 비율로 나타남으로써 일정수준의 기후 냉량화 현상을 반영한다.

영남지방의 대형식물유체는 총 41개 유적에서 확인되어, 타 지역과 비교해 가장 많은 유적에서 대형식물유체가 동정되었다. 해당 유적은 포항 이남지방에 모여 있으며, 특히 울산에서만 24개의 유적이 확인되었다. 동정된 대형식물유체는 참나무 屬의 상수리나무 類가 25%(경주 덕천리유적 외 25개소)로 최다 지점에서 출현하였고, 졸참나무 類와 굴피나무가 그 뒤를 이었다.

이상의 대리자료를 통해 보았을 때, 청동기시대에 영남지방은 구릉상과 같은 고지대와 내륙지방에서는 냉량건조한 기후 하에 소나무 屬과 참나무 屬이 중심 수종이었다. 저지대에서는 청동기시대 초기의 온난습윤한 기후 하에 비교적 높은 해수면으로 인해 오리나무 屬이 함께 우점하는 경향이 포착되었고, 이후 해수면 하강에 따른 육화과정으로 소나무 屬과 참나무 屬이 산림을 구성했다.

5. 호남지방

호남지방에서 고환경 연구는 저습지에서 주로 실시되었다. 따라서 청동기시대 초기에 높은 해수면의 영향이 오리나무 숲 위주의 산림조성으로 온전히 반영되고 있으며, 그 영향력은 오래 유지되었다(그림 9). 고창(이상헌 외 2004)에서는 이미 6,000~2,000년 BP(BC 4,887~14년)까지 온난습윤한 환경이 지속되면서 갯벌이 형성되고, 오리나무 屬, 소나무 屬과 참나무 屬을 중심으로 하는 온대성 활엽수림-침엽수림 혼합림이 발달하였다. 그러나 2,000년 BP(BC 14년)부터 냉량한 기후로 인해 갯벌이 있던 연구지역은 해빈으로 조금씩 바뀌었다.

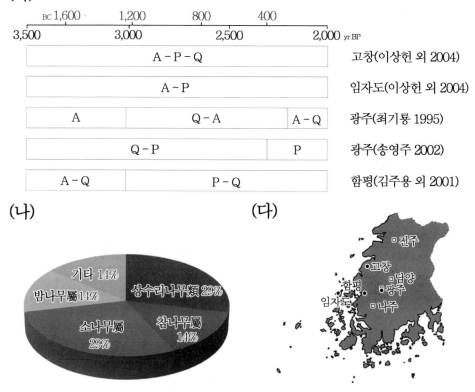

(가) 호남지방 화분분석 연구로 확인된 청동기시대의 우점 수종
  (A:오리나무 屬, P:소나무 屬, Q:참나무 屬)

(나) 유적의 수로 집계된 청동기시대 대형식물유체 출현 비율
  (참나무 屬은 類 단위로 동정되지 않은 참나무 屬 대형식물유체)

(다) 호남지방의 청동기시대 대형식물유체(□) 및 화분분석(●) 연구지점

그림 9 _ 호남지방의 고식생

　　신안 임자도(이상헌 외 2004)와 함평 장년리 당하산유적(김주용 외 2001) 모두 오리나무 屬 뿐
만 아니라, 초본 수생식물이 다수 확인되었다. 그러나, 함평 장년리 당하산유적은 3,000년 BP(BC
1,217년)부터 냉량한 환경으로 변화하면서 소나무 屬의 증가율이 매우 빨라져 소나무 屬은 우점
수종이 되었다. 저습한 환경은 이전보다 약화되어 광주 봉산들(송영주 2002)과 함께 오리나무 屬
이 감소하였으나, 여전히 초본식물 중 수생식물의 화분이 다수 확인되어 습한 환경은 지속된 것으
로 생각된다.

호남지방의 청동기시대 목본류 대형식물유체(나주 동곡리 횡산고분 외 총 2개 유적)는 2개소에서 상수리나무 類와 소나무 屬이 출현했고, 참나무 屬, 밤나무 屬과 느티나무 屬이 각각 1개소에서 확인되어 청동기시대 후기의 우점 수종의 화분조성과 일치한다.

따라서 호남지방은 청동기시대 전 기간에 걸쳐 대체로 온난습윤한 기후가 지속되었으나 후기로 가면서 온난한 정도는 약화되었고, 산림의 주요수종 역시 오리나무 屬과 참나무 屬 중심에서 소나무 屬과 참나무 屬으로 교체되었다.

6. 제주도

한반도와 동떨어져 남쪽에 위치한 제주도는 현재 우리나라에서 가장 따뜻한 지역이다. 타원형의 섬 중앙에는 해발고도 1,950m의 한라산이 있어, 고도 상승에 따른 기온감소로 해안저지대부터

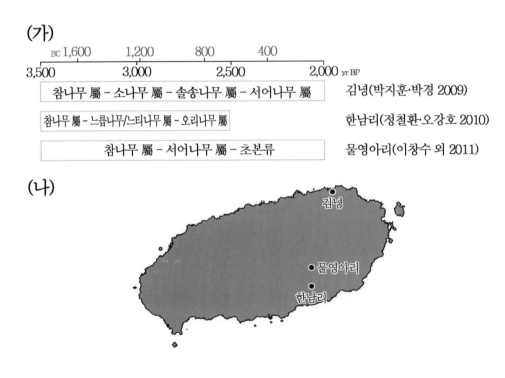

(가) 제주도의 화분분석 연구로 확인된 청동기시대의 우점 수종
(나) 제주도의 청동기시대 화분분석 연구지점
그림 10 _ 제주도의 고식생

고산지대까지 난대림부터 아한대림이 분포해 다양한 식생구성으로 생물종 다양성이 매우 높다.

제주도의 고식생 연구는 일부 습지와 사구를 대상으로 이루어졌으나, 청동기시대를 포함한 연구는 김녕사구 내 부식층(박지훈·박경 2009), 서귀포시 한남리 하천충적층(정철환·오강호 2010), 그리고 화구호인 물영아리습지(이창수 외 2011)에서 실시되었다(그림 10). 이 연구결과 모두는 청동기시대 전체에 걸쳐 통시적인 식생변화가 적으며, 육지에서 많이 출현하는 소나무 屬은 크게 두드러지지 않고, 참나무 屬을 비롯한 온대 및 난대성 수종이 주를 이룬다.

박지훈·박경(2009)은 제주도 북동쪽에 위치한 김녕사구 내 부식층에서 청동기시대 무렵에 참나무 屬 가시나무 亞屬, 소나무 屬, 솔송나무 屬과 서어나무 屬을 주요 수종으로 보았다. 참나무 屬 가시나무 亞屬은 참나무 屬 중에서도 현재 우리나라 남해안의 도서지역과 제주도에서만 자라는 수종으로 따뜻한 기후에서 생육하는 식물이다(李永魯 1996, 68쪽). 따라서, 이 수종이 우점하던 청동기시대 전체는 온난한 기후였다. 그러나 청동기시대 김녕사구에서 확인된 화분 중에는 솔송나무 屬이 포함되어 있다. 솔송나무 屬은 냉량습윤한 환경을 선호해 플라이스토세 이전에는 한반도 본토에도 자랐지만, 플라이스토세 빙기 이후 건조해진 환경에 적응하지 못하고 현재는 울릉도에만 자생한다(공우석 2006, 86쪽). 온난한 기후를 반영하는 가시나무 亞屬과 냉량한 기후에 적응하는 솔송나무 屬이 같은 시기에 우점하는 것을 두고, 박지훈·박경(2009, 51쪽)은 김녕사구 일대의 주요수종은 가시나무 亞屬이었을 것이나 제주도 내에서 생장하던 솔송나무 屬의 화분이 강한 바람을 타고 이동하면서 김녕사구에 퇴적되었을 가능성을 제시하였다. 즉, 솔송나무 屬이 현재 제주도에 생장하지 않는 점을 염두해 본다면, 제주도 내 고도가 높은 지역의 기온은 현재보다 낮았을 수도 있다.

한남리의 하천 충적층(정철환·오강호 2010)에서는 참나무 屬과 함께 느릅나무/느티나무 屬이 우점하며, 오리나무 屬이 다수 출현해 온난한 기후 하에 습윤한 상태가 지속되었으며, 물영아리습지(이창수 외 2011) 역시 마찬가지이다.

이처럼 청동기시대에 냉량한 기후가 출현했던 육지와는 다르게, 제주도는 지속적으로 온난한 기후가 나타난다. 정철환·오강호(2010)는 그 원인을 제주도가 위도상 남쪽에 위치해 있으며, 쿠로시오 난류의 영향을 많이 받는 해양성 기후로 보았다. 또한, 6,500~1,500년 BP(BC 5,425~AD 582년)에 건조도는 지속적으로 감소했기 때문에, 청동기시대는 이후 시기와 비교해 상대적으로 습한 상태였을 것이다(Lim and Fujiki 2011).

따라서 제주도는 청동기시대 전 시기에 걸쳐 온난습윤한 기후였으며, 주요수종은 온난한 기후에 잘 적응한 참나무 屬을 중심으로, 느릅나무/느티나무 屬과 서어나무 屬이 다수를 차지하였다. 해발고도가 높은 섬 중앙부는 현재보다 낮은 기온 하에 솔송나무 屬이 성장했을 가능성이 있다.

IV. 결론

지금까지 한반도에서 실시된 청동기시대의 화분분석과 대형식물유체 연구를 통해서 고식생을 알아보고, 이를 바탕으로 한 우점 수종의 생육환경, 지형학적 특성 및 기타 기후 대리자료를 이용해 청동기시대 고기후를 복원하였다.

남한의 가장 북쪽에 위치한 강원지역은 청동기시대에 동아시아 계절풍의 약화로 인해 이전시기보다 냉량건조한 기후였다. 다수의 석호가 위치한 해안가는 냉량건조한 기후의 영향과 함께 인위적인 요인으로 하여금, 소나무 屬이 참나무 屬과 함께 주요 산림을 이룬다. 강원내륙지방에서의 주요 식생은 연구된 결과는 적으나, 확인된 대형식물유체로는 참나무 屬이다.

경기지역은 해진극상기 이후 해수면이 하강하고, 온난했던 기후가 점차 냉량해졌다. 약 3,200년 BP(BC 1,464년)의 청동기시대 초기에 온난한 기후 하에서 생육하는 참나무 屬과 함께 습윤한 환경을 지시하는 오리나무 屬이 극상림을 이루었지만, 약 2,300년 BP(BC 394년)에 하강한 해수면에 대응해 저습지는 차츰 육화되어 소나무 屬 중심의 산림체계를 이루었다.

충청지역은 온난한 기후는 서서히 냉량건조해지지만, 금강하류는 습윤하였다. 부여와 논산 지역에서 청동기시대의 오리나무 屬과 참나무 屬의 식생 조성으로 이것이 확인되었으며, 약 2,300년 BP(BC 373년) 경의 청동기시대 말에 근접해서 많은 저습지가 육화되면서 건조한 환경 하에 소나무 屬이 우점했다. 해안에서의 연구는 청동기시대에 동아시아 계절풍 약화에 따른 냉량건조한 기후를 보여주었다.

영남지방과 호남지방 모두 온난습윤한 기후 하에 청동기시대 초기에 오리나무 屬과 참나무 屬이 산림을 구성했지만, 이후의 냉량화 경향은 영남지방에서만 확인되었다. 그러나 두 지역 모두 청동기시대 후기에 소나무 屬과 참나무 屬으로 우점 수종 교체가 공통적으로 일어나는 점에 있어, 인위적으로 소나무 屬이 입지하게 된 요인을 배제할 수 없지만, 호남지방에서도 다소간 냉량화 현상을 경험했을 가능성이 있다.

남한 최남단 지역인 제주도는 청동기시대 전 기간에 걸쳐 온난습윤한 기후가 지속되고, 저지대에서는 참나무 屬이 산림을 구성했다. 그러나 지금은 제주도에서 자라지 않는 솔송나무 屬의 화분이 해안가에서 확인된 것은 청동기시대에 제주도 중앙에서 솔송나무 屬의 생육이 가능했던 환경이었기 때문에, 제주도 중앙은 현재보다 기온이 낮았다고 추정해 볼 수 있다.

이로써 한반도는 약 3,500~2,000년 BP(BC 1,835~14년)의 기간에 온난습윤한 환경에서 냉량건조한 기후로 서서히 변화했으며, 강원지역은 지리적 특성상 냉량건조한 기후, 제주도는 난류의 영향으로 온난습윤한 기후가 청동기시대 내내 유지되었다. 대하천 유역과 해안에서는 높은 해수면에 대응해 오리나무 屬이 청동기시대 초기에 우점했다. 제주도를 제외한 전 지역에서 청동기시대 후기에 소나무 屬의 우점은 공통되며, 이는 기후의 냉량건조화와 함께 인위적인 토지이용 변화에 따른 이차림의 성격으로 확산되었다. 그러나 현재 복원된 청동기시대의 고기후와 고식생은 여전히 시공간 해상도가 높지 않다. 이로 인해 도작의 개시와 중단 등과 같은 중요한 이벤트들이 기후 및 식생변화와 관련해 선후관계가 명확하지 않은 부분이 많다. 따라서, 보다 긴밀하게 인간활동의 배경을 이해하고 그 원인을 추적하기 위해서는 앞으로도 높은 해상도의 시공간적 분석을 바탕으로 하는 추가적인 고환경 복원연구가 절실히 요구된다.

(재)충청문화재연구원, 2009, 『천안 청수지구 택지개발 사업부지내 문화유적』, (재)충청문화재연구원.

공우석, 2006, 「한반도에 자생하는 소나무과 나무의 생물지리」『대한지리학회지』 41(1), 대한지리학회.

김서융, 1998, 「서해안 저지대의 식생변천사」, 울산대학교 박사학위논문.

김주용 · 양동윤 · 봉필윤 · 이융조 · 박지훈, 2001, 「청원 옥산 소로리 유적지 일대 유기질 니층의 화분분석에 의한 식생변천사에 관한 연구」『한국제4기학회지』 15(2), 한국제4기학회.

김주용 · 양동윤 · 봉필윤 · 남욱현 · 이진영 · 김진관, 2001, 「서해안고속도로 함평-영광간 발굴조사 지역 자연과학 분석」『함평 장년리 당하산유적』, 목포대학교 박물관.

김주용 · 박영철 · 양동윤 · 봉필윤 · 서영남 · 이윤수 · 김진관, 2002, 「진주 집현 장흥리유적 제4기 퇴적층 형성 및 식생환경 연구」『한국제4기학회지』 16(2), 한국제4기학회.

김호석, 2005, 「천전리 암각화의 도상해석; 식물그림을 중심으로」『한국암각화연구』 6, 한국암각화학회.

동국대학교매장문화재연구소, 2002, 『울산 황성동 세죽 패총유적』, 동국대학교 매장문화재연구소.

문영롱, 2009, 「한국 동해안 경포호의 홀로세 환경변화」, 경희대학교 석사학위논문.

문영롱 · 윤순옥 · 황상일, 2013, 「강경천 하류지역의 지형발달과 환경복원」『한국제4기학회 2013년 춘계 학술대회 발표초록집』, 한국제4기학회(미간행).

김효선, 2009, 「식물규소체 분석 성과와 경포호의 환경변화」, 경희대학교 석사학위논문.

박원규, 1994, 「청원 궁평리유적의 숯 분석」『청원 궁평리 청동기유적』, 충북대학교 선사문화연구소.

박지훈, 2007, 「宮南池 : 南便一帶 發掘調查報告書 :事蹟 第135號.3 -궁남평야의 지형발달과 '백제시대 궁남지'의 입지추정」, 국립부여문화재연구소.

박지훈, 2010, 「화분분석을 이용한 아산시 온양천 유역의 후빙기 후기 환경변화」『한국지형학회지』 17(1), 한국지형학회.

박지훈 · 박경, 2009, 「화분분석으로 본 제주도 김녕사구 일대의 후빙기 중기 이후 환경변화」『한국지형학회지』 16(1), 한국지형학회.

박지훈 · 박경, 2012, 「화분분석에 기초한 후빙기 영종도의 환경변화」『한국지형학회지』 19(2), 한국지형학회.

박지훈 · 이상헌, 2008, 「화분분석으로 본 충남지역의 후빙기 환경연구 -기후변화 및 인간활동에 동반한 식생변천에 주목하여」『고생물학회지』 24(1), 한국고생물학회.

박지훈 · 장동호, 2010, 「牙山 湯井平野의 花粉分析」『한국지형학회지』 17(2), 한국지형학회.

송영주, 2002, 「한반도 남부 저지대의 식생변천에 관한 화분학적 연구」, 울산대학교 박사학위논문.

신숙정, 2001, 「우리나라 청동기시대의 생업경제; 경기도를 중심으로 한 시론」『한국상고사학보』 35, 한국상고사학회.

안중배 · 김해정, 2010, 「한반도의 몬순 기후 특성」『기후연구』 5(2), 건국대학교 기후연구소.

윤순옥, 1996, 「第四紀學에 있어서 花粉分析의 適用과 韓半島에서의 花粉分析研究」『지리학총』 24, 경희대학교 지리학과.

윤순옥, 1997, 「화분분석을 중심으로 본 일산지역의 홀로세 환경변화와 고지리복원」『대한지리학회지』 32(1), 대한지리학회.

윤순옥, 1998, 「강릉 운산 충적평야의 홀로세 후기의 환경변화와 지형발달」『대한지리학회지』 33(2), 대한지리학회.

윤순옥 · 김혜령, 2001, 「김포충적평야의 홀로세 후기 환경변화」『한국제4기학회지』 15(2), 한국제4기학회.

윤순옥 · 김효선 · 황상일, 2009, 「경포호의 식물규소체(phytolith) 분석과 Holocene 기후변화」『대한지리학회지』 44(6), 대한지리학회.

윤순옥 · 조화룡, 1996, 「제4기 후기 영양분지의 자연환경변화」『대한지리학회지』 31(3), 대한지리학회.

윤순옥 · 황상일, 2011, 「경주 성건동 화분분석과 왕경지역 고환경변화」『지질학회지』 47(5), 대한지질학회.

이명석 · 유강민, 2001, 「제4기 후기 황해 주변부의 식생변화에 따른 화분기록과 기후변화」『지질학회지』 37(3), 대한지질학회.

이상헌 · 윤혜수 · 박순발, 1998, 「대전시 유성구 장대지역 홀로세 하성퇴적층에서 산출된 화분분석」『한국제4기학회지』 12(1), 한국제4기학회.

이상헌 · 전희영 · 윤혜수, 1999, 「화분분석에 의한 한국 중서부 저지대의 4,000년 전 이후 고환경」『한국제4기학회지』 13(1), 한국제4기학회.

이상헌 · 남승일 · 장세원 · 장진호, 2004, 「한국 서해 현세 조수환경 퇴적체의 화분기록과 고환경 연구」『지질학회지』 40(2), 대한지질학회.

李永魯, 1996, 『韓國植物圖鑑』, (株)敎學社.

이창수 · 강상준 · 최기룡, 2011, 「제주도 물영아리늪 퇴적물의 화분분석에 의한 식생변천」『한국환경과학회지』 20(3), 한국환경과학회.

장병오 · 양동윤 · 김주용 · 최기룡, 2006, 「한반도 중서부 지역의 후빙기 식생 변천사」『한국생태학회지』 29(6), 한국생태학회.

정철환 · 오강호, 2010, 「화분분석을 통한 제주 한남리지역의 홀로세 고식생 및 고기후 연구」『고생물학회지』 26(2), 한국고생물학회.

정회성, 2009, 『전환기의 환경과 문명 ; 기후 환경과 인류의 발자취』, 지모.

조화룡 · 황상일 · 윤순옥, 1994, 「후빙기 후기의「가와지」곡의 환경변화」『한국지형학회지』 1(1), 한국지형학회.

中井信之 · 홍사욱, 1982, 「한국(韓國) 영랑호(永郞湖) 퇴적물의 지구화학적 수단에 의한 고기후(古氣候) 변천에 관한 연구」『한국하천호수학회지』 15(3), 한국하천호수학회.

최기룡, 1995, 「全南 光州廣域市 봉산들의 花粉分析 研究」『울산대학교 자연과학 논문집』 5(2), 울산대학교.

최기룡, 2001, 「무제치늪의 화분분석 연구」『한국제4기학회지』 15(1), 한국제4기학회.

최명섭, 1996, 「참나무」『조경수』 31(3), 한국조경수협회.

한국민족문화대백과사전편찬부, 1991, 『한국민족문화대백과사전』, 정신문화연구원.

황상일, 1998, 「一山沖積平野의 홀로세 堆積環境變化와 海面變動」『대한지리학회지』33(2), 대한지리학회.

황상일 · 윤순옥, 2000, 「蔚山 太和江 中 · 下流部의 Holocene 自然環境과 先史人의 生活 變化」『韓國考古學報』43, 한국고고학회.

황상일 · 윤순옥, 2011, 「해수면 변동으로 본 한반도 홀로세(Holocene) 기후변화」『한국지형학회지』18(4), 한국지형학회.

황상일 · 윤순옥 · 조화룡, 1997, 「Holocene 中期에 있어서 道垈川流域의 堆積 環境 變化」『대한지리학회지』32(4), 대한지리학회.

황상일 · 김정윤 · 윤순옥, 2009, 「고김해만 북서지역의 Holocene 후기 환경변화와 지형발달」『한국지형학회지』16(4), 한국지형학회.

塚田松雄 · 金遵敏 · 任良宰 · 洪淳喆 · 安田喜憲, 1977, 「束草における植生變遷史」『韓國環境變遷史 I –第四紀學會講演要旨集 6』21.

小泉 格, 2007, 「氣候变动と文明の盛衰」『地學雜誌』116(1) 62-78.

曺華龍, 1979, 「韓國東海岸地域における後氷期の花粉分析學的研究」『東北地理』31, 東北地理學會 23-33.

曺華龍, 1980, 「韓國東海岸における完新世の海水準變動」『地理學評論』53, 日本地理學會 317-328.

Akin, W.E., 1991, *Global Patterns ; Climate, Vegetation, and Soils*, University of Oklahoma Press.

Bell, M. and Walker, M.J.C, 2004, *Late Quaternary Environmental Change ; Physical and Human Perspectives* (2nd ed.), Prentice Hall.

Bond, G., Showers, W., Cheseby, M., Lotti, R., Almasi, P., deMenocal, P., Priore, P., Cullen, H., Hajdas, I., Bonani, G., 1997, A pervasive Millenial-scale Cycle in North Atlantic Holocene and glacial climates, *Science* 278: 1257-1266.

Chang, C.H., Kim, C.M., 1982, Late-Quaternary Vegetation in the Lake of Korea, *Journal of Plant Biology* 51(1): 37-53.

Diester-Hass, L., Sehrader, H. J., and Thiede, J., 1973, Sedimentological and paleoclimatological investigation of two pelagic ooze cores off Cape Barbas, North-West Africa, *Meteor Forschungsergebnisse* 16: 19-66.

Fujiki. T., Yasuda, Y., 2004, Vegetation history during the Holocene from Lake Hyangho, northeastern Korea, *Quaternary International* 123: 63-69.

Grossman, M.J., 2001, Large floods and climatic change during the Holocene on the Ara River, Central Japan, *Geomorphology* 39: 21-37.

Haug, G.H., Hughen, K.A., Sigman, D.M., Peterson, L.C., Röhl, U., 2001, Southward Migration of the Intertropical Convergence Zone through the Holocene, *Science* 293: 1304-1308.

Hwang, S., Yoon, S.O., Lee, J.Y., Kim, H.S., Choi, J., 2012, Phytolith analysis and reconstruction of palaeoenvironment at the Nabokri valley plain, Buyeo, Korea, *Quaternary International* 254: 129-137.

Lim, J. and Fujiki, T., 2011, Vegetation and climate variability in East Asia driven by low-latitude oceanic forcing during the middle to late Holocene, *Quaternary Science Reviews* 30: 2487-2497.

Murawski, H., 1992, *Geologisches Woerterbuch* 9, Aufl.. Enke, Stuttgart.

Nakamura, J., 1952, *A Comparative Study of Japanese Pollen Records*. Kochi Univ.

Park, J., 2011, A Modern Pollen-Temperature Calibration Data Set from Korea and Quantitative Temperature Reconstructions for the Holocene, *The Holocene* 21(7): 1125-1135.

Park, J., Yu, K.B., Lim, H.S., Shin, Y.H., 2012, Multi-proxy Evidence for Late Holocene Anthropogenic Environmental Changes at Bongpo Marsh on the East Coast of Korea, *Quaternary Research* 78: 535-544.

Mayewski, P.A., Rohling, E.E., Stager, J.C., Karlén, W., Maasch, K.A., Meeker, L.D., Meyerson, E.A., Gasse, F., van Kreveld, S., Holmgren, K., Lee-Thorp, J., Rosqvist, G., Rack, F., Staubwasser, M., Schneider, R.R., Steig, E.J., 2004, Holocene climate variability, *Quaternary Research* 62: 243-255.

Stuiver, M. and Reimer, P.J., 1993, Radiocarbon Calibration Program 1993, *Radiocarbon* 35: 1127-1151.

Twiss, P. C., 1992, *Phytolith Systematics: Emerging Issues*, Plenum Press: New York.

van Geel, B., Heusser, C.J., Renssen, H., Shuurmans, C.J.E., 2000, Climatic Change in Chile at around 2700 BP and Global Evidence for Solar Forcing : a hypothesis, *The Holocene* 10: 659-664.

Wang, Y., Cheng H., Edwards, R. L., He, Y., Kong, X., An, Z., Wu, J., Kelly, M.J., Dykoski, C.Al., Li, X., 2005, The Holocene Asian Monsoon ; Links to Solar Changes and North Atlantic Climate, *Science* 308: 845-857.

Yasuda, Y., 1983, Climatic Variations Since the Last Glacial Age as seen from Various Sedimentological Analysis, *Climatological Notes* 147.

Yi, M.S., Kim, J.M., Kim, J.W., Oh, J.H., 1996, Holocene Pollen Records of Vegetation History and Inferred Climatic Changes in a Western Coastal Region of Korea, *Journal of the Paleontological Society of Korea* 12(2): 105-114.

Yoon, S.O., Kim, H.R., Hwang, S., Choi, J., 2012, Holocene Vegetation and Climatic Change Inferred from Isopollen Maps on the Korean Peninsula, *Quaternary International* 254: 58-67.

제2장
지형고고학

이홍종 　고려대학교 고고미술사학과

Ⅰ. 서언

인간이 지구상에서 정착농경문화를 영위하게 된 것은 불과 10,000년에 지나지 않는다. 지난 10,000년은 지구 역사 전체적으로 볼 때, 온난한 기후가 계속되었던 시기로서 인간은 기초 생업자 원인 다양한 식물을 재배할 수 있게 되었다. 또한, 온난한 기후로 인한 해수면의 변동과 하천의 범 람활동이 왕성하여 지표면이 심하게 변화된 시기로서 현재의 충적지가 형성된 것도 대부분 이 시 기에 이루어진 것이다. 충적지는 산지나 구릉과 달리 기후의 변동 등에 민감하게 움직인다. 기후 의 변화(해수면의 변동 등)는 하천의 유량 및 속도에 곧바로 영향을 미치고 이는 충적지 지형변화 에 즉시 반영된다. 단 한 번에 수 m가 퇴적될 수도 있고 침식될 수도 있다. 과거에도 이러한 지표 면의 윤회는 반복되었던 것이다.

충적지는 계곡이나 하천에서 운반되어온 유기물들이 퇴적되기 때문에 인간이 식물을 재배할 수 있는 양호한 토양 및 생활환경을 제공해 주는 대신 홍수 등으로 인한 재해도 빈번하여 풍요로 운 삶과 생명의 위협이 동시에 공존해 있는 곳이기도 하다. 세계 4대 문명의 발상지도 바로 이러 한 충적지를 배경으로 형성되었는데, 충적지는 형성과정에 따라 인간의 거주영역에 적합한 지형 과 식물재배 등에 유리한 곳이 동시에 존재하지만 늘 변화하기 때문에 시기에 따라 토지이용 시 점에 차이가 있다. 즉, 선사시대부터 인간이 점유하였던 지형과 최근세에 이르러서야 인간의 손길이 닿은 곳까지 매우 다양하게 존재한다.

　과거의 지표면은 대부분 현재의 지표면 하에 매몰되어 있어 인간의 육안에 의한 관찰은 거의 불가능한 실정이다. 현재도 지형은 계속 변화하고 있지만 과거의 지형을 기반으로 퇴적 혹은 침식이 반복되는 것이기 때문에 이러한 지형의 변화를 관찰할 수 있다면 과거 인간이 어떠한 지형을 선호하고 정착생활을 영위하였는지를 밝히는데 매우 유효할 것이다. 1950년대 이후 전세계적으로 항공사진을 이용한 지형도 제작이 활발하게 진행되어 왔는데 충적지라는 넓은 지형 특성상 이들 항공사진을 이용하게 되면 전체 지형의 변화과정을 관찰하는데 매우 유리할 것이다. 이를 고고학적 조사에 응용한 분야가 바로 항공고고학(Aerial Archaeology)이며, 고환경을 다루는 측면에서는 지질고고학(Geoarchaeology), 경관과 유적의 관계 측면에서는 경관고고학(Landscape Archaeology)의 범주에 들어간다. 이처럼 과거 지표면이었던 고지형을 분류하여 유적의 존재 가능성을 찾는 지형고고학적 연구는 고고학 조사에만 응용되는 것이 아니라 이를 통해 시기별 기후변동과 지형환경변화의 상관관계를 밝힐 수도 있다. 아울러 자연이 인간에 혹은 인간이 자연에 끼친 환경변화가 어떠한 결과로 나타나는지 미래지향적으로 인간과 자연환경과의 관계를 연구하는데 크게 이바지할 수 있다.

Ⅱ. 경관의 이해

1. 경관의 의미

　경관이라는 용어는 네덜란드어로 landschap, 그리고 소규모 농민의 토지를 의미하는 독일어 landschaft에서 유래하였다(김종일 2006). 대지와 풍경의 구별되는 정체성을 인지하려는 관심에서 출발하여 근대지리학의 초기에는 공간과 환경을 생태학적으로 규정하는데 사용되었으며, 이후 인간에 의해 변형된 문화경관을 구분하고자 경관형태론적 접근에 이르기까지 시각에 따라 그 의미는 다양하게 인식되어 왔다(김종일 2006; 나카무라 카즈오 외 2001). 부언하자면, 경관이란 물리적 자연환경을 인간의 다양한 활동과 연계하여 인지하는 실체적이면서 관념적인 공간의 분석단위이다. 구체적으로 자연환경에 한정하여 본다면 지표는 기본적으로 지질, 지형, 수계 식생 등에 따라 유형이 분류된다, 이들이 규모에 따라 다양한 계층성을 가지고 존재하되 각각의 요소가 결합하여 주위와 차별화되는 공간을 구성할 때 이를 경관이라는 용어로서 표현한다. 지리학에서 경관을 인식하는 방식에는 크게 지형과 기후에 따라 등질지역으로 분류하거나 요소들 사이의 공간 및 기능적인 상관성에 의거한 두 가지의 분류체계로 나누어진다. 예를 들어 전자는 산지, 구릉,

대지, 평야 등으로 지형을 구분하는 유형이며, 후자는 하천 유역을 수계의 규모에 따라 나누되, 각각 동차의 수계가 모여 고차유역의 부분을 이루며 서로 간에 기능적으로 결합되는 관계를 이루는 모습을 들 수 있다(나카무라 카즈오 외 2001).

한편 후자의 시각은 경관을 생태계의 구조이고 기능적인 체계의 일부이자 변화하는 유기체로서 이해하려고 하였으며, 일찍이 경관생태학(또는 지생태학-geoecology, 나카무라 카즈오 외 2001, 53쪽)으로서 독립적 연구분야로 분기하였다. 경관생태학적 입지에서 보는 '경관은 지질 및 기후작용으로 형성된 비생물적 기반위에 식생 및 동물군집의 생물적 요소가 더해지며, 그리고 인간의 간섭에 의한 지표의 변화로 형성되어' 시간에 따라 그 모습이 달라진다. 과거의 각 변화상들이 마치 지리정보체계의 제 정보요소의 층처럼 중첩되면서 경관이 형성된다고 보았고, 그리고 인위적인 간섭이 강해지면 인공교란요소가 뚜렷하게 발생한다'고 이해하였다(이도원 2001, 24~25쪽). 대표적인 인공적인 교란층은 매몰된 문화층으로서, 일반적으로 주거지, 경작지 등의 유구가 상대적으로 잘 보존되어 있다. 이러한 간접적이고 광역적인 인간활동의 영향은 퇴적토의 자연적인 작용을 교란시키는 형태로 나타나며, 간섭 강도의 규모는 인간의 간섭에 의해 다양하게 나타난다(Butzer 1982; Holliday 2004).

고고학에서의 경관연구는 조사된 자료를 분석하여 시·공간적인 접근을 통해 당시 유적의 생태환경 및 인간활동을 광범위하게 연구하거나 유적의 존재여부를 예측하기 위한 지형학적 연구에 활용된다. 본고에서는 실제 지표조사 및 시·발굴조사에 활용가치가 높은 지형학적 방법에 대해서 주로 살펴보고자 한다.

2. 고고학에서의 경관의 개념과 연구방향

고고학에서 경관이 주목받기 시작한 것은 경제적 측면에서 과거사회의 복원이 주 연구대상으로 대두되면서부터이다. 대표적으로 1960~1970년대의 고경제학파가 견지한 경관의 의미는 과거 선사인의 생업경제의 터전으로서의 개념이었다. 선사시대 취락의 주변 일대를 상용자원 개척가능지역으로 보아 획득 가능한 자원들, 이를 상용화 시킬 수 있었을 당시의 기술수준 및 인구규모와 분포(추연식 1997, 36~37쪽)에 따라 경제적 측면에서의 입지선정과 공간적인 활동 범위를 상정하려는 시도가 민족지모델을 기반으로 하여 널리 확산되기 시작하였다. 이어 문화생태학적 시각에서 Butzer(1982)는 인간집단이 생태계의 한 구성인자로서 자연환경과의 상호작용을 통해 물리적 자연환경의 본래 상태의 변화한 모습이 경관에 반영되었다는 점을 강조하였다. 대표적인 경관의 변화상을 토층의 교란과 삭평, 재퇴적의 양상에서 해석하며, 식생의 제거, 농경행위에 의한 토성의 변화, 지하수위의 변화, 그리고 침식, 충적토 호수퇴적물 등의 수리적인 교란이 일반적으로 발생하는데, 이에 더해 건물, 취락 도시 등의 인공건축물들은 지형을 광범위하게 변화시킨다 (Butzer 1982, 38, 123~127쪽)는 점을 강조하였다. 심지어는 경관을 인간이 만들어낸 문화적 유물로서(cultural artifact) 해석해야 한다는 시각도 대두되었다(Rapp and Hill 1998).

1980년대 이후 현재에 이르기까지 과거 자연환경을 원형대로 복원하고 인간에 의한 교란상을 인식하는 방법론의 하나로 환경고고학이 부각되었으며. 화분, 규조와 같은 미세동물, 토양 등의 대리 자료를 통한 분석과 해석이 물리적 경관 복원에 활용되고 있다. 이러한 연구는 고식생의 복원을 담당하는 식물고고학적 연구, 지질고고학적 연구와 밀접하게 연관을 맺어왔다. 단순히 문화층의 인지에만 그치지 않고, 경관의 변화상 그리고 인간의 공간점 점유의 통시적 이해는 토양생성 과정과 지형변화가 연동되어 이루어지는 경관진화(landscape evolution)의 연장선상에서 이루어져야 한다는 시각이 강조되고 있는데 현재의 물리적 경관 복원의 연구 방향이기도 하다(Holliday 2004, 234~235쪽).

이와 같이 자연환경을 인간집단의 서식처(habitat)로 보고 그 행동양식에 따른 자연환경과의 상호관계를 파악하려는 입장에서 경제적 경관의 복원이 주도되었다면, 보다 인문적 경관을 파악하기 위한 접근은 크게 두 가지 방향으로 진행되었다(김종일 2006). 첫째, 사회·정치활동의 공간적 영역으로서의 경관 복원이다. 과정고고학의 연장선상에서 다양한 공간분석의 기법 및 크리스탈러의 중심지이론 등의 개념을 차용하여 인간행위에 의한 공간분포의 형성 원리를 찾고, 집단과 공동체의 규모, 사회-공간적 행위의 모델들의 적용을 통해 사회적 그리고 정치적 경관의 발달 과정을 규명하고자 하는 일련의 시도들이 있어왔다. 둘째, 1990년대 후기과정고고학의 등장은 '경관'의 개념을 물리적 공간이라는 개념에서 벗어나 보다 광의적인 의미로 확장시켰다. 이에 따르면 인간집단의 인지에 의해 공간적 장소는 단순히 식료를 공급받고 활동이 이루어지는 물리적 차원을 넘어서서 공간감각의 체험과 이미지의 해석에 의해 인간의 의식 속에서 새롭게 형상화되고 지각된다고 보았다. 자연환경 또한 있는 그대로가 아닌 관념에 따라 제한적으로 인지되며, 그 자연에 인간이 세우는 인공의 건축물은 주위 환경에 대한 독특한 내면의 이미지를 만들어 집단의 정체성과 관념화된 세계관을 공고히 하는 역할을 하였고 결과적으로 인간 문화의 징체성을 만드는 데 영향을 미친다고 보았다(김종일 2006).

즉 고고학에서의 '경관'이란 인간집단이 생활했던 물리적인 자연환경의 시간에 따른 구분 단위이며, 다양한 사회적 활동과 그 이면에 내재한 사회와 정치구조를 공간적으로 표상화 시킨 대상이자 내면에서 이미지화 된 주변의 세계까지 아우르는 자연과 문화의 복합체로서의 성격이 두드러진다고 볼 수 있다. 따라서 고고학에서의 경관연구는 물리적인 자연환경을 시기별로 인간이 어떻게 인식하여 이용하였는지를 파악하고 나아가 그들의 구조물들이 갖는 경관적 의미를 파악해가는 작업으로서 접근이 가능할 것이다.

3. 물리적 경관의 복원

이러한 경관이 가지는 복합적인 성격을 주지하면서, 경제적 생업터전과 물리적 환경의 측면에서 고경관의 복원에 대하여 살펴보겠다. 과거의 물리적 자연환경을 복원하는 작업은 초기부터 고환경의 복원이라는 연구주제와 밀접하게 관련하여 수행되어왔다. 주로 대리 자료를 통한 과거 지형과 생태환경의 복원, 지리정보를 이용한 공간의 분석은 지질, 생태, 식물, 지리학 등과의 학제간 연구로서 이루어져왔다. 그러나 대리 자료의 해석을 둘러싸고 고생태학및 생물학과는 달리 '인간'의 존재를 중심에 두는 고고학에서는 인간문화의 특질이 만들어 낸 자연환경과의 상호작용의 결과물로서 경관 복원에 주안점을 두고 있다.

지중해지역은 과거 문명의 성장과 소멸을 둘러싸고 기후의 영향 및 농경과 목축이 유발한 경관의 변화에 대하여 장기간에 걸친 학제간의 연구가 가장 먼저 진행된 곳이다. 그로 인해 축적된 연구경험을 통해 고경관의 복원과정에서 Butzer(1982; 2008)와 Bintliff(1992; 2002)는 인간을 포함하여 자연에 영향을 끼치는 복수의 작용들은 시간 폭과 그 영향들이 미치는 공간적 범위가 서로 다르며 경관은 이러한 작용들이 복합적으로 얽혀있는 결과라는 점을 인식할 것을 강조하였다. 이러한 시공간적 규모의 차이는 연구대상에 따라 그 중요도의 가중치를 다르게 산정하여야 한다. 장기간에 걸친 기후변화의 영향을 인식하는 것과는 별도로 체험적으로 인간집단에 영향을 주는 것은 주로 백 년 이하 주기의 환경진동으로서(Dincauze 2000), 상대적으로 짧은 인간 문화의 변화 주기와의 상관관계가 환경변화 혹은 인간의 영향이 미쳤던 경관을 복원하는데 중요한 고려 사항이다. 또한, 비교적 규칙적인 자연작용과 달리 점유와 방기를 반복하는 인간점유의 불연속성은 경관의 복원시에 고려해야 하는 또 다른 요소이기도하다(Butzer 1982).

한편, 고고학적 연구에서는 시대에 따른 경관에 대한 인식이 피상적인 이미지의 복원에 머무르지 말고, 실제 야외조사에서 적극적으로 응용되어야 한다. Butzer(2008)가 제시한 야외 조사방법에 따르면 기존의 조사에서 인식되어 왔던 인간점유의 '경관'을 인지하는 것이 가장 기초적인 작업으로 보았다. 이를 기반으로 항공사진이나 위성사진들을 통하여 대략적인 환경의 맥락을 한정하여, 그 범위 내에서 세세한 지형학적 조사를 실시할 것을 권하였다. 그리고 보다 국지적으로 현장조사를 실시하여 미지형내에서의 토지이용 양상을 분석할 필요성이 있다고 보았는데, 예를 들어 충적지에서도 저지와 고지에 따른 토지이용의 종류와 인간행위는 현저히 다르게 나타나기 때문이다. 특히 제4기의 지형과 수문환경 변화의 규모에 비해 인간의 토지활용은 그 규모가 너무 작다는 점을 인식하고 구별해야 한다는 점을 지적하고 있다.

Ⅲ. 지형고고학 연구법

1. 분석절차

지형환경분석은 高橋學에 의해 구체화되었는데, 5단계의 하위 분석(sub-analysis)으로 구성된다. 먼저 지형역환경분석에서는 10만년 단위 또는 그 이상의 타임스케일에 포함되는 산지, 구릉, 평야의 분포상태를 하천유역마다 살피는데, 이 분석은 주로 지질학적 방법을 이용한다. 두 번째 지형면환경분석은 1만년 단위의 타임스케일로 평야에 주목하여 단구면의 형성에 대해서 살펴보는데, 이 분석은 주로 지형학적 방법을 이용한다. 세 번째 지형대환경분석은 지형면분석에서 구분되어진 지형면의 형성요인에 관하여, DEM을 이용한 미세 등고선과 노두에서의 지층 관찰 혹은 기존의 시추 자료 또는 실제 시추된 결과 등을 통해 1,000년 단위의 지형환경 변화를 검토하는 것이다. 이 분석에는 지형학적 방법을 사용한다. 네 번째 미지형환경분석은 지형환경분석의 독자적인 분석방법으로, 100년 단위 또는 그 이하의 타임스케일로 인식할 수 있는 환경변화에 접근한다. 대축척 항공사진의 판독을 행하거나 시추봉을 사용하여 자연제방, 배후습지, 구하도 등의 형성과정을 조사한다. 이러한 조사는 고고학의 시굴조사 이전부터 실시하며, 10cm 등고선도의 작성을 통해 매몰된 미지형의 검토도 행한다. 이를 통하여 좀 더 유효한 시굴 조사의 지점 및 방법을 검토할 수 있는데, 구체적으로 시굴 그리드의 밀도, 시굴트렌치의 방향, 깊이 등을 예측한다. 다섯째, 실제로 시굴조사가 시작되면, 극미지형환경분석을 행하여 지층의 퇴적 상태를 관찰하고 매몰된 구지표면의 개수, 매몰된 이유와 방법 등에 관하여 고찰한다. 또한 구지표면마다 토지이용의 상태를 유추한다. 본격적인 고고학 조사에 수반해서는 지층으로부터 환경변화의 모습이나 토지이용의 상태, 재해와 재개발의 양상 등을 확인한다. 여기에서 중요한 것은 '토지의 이력'을 밝히는 연구는 과거 인간의 생활환경을 해명할 뿐만 아니라 현재와 미래의 防災計劃이나 都市計劃에 도움이 되는 데이터를 제공할 수 있다는 점이다.

2. 분석방법

세부적인 지형분석을 진행하기 위해서는 항공사진의 입체화 구현이 필수적인데 가장 많이 이용되고 있는 반사식실체경과 3D방식에 대해 간단히 살펴보도록 하겠다.

표 1 _ 지형환경 분석의 순서와 방법(이홍종 · 高橋 學 2008: 8)

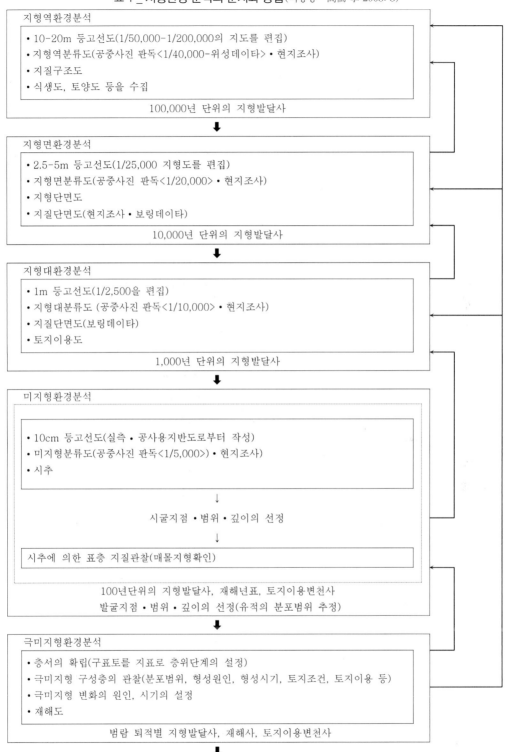

지형역환경분석

• 10-20m 등고선도(1/50,000-1/200,000의 지도를 편집)
• 지형역분류도(공중사진 판독<1/40,000-위성데이타> · 현지조사)
• 지질구조도
• 식생도, 토양도 등을 수집

100,000년 단위의 지형발달사

지형면환경분석

• 2.5-5m 등고선도(1/25,000 지형도를 편집)
• 지형면분류도(공중사진 판독<1/20,000> · 현지조사)
• 지형단면도
• 지질단면도(현지조사 · 보링데이타)

10,000년 단위의 지형발달사

지형대환경분석

• 1m 등고선도(1/2,500을 편집)
• 지형대분류도 (공중사진 판독<1/10,000> · 현지조사)
• 지질단면도(보링데이타)
• 토지이용도

1,000년 단위의 지형발달사

미지형환경분석

• 10cm 등고선도(실측 · 공사용지반도로부터 작성)
• 미지형분류도(공중사진 판독<1/5,000>) · 현지조사)
• 시추

시굴지점 · 범위 · 깊이의 선정

시추에 의한 표층 지질관찰(매몰지형확인)

100년단위의 지형발달사, 재해년표, 토지이용변천사
발굴지점 · 범위 · 깊이의 선정(유적의 분포범위 추정)

극미지형환경분석

• 층서의 확립(구표토를 지표로 층위단계의 설정)
• 극미지형 구성층의 관찰(분포범위, 형성원인, 형성시기, 토지조건, 토지이용 등)
• 극미지형 변화의 원인, 시기의 설정
• 재해도

범람 퇴적별 지형발달사, 재해사, 토지이용변천사

경관변천사(다른 분야의 연구성과와 종합화)

1) 반사식 실체경

국토정보지리원에서 제공하고 있는 항공사진은 지도제작을 위해 촬영한 것이기 때문에 보통 60% 이상 중복되어 있다. 이들 사진을 이용해서 겹쳐진 지점을 하나는 좌측 렌즈 또 하나는 우측 렌즈의 중앙에 위치시키는데 그 간격은 25~27cm 정도이다. 그리고 양안으로 항공사진을 보면 지형이 입체적으로 나타난다. 이 때, 입체화된 지형은 실제 지형의 고저차 보다 약 3배 정도 크게 보임으로서 마치 현미경을 보듯이 확대된 凹凸 지형의 관찰이 용이하게 된다.

판독된 입체지형은 델마토그래프 펜슬(Dermatograph pencil)을 이용하여 항공사진에 직접 표시한다. 이 때, 판독순서는 형성 시기가 오래된 지형(단구, 선상지)부터 미지형(구하도, 자연제방)의 순으로 표기하는 것이 전체적인 지형 변화과정을 파악하는데 유리하다. 판독된 지형이 항공사진상에 표시되면, 지형의 정확한 위치와 면적을 산출할 수 있도록 ArcMAP의 지리보정 기능을 활용하여 수치지도상에 옮겨서 객관성을 높여야만 한다. 그런데 이 방법은 혼자서 장시간 관찰하면서 사진상에 표시해야 하기 때문에 눈의 피로도가 높고 이중적인 작업으로 인해 정확성이 떨어져 상호토론이 불가능하다는 단점이 있다. 이를 보완해서 다수가 관찰하면서 토론하고 화면에서 직접 관찰된 지형을 표시할 수 있는 방법으로 고안된 것이 3D 프로그램이다.

2) 항공사진 3D 분석방법

3D 모니터의 대중화와 IT기술의 발달로 항공사진을 컴퓨터 상에서 직접 3D화 해서 볼 수 있는 프로그램들이 상당수 알려져 있지만 대부분 지도제작 혹은 군사용으로 개발된 것이다. 실제 이러한 프로그램을 개발한 회사 중에서 가장 규모가 큰 곳은 미국의 SOCET-SET으로서 군사용 프로그램 혹은 무기개발 등 소위 방위산업체에 해당된다. 그간 필자는 SOCET-SET 프로그램을 응용해서 고지형분석을 행하여 왔는데 확대 배율이 높아서(16배 정도) 보다 정확하게 지형분류를 행할 수 있다는 장점은 있지만 고고학적인 지형분석을 위해 만들어진 것이 아니기 때문에 관찰된 지형은 일단 확대 인쇄된 사진상에 표시한 후, 다시 캐드를 이용해서 그려야 하는 번거로움이 있고, 사진을 3D화하기 위한 표정 입력작업에서도 까다로운 전문가적인 지식이 필요하다.

이러한 단점을 보완하기 위해 3D 모니터상에서 지형 분류선을 긋고 지형특징에 따라 색을 입히는 작업 그리고 관찰된 지형을 보고서 양식에 맞추어 직접 입력하는 고지형분석만을 위한 새로운 방식의 프로그램이 개발되었다. 이 프로그램은 지형관찰에서도 확대·축소 배율이 자유스러워 누구라도 쉽게 조작할 수 있으며, 한국어와 영어로 지형분류 기준 및 매뉴얼을 제시하고 있다. 따라서 컴퓨터와 지형학에 대한 기초적인 지식을 갖추었다면 누구라도 쉽게 조작할 수 있고 지형분류를 행할 수 있다. 이러한 분석프로그램을 ATIS-3D라 명명하였는데 운용방법은 〈표 2〉와 같다.

표 2 _ Atis-3D 작업순서

① project edit와 jop edit, photo info 기능을 이용하여 기본정보 및 항공사진, 카메라 정보를 입력한다.	② stereo view 화면에서 stereo mapping 기능을 선택하여 항공사진의 내부표정 및 타이포인트를 지정해준다.

③ quad buffer 모드로 전환 후 고지형을 관찰한다.	④ drawing 기능을 이용하여 화면으로 관찰하면서 고지형을 그린다.
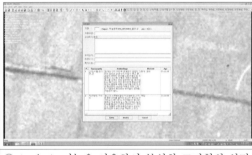	
⑤ Analysis 기능을 이용하여 분석한 고지형의 설명을 입력한다.	⑥ 분석한 고지형에 대한 결과물을 워드 프로그램을 이용하여 확인 및 출력할 수 있다.

Ⅳ. 충적지에 형성된 지형

충적지의 형성과 변화는 기후환경과 매우 밀접히 연관되어 있고 이를 인간이 이용한 시기도 이러한 환경변화에 민감할 수밖에 없을 것이다. 충적세 이후 현재까지 기후변동과 지형경관과의 상관관계는 아래 표와 같다.

표 3 _ 충적세의 기후환경과 지형변동

시기	기후조건	단구면		범람원		기타
		변동	토지조건	변동	토지조건	
10,000 BP	최후빙기					
5,000 BC	온난기 해진 고조기	단구의 형성	불안정	자연제방의 형성	불안정	
3,000 BC	한랭기 해퇴		안정		안정(?)	검은 사층형성
2,000 BC	한랭기 해퇴		안정		안정	약간의 검은 사층형성
기원전 10세기	한랭기 해퇴		안정		자연제방 이용의 극대화	검은 사층형성
기원전 2세기	온난	단구의 형성	불안정		불안정	
서기 2~3세기	한랭기	단구면 이용의 극대화			자연제방 이용의 극대화	검은 사층형성
서기 11세기	온난기	단구의 형성	안정	자연제방의 형성	안정	
서기 15세기	소빙기		안정	천정천의 형성, 자연훼손으로 인한 자연제방의 형성	안정-불안정의 반복	

1. 선상지

우리나라에서 완전한 모습을 갖춘 선상지는 그리 많지 않지만, 유사선상지를 포함한 선상지 지형에서는 대부분 유적이 확인되고 있다. 선상지의 성인에 대해서는 여러 가지 설이 있는데, 대체적으로 빙하기 이후 산지의 개석이 이루어지면서 사력퇴적물질이 전면의 하천에 이르기까지 부채꼴로 넓게 퍼지면서 쌓인 지형을 일컫는다. 선상지는 골짜기부터 선정부, 선앙부, 선단부로 구

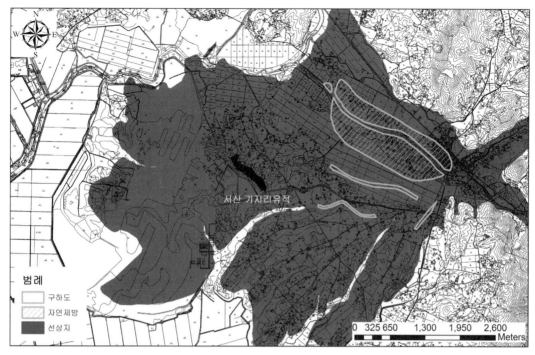

그림 1 _ 서산 기지리유적

분된다. 먼저 선정부는 물이 풍부하지만 사력층이 퇴적되어 있어 농경지로서는 적합하지 않고, 선앙부는 사질토가 퇴적되어 물의 공급이 원활하지 않지만 밭으로 이용되거나 나주 복암리 고분군처럼 묘역이 조성되기도 한다. 반면, 선단부는 실트질이 퇴적되어 있으며 하천과 조우하면서 미고지를 이루는 지형이 가지 모양으로 뻗어 있어 선사시대 이래 취락과 농경지가 입지하기에 비교적 적합한 지형에 속한다. 그러나 우리나라의 선상지는 대부분 규모가 작고 선상지 내부에도 여러 갈래의 개석이 이루어져 작은 규모의 취락들이 선단부를 중심으로 점상 분포하고 있다.

대표적인 유적으로는 서산 기지리(그림 1)와 나주 복암리를 들 수 있다. 먼저 기지리유적이 입지한 지형은 우리나라에서 찾아보기 힘든 넓은 폭의 대규모 선상지이다. 선상지는 휴암리계곡과 황덕천으로부터 시작하여 두 하천이 합류하는 해미천을 따라 양안으로 넓게 펼쳐지며, 특히 산지가 적은 남쪽으로는 범위가 더욱 확대되고 있다. 선상지 내부는 다시 개석이 이루어지면서 여러 갈래의 구릉들이 계곡을 사이에 두고 배치되는데, 유적은 이러한 내부 구릉의 하단부에 자리한다. 나주 복암리유적은 계곡으로부터 흘러내려 형성된 선상지의 선정부와 선앙부에 입지하고 있다. 선단부 앞쪽으로는 현재 하천과 같은 방향으로 구하도가 지나고 하천과 접해서는 자연제방이 관찰된다. 하천 쪽으로는 구하도와 자연제방에 막혀 선상지 범위가 산록을 따라 옆으로 길게 펼쳐져 있는 양상이다.

2. 하안단구

하상이 현재보다 높았을 때 범람원에는 당시 하천의 측방침식에 의해 이루어진 계단 모양의 경계면과 그 위쪽의 평탄면이 남게 되는데, 충적지에 형성된 이러한 지형을 하안단구라 한다. 하안단구는 제4기 기후 및 해수면 변동과 지반운동 등에 의해 발달한 지형으로 성인에 따라 구조단구, 기후단구, 해면변동단구로 구분하며, 우리나라에서는 기후변동과 해수면변동에 의해 이루어진 것이 대부분이다. 단구면 위에 자연제방이 존재하거나 구하도의 흔적이 관찰되기도 하여, 과거 범람원이었음을 말해 준다. 이러한 단구지형은 평탄면이 넓게 펼쳐져 있기 때문에 자연제방보다 대규모 유적이 입지하기에 적합하다. 유적의 경관은 일반적으로 산지와 접한 경우 배후산지 쪽에 취락이 입지하고 그 앞쪽을 농경지로 활용하며, 하안에 접한 경우는 하안 쪽에 대규모 시설이 입지하고 뒤쪽의 단구면과 구하도를 중심으로 농경지가 배치된다. 형성시기에 따라 단구 I 면(기원전 5,000년 전후), 단구 II 면(기원전 200년 전후), 단구 III 면(기원후 1,000년 전후)으로 구분되기도 한다.

대표적인 유적으로는 춘천 우두동, 세종 나성리(그림 2), 김천 송죽리를 들 수 있다. 먼저 우두동유적이 입지한 곳은 상중도와 마주하며, 신사우동에 형성된 자연제방과 접해 있다. 유적이 위치

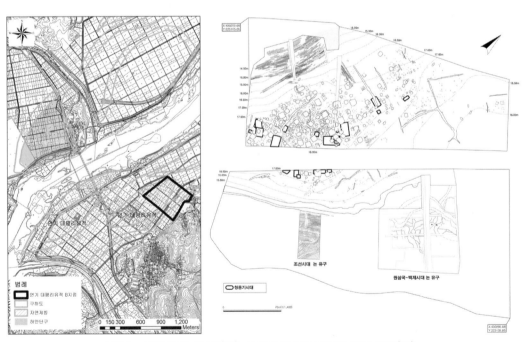

그림 2 _ 연기 대평리유적(좌), B 지구의 청동기시대 취락 입지(우)

한 단구는 구하도의 하성퇴적 작용으로 형성되었는데, 구하도는 단구를 이용할 당시에도 기능하였을 가능성이 높다. 그 이유는 자연적인 하도의 물길을 단구 내부로 끌어들이기 위한 인위적 흔적이 고지형 분석 결과 확인되었기 때문이다. 아마도 선착장과 같은 시설을 만들기 위해 설치한 것으로 추정된다. 나성리유적은 만곡된 지형에 하성퇴적이 이루어지면서 형성된 단구에 입지하고 있다. 발굴조사 결과 일반 취락과는 다른 원삼국시대의 대규모 시설과 선착장으로 이어지는 도로가 확인되어, 하천을 이용한 세력의 거점지역으로 판단된다. 송죽리유적은 단구, 자연제방과 구하도, 배후습지로 이루어진 지형의 단구면에 자리한다. 유적이 위치한 단구는 산지가 약간 만곡된 지점에서 확인되며, 산지의 쇄설물과 하성퇴적에 의해 형성되어 있다.

3. 자연제방

홍수 시 범람원에 흘렀던 여러 갈래의 하천이 하천쟁탈에 의해 중심 하천으로 이동하는 과정에서 퇴적물질을 유로의 양쪽에 운반하게 된다. 이러한 운반작용이 오랜 기간 반복되면서 현재의 충적지에 주변보다 높은 자연제방이 형성되는데, 범람원의 하천이 그 기능을 상실하게 되면 자연제방은 범람으로부터 안전해진다. 우리나라 대부분의 하천변 충적지에서는 자연제방이 확인되며, 신석기시대부터 취락이 입지하고 있다. 한편, 자연제방보다 낮은 배후습지는 우천 시 물이 스며들면서 항상 습한 환경을 유지하기 때문에 수전을 조성하기에 적합한 곳이다. 충적지에서 확인된 가장 오래된 자연제방은 제4기 간빙기인 12,000년 전후 시기에 일단의 모습이 완성된다.

대표적인 유적으로는 연기 대평리(그림 2)와 진주 대평리를 들 수 있다. 먼저 연기 대평리유적은 하안으로부터 약 200m 떨어진 지점의 자연제방에 입지하며, 분석 결과 자연제방의 모습을 갖춘 것은 약 12,000년 전에 해당한다. 유적은 자연제방과 구하도, 배후습지에 자리하는데, 자연제방에 주거 관련 시설이, 배후습지에 수전이 조성되어 있다. 다음 진주 대평리유적의 주변 지형은 3열의 자연제방과 그 사이를 관통하는 구하도 및 배후습지로 이루어져 있다. 구하도의 중복관계로 볼 때 하안에 접한 자연제방이 가장 이른 시기에 해당하며, 유적은 주로 이곳에서 확인되었다. 배후 구하도의 작용에 의해 형성된 자연제방열은 상대적으로 늦은 단계라 생각된다.

4. 하중도

우리나라의 하천은 산지와 충적지를 통과하면서 곡류가 심해지는 사행천에 속한다. 이러한 사행천은 유수의 흐름이 약해지는 지점에 운반물질이 퇴적되어 섬을 형성하기도 하는데 이를 하중도라 한다. 토양을 보면 하층은 하상에서 관찰되는 사력퇴적물이 주를 이루며, 상층으로 갈수록

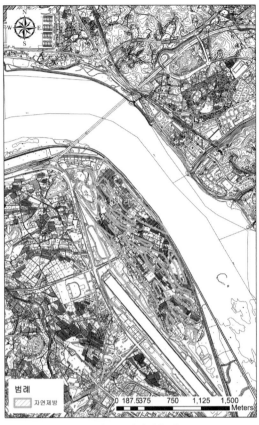

그림 3 _ 미사리유적

사질과 실트층이 퇴적된다. 사질이 퇴적된 단계는 홍수가 빈번했던 시기이고, 검은 사층이나 실트층이 퇴적된 단계는 하천의 범람으로부터 비교적 안정된 시기에 해당한다. 후자의 시기에는 토양화가 왕성하게 진행되면서 식물재배에 유리한 토지조건을 제공한다. 현재의 하중도는 마치 하나의 섬처럼 보이지만 실제는 여러 개의 섬과 그 사이를 흘렀던 구하도가 합쳐져 이루어진 것이다. 한강 중상류지역에 집중된 하중도에는 선사시대부터의 유적이 밀집 분포하고 있어 이른 단계부터 안정화되었음을 알 수 있다.

대표적인 유적으로는 하남 미사리(그림 3)와 춘천 중도를 들 수 있다. 먼저 미사리유적은 크고 작은 여러 개의 섬이 합쳐져 형성된 하중도에 입지한다. 하도가 지나가면서 만든 자연제방들이 합쳐져 2개의 비교적 큰 섬과 그 사이 작은 섬들을 이루는데, 유적은 북쪽에서만 확인되었지만 같은 규모의 남쪽 섬에도 동일한 시기의 취락이 존재할 가능성은 충분하다. 춘천 중도유적도 미사리유적과 마찬가지로 여러 개의 하중도 사이를 흘렀던 하도가 기능을 상실하면서 합쳐진 지형에 자리한다.

5. 구하도

구하도는 하천의 쟁탈에 밀려서 언제부터인가 유로의 기능을 상실한 하천을 의미한다. 자연제방이나 단구가 존재하는 곳에는 제방 바깥쪽과 단구애가 유로로서 기능하였던 곳이다. 또한 충적지에는 수많은 크고 작은 구하도가 확인되는데 이러한 구하도를 정비하여 취락을 확장하기도 하고 이를 이용한 시설을 만들기도 한다. 전자는 일본 야요이시대 취락인 가라코카기유적, 후자는 경주 안압지가 그 대표적인 예이다.

6. 배후습지

자연제방의 배후에 구하도를 비롯한 범람원 지역은 상대적으로 낮은 지형을 이루고 있어 우천이나 홍수 시에는 일시적인 습지환경을 형성하기 때문에 초본류의 서식이 왕성하여 토양이 비옥하다. 이러한 곳은 이른 시기부터 곡저지와 더불어 수전지로서 선택되었다.

V. 결어

지형경관을 이해하고 유적의 존재여부를 파악하기 위한 항공사진 분석은 일찍부터 유럽을 중심으로 고고학적 조사방법의 하나로 활용되어 왔다. 단순한 구조물이나 단독유구의 파악을 넘어 구 하도의 변동 및 고환경을 복원하는 데에도 유효하게 활용되고 있으며, 더 나아가 고고학 유적들을 지리환경의 맥락 속에서 통합적으로 연구할 수 있도록 도와준다. 이러한 분석방법은 자연적 환경과 문화적 맥락이 상이한 다른 지역의 고고학적 해석을 위해서도 유용한 방법이라고 생각한다.

분석된 자료는 개인적으로 습득할 수 없는 개발 이전의 고환경 및 유적분포지점에 대한 중요한 정보를 제공해 주고 있다. 이 밖에도, 개발사업의 주체에게도 미리 관련 정보를 제공하여, 사업계획 수립 단계에서부터 유적 밀집 지형 등을 반영하여, 환경 및 유적 보전을 고려할 수 있을 뿐 더러 고고학조사가 실시될 경우 유적의 성격, 존재범위 및 시기 등을 예측하여 시굴범위, 깊이, 규모 등을 정할 수 있다.

이처럼 지형경관의 이해는 충적지에 형성된 지형과 유적의 관계, 유적의 범위 및 시기 등을 예측할 수 있어서 매몰된 지역의 고환경 복원과 유적입지분석 및 교통로 복원에 매우 효과적으로 활용될 수 있다. 또한 현재 혹은 미래에 진행될 개발로 자연지형과 역사적 경관이 일부 사라져도, 체계적인 기록을 영구보존 할 수 있는 이점이 있다.

참고문헌

高橋 學, 2003,『平野の環境考古學』, 古今書院.

김종일, 「경관고고학의 이론적 특징과 적용가능성」『한국고고학보』58.

나카무라 카즈오 · 이시이 히데야 · 데즈카 아키라, 정암 · 이용일 · 성춘자(역), 2001,『지역과 경관』, 선학사.

이도원, 2001,『경관생태학』, 서울대학교출판문화원.

이홍종 · 高橋 學, 2008,『한반도 중서부지역의 지형환경 분석』. 서경문화사.

추연식, 1997,『고고학 이론과 방법론』, 학연문화사.

甲元眞之, 2007,『環境變化の考古學的檢證』, 砂丘形成と寒冷化現象.

外山秀一, 2008,『自然と人間との關係史』, 古今書院.

田崎博之, 2007,『發掘調査デ-タからみた砂堆と沖積低地の形成過程』, 砂丘形成と寒冷化現象.

貝塚爽平 外, 2001,『寫眞と圖でみる地形學』, 東京大學出版會.

Bintliff, J. L., 1992, Erosion in the Mediterranean Lands: a Reconsideration of Pattern, Process and Methodology. *In Past and Present Soil Erosion*, J. Boardman and M. Bell, eds., pp.125~31, Oxford: Oxbow Books.

Bintliff, J. L., 2002, Time, Process and Catastrophism in the study of Mediterranean Alluvial History: a Review, *World Archaeology* 33(3).

Butzer, K. W., 1982, Archaeology as Human Ecology: Method and Theory for a Contextual Approach. Cambridge: Cambridge University Press.

Butzer, K. W., 2008, Challenges for a Cross-Disciplinary Geoarchaeology: The Intersection between Environmental History and Geomorphology, *Geomorphology* 101(1-2): 402-411.

Dincauze, D.,F., 2000, Environmental Archaeology Principles and Practice, Cambridge: Cambridge University press.

Holliday, V., 2004, *Soils in Archaeological Research*, Oxford: Oxford University Press.

Rapp, G and Hill, C., 1998, *Geoarchaeology*, New Haven: Yale University Press.

제3장
청동기시대의 지표환경과 토지이용

이희진　고려대학교 고고환경연구소

Ⅰ. 서언

　　청동기시대는 한반도의 지리환경에 적합한 전통적인 문화경관의 원형이 최초로 형성된 시기로 인식되고 있다. 이는 도작을 위시한 농경문화의 한반도 전역에의 확산과 보편화에 기인한다. 신석기시대부터 시작된 농경문화는 청동기시대에 작물의 다양화 및 경작방식에 있어서 진일보한 형태를 보인다. 그러나 경작관련 유적은 청동기시대 후기에는 자취를 감추는데, 이때부터 원삼국시대에 이르기까지 도작을 기반으로 한 농경활동 또한 일부 지역에서 일시적 침체기를 맞았던 것으로(趙現鐘 2008; 安承模 2006) 평가되고 있다. 농경의 흥망성쇠는 자연환경의 변화와 인간의 자원이용능력이라는 두 측면의 끊임없는 상호작용의 결과로서, 한반도 청동기시대 문화의 역동성을 이해하는 하나의 열쇠이다.

　　대리자료의 분석적 연구를 통해서 나타난 거시적인 기후변화의 추이로 보아 청동기시대는 전보다 상대적으로 점차 한랭한 시기로 이행하는 경향이 있었던 것으로 파악되고 있다. 또한 신석기시대부터 시작된 해수면 하강과 대지의 융기운동의 여파로 주요하천과 그 지류에서의 충적지 형성이 활발했던 것으로 추정된다. 이러한 장기간의 지형환경변화는 청동기인들에게 새로운 경제활동의 무대를 선사하였다. 대규모의 하천의 범람원과 곡내 습지화가 이루어진 지역은 수전으로 이용되었으며, 일부 사질의 충적대지는 밭으로 활용하였음이 대규모의 발굴을 통하여 확인되었다. 그리고 미시적으로 각 유적별 발굴양상과 분석자료에 의하면, 한정된 기술을 활용하여 지형조건에 따라 다양한 방식으로 경작활동을 영위하였던 모습이 나타나고 있다. 본고에서는 청동기시대의 농경활동의 성립과 전개의 양상을 지형·지질·기후 환경과 연동시켜 토지이용상의 변천을 통하여 살펴보았다.

Ⅱ. 청동기시대 지형형성과 지표환경변화

인간이 살아가는 지표환경의 형성과 안정화정도는 기후와 이에 연계한 지형형성과정과 밀접한 관계를 지니고 있다. 청동기시대에 선행하는 신석기시대에는 현재와 해수면이 유사하거나 서해안의 경우, 일부 상승한 시기가 있었으며(황상일·윤순옥 2005), 그 이후 한동안 안정상태에 머무르다가 점차 국지적으로 해퇴와 해진을 반복하며 해수면이 낮아지는 때가(박수진 2010; 黃相一·尹順玉 2000) 도래하였던 것으로 파악되고 있다. 그러나 국지적으로 동해안 지역에서는 간헐적인 해진과 해퇴에 의해 3000~2300년 BP경에 현재와 유사한 해수위로의 하강이 있었을 가능성도 강력하게 제기된 바 있다(黃相一·尹順玉 2000; 황상일 1998). 이와 같은 해수면의 변화가 주요 하천인 한강, 영산강, 금강, 낙동강 수계에서는 중하류 지역에 평탄지형인 하상충적지와 충적단구를 발달시켰다. 이에 따라 신석기시대부터 정주공간이었던 하천변과 저지대 농경지의 가용성이 크게 증대하였다. 남한의 주요하천 및 농경유적과 취락이 밀집한 지역의 지형발달양상은 다음과 같다.

서해안 일대의 한강 하구에서는 신석기시대의 고해수면기에 광역적인 토탄층이 발달하였던 양상이 일산 주엽, 가와지, 새말 지역 등의 고환경 연구에서 확인되고 있다. 고해수면기는 한동안 유지되다가 약 3200~2300년 BP를 기점으로 해수면의 하강이 시작되었다. 이에 연동하여 오리나무속이 우점하는 저습지가 하안과 곡저평야를 중심으로 널리 발달했던 것으로 추정되고 있다(황상일 1998; 김주용 2012). 또한 파주 운정지구를 비롯한 일부지점에서는 신석기말에서 청동기초기에 상대적인 지표면의 안정화에 따른 식물생산력증가 및 연속적으로 청동기시대에 토양화의 진전 등의 충적지형의 발달이 보여지고 있으며, 지역에 따라 중기 청동기시대에 여름몬순의 강화에 따른 강수량 증가도 동반하였을 가능성도 추정된다(김주용 2012; 박정재·신영호 2010).

낙동강권역 중 전기 청동기시대의 약 12개소의 수전유적이 밀집해 있는 울산 태화강 인근의 고 굴화만과 고 울산만의 변화상이 비교적 잘 연구되어 왔다. 울산시 달동 및 야음동을 위시한 인근의 시추자료를 대상으로 화분분석과 규조류 분석을 통하여 고지형의 형성과정을 살펴본 결과, 신석기시대에서 이른 청동기시대에는 고 울산만이 현재보다 내륙으로 만입되어 있었으며(黃相一·尹順玉 2000), 그 후 점차 해수면과 침식기준면 하강에 의해서 현 태화강의 중류지역에 넓은 저평지와 구릉의 말단부에서 국지적으로 선상지가 발달하게 되었다. 이 과정에서 형성된 저습지와 그 주변부에는 울산 야음동, 무거동, 굴화리, 화정동, 백천유적 등의 초기 수전유적들이 입지한다. 이들의 특징은 대체로 사력층(gravel bed)의 상층부에 퇴적된 얕고 배수가 불량한 점토질의 하상충적토에 조성되었다는 점이다. 인근의 형산강 유역도 유사한 지형환경조건을 지니고 있으며, 마찬가지로 청동기시대의 하상충적지의 발달과정에서 나타난 하안의 배후습지를 활용하여 동시기 혹은 후대의 경작지가 조성된 것으로 추정된다. 태화강과 형산강일대 충적지의 평탄면은 점질과 사질의 충적층이 우세하게 발달하여(黃相一·尹順玉 2000, 78~79쪽) 초본류 등의 식생의 생장에 유리한 환경이 조성되었고, 하상퇴적토는 상대적으로 기경하기에 부드러워 가용성이 높았다(박수진 2010; 黃相一·尹順玉 1998). 청동기시대의 경작층은 대개 암색의 색조를 띄며 약 10~20cm 두께를 이루는데 산화·환원 환경의 변화를 지시하는 철과 망간의 결핵과 반점이 다량으로 관찰된다.

다음으로 청동기시대 유적의 밀도가 높은 낙동강 수계인 남강은 6000년 BP 이래로 기반암에 따라 굴곡이 심한 산지사행하천으로서의 발달이 뚜렷한데 이 과정에서 양안에 활주사면이 발달하였고, 보다 미세하게는 우각사주, 자연제방, 배후습지 등이 발달하였다(한국고환경연구센터 2011). 특히 사질의 하안대지는 대규모의 평탄한 경작지의 터를 제공하여 대평리유적과 평거동유적같은 주요 전작유구가 이에 입지한다. 또 다른 낙동강 수계의 지류인 동호강 일대 대구분지의 하천들에서는 광역적인 해수면 변화의 영향으로 하천변 충적지가 형성되었으며(黃相一·尹順玉 1998; 윤순옥·황상일 2009) 청동기시대의 유적이 입지한 저지대는 당시 다소 불안정한 저습지에서 점차 육화되어가는 경향이 나타나는 것으로 보인다. 그리고 다른 지류인 밀양강 일대의 충적지에서도 유사한 양상이 확인되었다(윤순옥 외 2005).

금강 지류에는 대표적인 경작유적으로 구봉·노화리, 송학리, 마전리유적 등이 위치한다. 금강 중하류 유역과 미호천 및 논산천 등을 위시한 주요 지류 일대의 하상충적지에서 실트와 점토의 세립물질의 퇴적, 해수면의 하강과 융기에 따른 단구지형의 발달, 또한 충적세 중기에 단속적으로 이루어졌으며(김주용 외 2005), 금강유역권의 지류하천 또한 이에 상응하여 곡간선상지의 발달, 곡부의 매적 등이 동반하여 발생했던 것으로 보인다. 특히 곡간부에서 습지가 점차 육화되어가는 현상이 여러 유적에서 나타난다. 청동기시대 전기와 중기의 대표적인 대규모 취락인 백석동 등의 유적들이 밀집한 곡교천 인근의 곡부를 대상으로 한 고환경조사에서 3500~2000년 BP경으로 추정되는 수 차례 곡부의 매적현상의 변화가 공통적으로 간취되었다(박지훈 2009). 그리고 그 원인을 주거의 확장과 삼림남벌 등에 의한 식생의 제거로 인해 취약해진 사면에서 자연재해에 의한 영향이 증폭되어, 토사의 대규모 이동이 있었던 것으로 파악하고 있다(박지훈 2009). 그러나 유기물의 AMS 연대로 측정한 사면침식의 세부시기는 유적의 연대와 차이를 보여 특정 퇴적층을 경작과 주거에 의한 붕적토층으로 한정시키기 어려운 점이 있다.

영산강 유역권에서는 지류인 평동천 일대의 분석사례를 보면 약 4700~3300년 전부터는 오리나무의 감소가 나타나고 반대로 참나무가 우점하였고 후에 오리나무가 우점한 저습지상태로 전환되었던 것이 확인된다(박정재 · 김민구 2011). 비록 조선시대 후기에 제언의 밀도가 높고 수전의 비율이 가장 높은 지역이지만(박수진 2010; 李俊善 1987) 광주 신창동 저습지 유적을 제외하고 선사시대의 농경관련 유적은 희소한 편이다.

이 시기 기온의 변화에 대해서는 뚜렷한 경향이 대리 자료에서 확인되는 바는 없다. 거시적인 환경변화로 볼 때, 청동기시대 중기의 시작과 맞물려 북반구에서는 본드 이벤트(Bond Event) 2기의 한랭기(BC 800)가 도래한다(박지훈 · 이상헌 2008). 연대상으로 수도작이 활발했던 시기(8-4th Century BC)와 맞물리는데 이 시기에는 저온현상이 발생하였으며 한랭건조 혹은 반대로 지나친 연간 강수량의 증가 등의 현상이 강조되어 나타난다(Bond et al. 1997). 한랭건조정도의 기후변화 지수를 보여주는 퇴적체를 복수의 대리자료로 분석한 바에 따르면 청동기시대는 한랭기로 이행해 가는 과정으로 보고 있으나(김주용 2012; 같은 책, 문영룡 참조) 한반도에서 청동기 후기의 시작에 한랭화 현상이 식생의 변화에 모든 지역에서 고강도로 나타나지 않는다(박지훈 · 이상헌 2008).

즉 청동기시대의 기후와 지형형성의 변화추이를 보면 전반적으로 한랭한 기후가 일반적이었으며, 해수면의 하강과 상승에 의한 충적지형이 발달하는 가운데, 3000년 BP 경에 해수면의 갑작스런 강하와 일시적인 해진의 가능성이 강하게 제기되었다. 이는 이에 연동한 일부 저지대의 수몰과 개석 뿐 아니라 주변지역에까지 지하수위의 불안정성을 야기했다고 보여진다(黃相一 · 尹順玉 2000). 따라서 당시 구지표면의 지표환경은 해수면 하강의 영향으로 저지대와 충적지의 발달 및 토양화의 진전에 따른 높은 생산력(high biota)이 나타났던 반면에 상대적으로 지하수위가 높고 유동성이 강했던 점을 그 특징으로 들 수 있다.

III. 청동기시대 경작층의 특성

청동기시대의 경작지를 대상으로 입지, 발굴된 시설과 층위의 특성에 따라 당시의 환경과 조성 및 운영에 관하여 살펴보도록 하겠다. 전기의 전작지는 확실히 그 존재가 규명된 예가 드물지만, 전기후반 이후에 수전이 조성된 양상이 발굴조사를 통하여 나타난다. 일반적으로 전기의 취락이 해발고도상의 높은 지점에 위치하지만 후기 청동기시대의 취락은 다소 저지대에 입지하는 경향을 보인다(이홍종 2010; 이홍종 · 손준호 2012). 이 시기에는 충적지형의 이용이 가속화 되는 양상이 나타난다(이홍종 · 손준호 2012). 수전지로 선호되는 입지는 주로 충적지의 배후습지, 개석곡저, 구릉말단부 저지 등으로 원지형을 최대한 활용하면서 소규모로 조성된다(郭鐘喆 2002; 윤호필 2013a). 한편 대규모 밭은 개방적인 개석곡저나 충적지에 주로 입지하는데 하천의 자연제방을 중심으로 하여 평탄면과 미고지 사이의 공간을 주로 활용하는 양상으로 나타나며, 상대적으로 주거지와 인접하여 배치되는 특징을 보인다(윤호필 2013a, 165쪽).

발굴된 논의 잔존구조로 추론하였을 때, 경작면의 조성방식은 논면이 좌우로 길고 등고선과 평행하게 위치하며 고저차를 두고 조성되는 계단식과 논둑으로 사방을 막는 구획식으로 나뉜다. 계단식의 경우, 울산 화정동, 야음동, 옥동 등의 유적을 대표적으로 들 수 있는데, 단차는 대개 10cm를 넘지 않는다. 소구획의 경우, 대표적으로 울산 옥현, 부여 구봉ㆍ노화리유적 등이 있으며 논둑이 평면상에서 그 윤곽이 유추되었을지라도, 잔존 논둑의 높이가 10cm를 넘지 않는 특징이 전반적으로 간취되고 있다. 수리시설이 발달된 마전리유적의 경우, 보, 우물 및 수로 등이 확인되며, 일반적으로 취수로 혹은 배수로의 역할을 했던 것으로 보이는 구시설이 공반하는 양상이 눈에 띈다.

수리시설의 공반에도 불구하고 논의 형태가 확연히 나타나지 않는 경우는 마산 망덕리유적의 예가 있으며, 많은 경우 구획된 논면의 단차와 논둑의 잔존형태가 부정확하다. 이는 매몰 시의 침식 혹은 토압에 의해서 압축되거나 발굴된 논의 논둑이 수비되지 않은 형태였을 가능성이 제기되었고 또한 조사과정에서 발굴지점 인근이 삭평되었을 경우(김도헌 2004)를 가정하고 있다. 한편, 상기한 보존조건과 발굴방식의 문제가 아니라면, 논둑 등의 요철이 있는 시설의 잔존양상은 자연적인 저습지를 이용하면서, 높은 지하수위에 의해 상대적으로 관수하는 물의 양이 적은 상태에서 경작하는 방식과 연관시켜 볼 수 있을 것이다. 또 다른 토층상의 특징은 청동기시대 수전 매몰면층은 짙은 암갈색의 유기물을 포함하고 있으며, 철 망간의 결핵과 반문이 강하게 생성되는 글레이(gley)화의 영향을 강하게 받았다는 점이다. 따라서 동유적의 상층부에 누중된 삼국시대, 통일신라시대 및 근현세의 수전층보다 토색이 짙은 편으로 관찰되는 경향이 다분하며(郭鐘喆 2002), 산화철 망간 집적의 강도가 높고 수분 및 유기물의 수치도 상대적으로 높게 나타난다. 이는 구지표였을 당시, 그리고 매적 이후에 각 시기별로 다른 경작층이 서로 다른 수문환경에 처해있었다는 점을 반영하고, 특히 청동기시대에 상대적으로 높은 지하수위의 현상과 연계될 수 있다(김주용 2012; 李僖珍 2012).

수전의 일반적인 灌水방식으로는 일반적으로 배수가 불량한 곡저 및 저지대에 계류수를 이용하거나 자연적인 강수를 활용한 天水畓 및 집수 후 灌漑하는 형태가 존재하였던 것으로 판단된다(이홍종 2010; 郭鐘喆 2002; 2010). 용수원의 위치는 대개의 유적에서 논란이 있으나 논면의 사방으로 취수와 배수 및 용수의 전달을 위한 구형의 수로가 공반되어 나타나는 양상을 띄고 있다. 진주 평거동, 울산 옥현과 밀양 금천리유적 등에서 대표적으로 나타난다. 또한 안동 저전리, 밀양 금천리, 논산 마전리유적 처럼 湺, 水路 및 貯水場 시설이 확인된 소수의 유적에 한하여 보다 계획적인 용수의 집수와 분배가 이루어졌다고 여겨진다. 그러나 집수 후 논면으로 배분이라는 관수방식에 대한 이견이 존재하며, 용천수 지점이 발굴된 추정경작면보다 상대고도가 낮은 경우가 많아, 다수의 취수구 시설은 위치상 배수구로서의 기능이 제기되기도 하였다(김병섭 2011). 이는 당시

경작면으로 활용되었던 저습지면이 높은 지하수위로 인해 상대적으로 쉽게 침수되었을 상황을 지시하며, 앞서 말한 청동기시대층의 짙은 토색과도 연계가 된다. 토층의 육안 관찰에서 유기물의 집적을 반영하는 상대적으로 짙은 토색(郭鐘喆 2002)과 함께 토양분석에서도 일부 유적의 청동 기시대층에서 보다 침수상태가 길었던 정황이 다량의 유기물과 부식의 집적, 다량의 산화철과 망 간집적상 등을 통해 나타난다(李僖珍 2012). 청동기시대 수전경작토의 양상을 더욱 세분해 보면, 논토양형을 지하수위에 따른 산화철과 망간의 집적양상에 따라 濕畓, 乾畓, 反乾畓으로 분류하였 으나(郭鐘喆 1997 · 1998; 이진주 · 곽종철 2012; 조현종 2000), 미지형에 따라서 수전의 운영상 에 대하여 세심한 해석이 필요하다. 발굴양상으로 육도작의 가능성이 조심스럽게 제기되기도 하 였는데 일례로 별도의 수로가 확인되지 않은 울산 야음동의 계단식 수전과 같은 곳은 건답직파의 형태로 경작한 흔적이라는 견해가 대두되었으며(郭鐘喆 2010), 후에 다각도로 검토가 필요한 사 항이다.

수전의 사용기간은 정확히 알 수 없으나 동시기에 수 차에 걸쳐 경작지가 조성되어 사용된 정 황이 일부 유적에서 관찰된다. 진주 평거동유적 3-1지구에서는 배후습지에 2단의 소구획식 논면 이 확인되었다. 논산 마전리유적에서는 조성 초기와 매적당시의 사용면이 달랐을 가능성이 제기 되었다. 한편, 이형의 경작지로는 반구형의 두둑을 조성하고, 규산체분석의 결과 벼를 경작했을 것으로 추정보고된 천전리유적이 있다. 전작유구는 하천변의 대규모 사질성 충적대지에 입지하 거나(진주 대평리유적, 평거동유적), 혹은 논면에 중복되어 설치된 경우(논산 마전리유적)로 나뉜 다. 현재까지 발굴된 경작유구의 시대별 누중현상은 청동기시대 유구의 폐기양상에 관하여 시사 하는 바가 크다. 청동기시대와 삼국시대의 수전이 공반하는 비율은 전체에서 50%에 가까우며 6 개소의 청동기시대 유적이 조선시대에 이르기까지 경작면이 누중되어 있다. 이는 밭유구보다 상 대적으로 시대간 경작지의 누중관계가 높은 편이다(표 1과 2).

이러한 폐기양상을 환경과 연계한다면 국지적 지형변화에 연동한 지하수위와 같은 수문환경 의 변화를 먼저 고려해 볼 수 있다. 특히 전기 청동기시대 수전유적들이 밀집한 태화강 유역과 하 구의 경우, 3000~2300년 BP 경의 소규모의 해진과 해퇴(黃相一 · 尹順玉 2000)가 하안 충적지의 가용성과 밀접한 상관관계가 있을 것으로 추정된다. 지역에 따라 수 차례의 침수와 건륙화 현상이 반복적으로 나타나는 양상으로 당시의 지형변화가 이해되고 있다. 개석된 지점을 농지로 사용하 였던 청동기시대의 수전경작유구는 하성퇴적물에 쉽게 매몰되거나 정수상태의 습지로 돌아가기 쉽다. 철기시대의 일시적인 고해수면이 끝나는 삼국시대 이후 다시 건륙화가 진전되었고(黃相一 · 尹順玉 2000), 다시 경작면으로 활용되었을 것으로 추정된다.

한편, 대다수의 발굴된 경작 유적은 홍수가 가져오는 퇴적물에 쉽게 피복되는 충적대지나 곡저 에 위치하여 사면이동물질에 의해 쉽게 매몰되는 지점에 입지하는데 실상 농업이 국가적 규모에 서 한 단계 진흥되었던 삼국-통일신라시대와 청동기시대의 발굴된 수전의 개수(윤호필 2013a 기 준 각 25개와 23개소)는 비슷하다. 물론 이는 발굴과정에서의 다양한 변수에 의한 우연일 가능성

표 1 _ 수전유적에서 시기별 문화층의 누중관계(윤호필 2013a의 경작유적 집성표에 의거)

	청동기(25)	원삼국(1)	삼국-통일(23)	조선(11)
청동기	-	0	12	6
원삼국	0	-	0	1
삼국-통일	12	0	-	6
조선	6	1	6	-

※ 표에는 시기별로 경작층이 중복되는 유적의 개수를 적시하였고, 괄호 안은 해당유적의 총 개수를 나타낸다.

표 2 _ 밭유적에서 시기별 문화층의 누중관계(윤호필 2013a의 경작유적 집성표에 의거)

	청동기(34)	원삼국(2)	삼국-통일(37)	고려-조선(63)
청동기	-	0	11	6
원삼국	0	-	0	0
삼국-통일	11	0	-	6
고려-조선	6	0	6	-

※ 표에는 시기별로 경작층이 중복되는 유적의 개수를 적시하였고, 괄호 안은 해당유적의 총 개수를 나타낸다.

도 있으나, 한편으로는 매몰된 지점은 대개 개석곡과 같이 상대적으로 쉽게 매적되어 방기되는 지형적 그리고 환경적 조건하에 있었다. 따라서 경지로 이용하기도 용이하고, 또한 장기간 보존되기 적당한 지형의 이용도가 높았던 상황을 반영한다.

아울러 전기 청동기시대의 발굴 경작지의 상대적 부재현상은 환경적 요인과 더불어 경작지 조성의 비정형성과 연관이 있어 보인다. 이른 시기의 농경에서는 화전과 같이 개간 이후에도 본격적으로 경작 시설을 구비하지 않고 농경이 이루어지는 경우도 많고(Smith 2001), 밭과 논은 인위적인 유구이되, 주거를 위한 수혈처럼 극히 인공적으로 굴착한 구조물이 아닌 작물이 잘 생장하도록 서식처를 조성한 자연에 가까운 상태의 유구이다. 따라서 경작이 중지된 이후에 급격하게 매몰되지 않거나, 지하수위의 변동처럼 특수한 환경 하에 있지 않으면 대개 자연의 상태로 돌아가 유구의 보존률이 높지 않다. 곡저의 수전도 시설을 제대로 구비하지 않고 자연적인 습지퇴적물과 용수의 집적에 전적으로 의지하는 원시적 형태라면 보존이 쉽지 않았을 것이다. 또한 화전식 경작에서 이랑과 고랑을 설치하지 않고 파종을 행하거나, 개간 후 사면경작지는 침식이 쉽게 일어나며(Kleinman et al. 1995) 현대의 사면경작지에서도 종종 확인되는 현상이다(玄正秀 2008). 따라서 사면에 입지한 초기의 밭유구의 형태가 온전히 매몰되어 보존되어 있기는 상대적으로 어려운 편이다.

Ⅳ. 농경과 관련한 토지이용상의 복원과 연구과제

1. 청동기시대 농경체계와 토지이용

1) 청동기시대의 경작방식과 토지이용

농경의 확산과 쇠퇴는 대개 환경의 변화나 인위적 원인, 혹은 이 두 변수의 복합작용의 결과로서 이해된다. 현재까지 복원된 청동기시대 농경의 역량과 한계를 토양과 관련하여 당시의 환경조건과 기술수준 하에서 간략하게 살펴보도록 하겠다. 청동기시대의 주요 재배작물로는 벼, 보리, 밀, 조, 기장, 콩, 팥, 들깨 등이 있으며, 유적단위에서 이들의 공반도가 높은 편으로 보아, 다종의 곡물들이 함께 재배되는 작부체계가 성립되었다고 보여지나(安承模 2008) 주작물로서의 벼가 전체에서 차지하는 비율에 관한 의문은 존재한다. 이전 신석기시대와 이후의 초기철기~원삼국시대에서 벼의 출토율을 감안한다면 벼의 상대적 비중이 높았던 정도로 인지되고 있다(安承模 2008; 2013a). 농경의 방식은 크게 화전, 전작, 수도작의 형태로 이들은 취락에 따라 단독적으로 혹은 공존하였던 것으로 추정되고 있다. 그러나 시기별, 지역별 주요 경작방식에 대한 의문은 아직까지 완전히 해소되고 있지 못하다.

한반도는 농경의 2차적 전파라는 점에서 농경의 도입기에 관해 고려해야 할 두 가지 사항이 있는데 바로 도입 시의 기술과 환경적응의 문제이다. 도작의 경우, 중국과 비교하면 초기의 농경기술의 발달과 토지이용상은 환경의 차이만큼이나 격차가 크다. 재배화가 진행되던 시기에 주기적 범람에 의해 도작을 행한 것으로 추정되는 田螺山유적(BC 5000~2500)의 경우 별다른 농경지의 흔적이 확인되지 않는다. 약 BC 4000년경에는 草鞋山유적과 綿墩山유적에서 나타나는 것과 같이 웅덩이형 논이 일반적이었으며, 수전을 구획하고 정면한 양상은 동시기 혹은 이보다 후행하여 등장한다. 城頭山유적(약 BC 4300)과 그리고 후행하는 稱呼유적(BC 4000~3300) 등지에서 확인된다. 그리고 신석기시대 동안 양자강 일대에 걸쳐 이와 유사한 수전들이 등장한다(Fuller & Qin 2009). 茅山유적의 상층부에서는 약 BC 2000년경에 보다 발달된 형태가 나타나는데, 불탄 흙으로 구획을 지어 둑을 설치하고 논으로 사용하는 수전이 출현한다. 이는 관개 시설의 축조와 관개용수의 수급조절이라는 기술적 발전 외에도 경작면적의 확대, 건조화가 진행되었던 자연환경의 변화, 그리고 북진하면서 기후환경에의 적응이라는 측면에서 수도작의 경작방식의 점진적인 변화가 일어난 예로 해석된다(Zhuang et al. 2014). 다만 회하이북, 특히 한반도와 지리적으로 근접한 산동성 및 요동반도를 경유하는 동북 루트에서 발굴된 초기의 수전 유적은 아직 없으며(조현종 2010), 따라서 수도작이 한반도로 유입되는 경로, 시기 및 방식에 대한 직접적인 연결고리는 확보되지 못한 상태이다. 중국에서의 초기의 수도경작은 야생벼의 서식에 적합한 기후조건에서 순화과정을 동반하면서 자생하였고 이 후 서서히 기술적 발달이 더해지는 양상으로 발전해 왔다(Fuller & Qin 2009). 이와 달리 일본은 도작에 적합한 기후를 가진 지역인 북부 큐슈에서 초기부터 수리체계가 완비된 경작방식이 유입되어 지형에 따라 변형되는 형태로 진전되어 왔다(趙現鐘 2000; 2004). 한반도의 경우에 보다 복잡한 변수들이 얽혀있다. 도작의 전파경로는 아직 확실히 규명되지는 못하였으며 또한 초기의 기술수준과 정착 이후의 전개양상의 해석은 서로 다른 입장을 보이고 있다.

전기 청동기시대의 농경방식은 화전과 전작의 형태가 일반적이었을 것으로 추정되는데 논란이 되는 것은 화전식 경작과 육도의 존재여부이다. 安在晧(2012)는 청동기 전기의 화전중심설을 내세우며 벌목 방식, 불지르기 후의 토양의 경작의 용이성, 기후변화에 따른 지석묘 축조집단의 이동성에 주목하였다. 또한 정주하면서 계획적 휴경지의 관리를 통한 다양하고 안정적인 경영방식에 대하여 고일홍(2010)은 민족지 연구사례를 들어 그 가능성을 상정하였다. 그 외에도 곽종철(2010)은 논둑 시설이 분명하지 않은 건답의 높은 비중을 들어 이른 시기 육도의 재배가능성을 제기한 바 있다. 한편, 화전식 도작의 가능성에 대하여 안승모는 주작물인 벼가 한국 민족지자료에서 화전경작에서 벼의 재배가 부재한 점에서 화전의 역할을 높게 보지 않았으며(安承模 2008 · 2013b), 확실히 일제시기와 정부수립 이후 초기의 화전관련 기록집에서 벼는 언급되지 않고 있다(趙東奎 1966; 林政研究會 1980).

도작의 경우, 청동기시대 중기 水稻作의 확산에 대한 이견이 없으나 전기의 도작에 대해서는 陸稻와 水稻재배의 두 가지 가능성이 대두되어왔다. 육도가 중심이었다는 견해를 뒷받침하는 근거는 탄화미의 출토가 빈번한 취락이 비교적 고지에 입지한다는 점, 그리고 전기말에 이르기 전까지 수전의 발굴양상이 빈한한 정황, 또한 다수의 전기 말 수전의 형태가 半乾田으로 추정되는 발굴양상이나 후대의 水陸兼種稻의 기록으로 보아(郭鐘喆 2002; 2010; 김재홍 2011) 육도 혹은 湛水없는 도작기법의 존재에 일말의 가능성을 시사하고 있다. 관련하여 조현종은 전기 청동기시대 도작이 전래된 것으로 추정되는 중국 동북지방을 경유했던 루트에서 육도작의 부재(趙現鐘 2008; 2010)라는 점에서 부정적인 견해를 표하며 밭에서 다량의 규산체가 검출된 신창동유적이 속한 초기철기-원삼국시기에 와서 외부의 영향 및 농경기술발달에 따른 본격적인 육도재배를 제기하였다.

청동기시대의 육도출현의 문제는 근현대의 육도작과는 사뭇 그 성격을 달리한다. 현대농학에서는 육도를 다른 재배품종으로 구별하고 있고, 조선시대 농서인『농사직설(農事直說)』에서도 산도라 하여 종자 혹은 재배방식을 구분하였다(허문회 2000, 141~142쪽). 경작방식과 관련된 부분을 추가적으로 살펴보면『농사직설(農事直說)』및『농가집성(農家集成)』등의 조선시대 농서와, 구한말과 일제강점기 초기의 기록과 관찰에 의하면 전통적인 도종은 경작법에 따라 크게 수도, 건답도, 육도로 나뉜다고 한다. 이중 건답도는 전통적인 수도(이앙과 담수직파)에서 파생되었으며 수리시설이 부실한 지역이나 봄가뭄이 심한 경우에 행해지던 건경(건답직파)에 의해 이르면 17세기, 늦으면 18세기에 이르러 별도의 육종분화가 발생하였다고 보여진다. 육도(陸稻)는 투田작물과 더불어 투田에서 재배되었으며 혹은 산도(山稻)라 칭하여지기도 하는데 개화기의 서양인 관찰자에 따르면 산기슭에서 재배되는 벼(mountain rice)가 있고 10년 가까이 저장이 가능해 군량미로까지 사용된다고 하였다(이호철 2003, 32~42쪽). 농사직설에 언급되는 산도 역시 물이 부족한 산지에서 재배되었던 육도로서, 경작방식에 관하여 개간에서 경작까지 오랜 준비기간과 다량의 시비의 투여가 요구되었다고 한다(金榮鎭 譯註 1984). 그러나 상기한 기록은 소략하여 육도 그리고 산도의 경작방식과 화전식 경작의 연계성은 명확하게 드러나 있지 않다.

화전식 경작은 일정기간 경작 후 이동하는 유농형의 원시적 형태에서 구릉 하단부의 전작과 병행하는 겸작화전에 이르기까지 다양한 형태로 이루어졌으며, 기록상 근현대의 화전은 일부 순화 전민을 제외하고 대개 마지막 단계의 발달된 형태를 취하고 있다(옥한석 1985; 진관훈 2003). 그런데 근현대 화전의 경작법과 관련하여 주목해야 할 점은 시비의 활용, 가축을 사용한 심경, 그리고 감자와 같은 생산량이 상대적으로 높은 구근류의 도입, 전작과의 병행경작, 그럼에도 주기적으로 행해졌던 휴경이 동반되었다는 것이다. 이를 보면 농경 개시기의 화전은 근대의 화전에 비해 기술적 한계로 인해 생산성이 더욱 낮았을 가능성을 고려해야 하며, 특히 화전식 경작에 의한 벼의 재배와 육도작은 구분하여 논의가 진전되어야 하는 부분이다.

추후 청동기시대 육도의 존재가 확증된다면 이는 다양한 후대의 도작법의 始原이 될 것이며, 연계하여 다음과 같은 측면에서의 논의가 요구된다. 단순히 밭에서의 벼 생산의 가능성을 따지는 것이 아니라, 수도에서 육도, 혹은 수륙겸종으로의 분화라는 벼의 생리학적인 진화과정이 동반되었는지, 청동기시대 조·전기부터 분화종과 육도재배방식이 한반도에 전파되었는지 혹은 재지적 발생인지 그리고 더 나아가 후기 도작 기술의 계통을 세우는데 어떤 함의를 갖는지 향후 이에 관한 종합적 연구와 검토가 더욱 필요하다.

한편, 잡곡은 청동기시대 농경체계의 안정성과 토지이용의 효율성을 동시에 제고해주는 역할을 하였다. 청동기시대에 본격적으로 경작되기 시작하는 밀과 보리는 주로 봄이나 겨울에 추수를 하는데 이와 같이 벼와는 생육주기가 서로 다른 작물들을 함께 재배하며 초봄에서 늦은 가을까지의 경작활동이 가능했다는 점에서 전체적인 생산량의 증가 및 단일 작물의 실패에 대한 위험성을 분산시키는 역할을 하였다. 다만 맥류의 출현비율이 더 높아지는 원삼국시대에 비해 이러한 완충작용의 비중은 상대적으로 약했던 것으로 보인다(安承模 2013a). 밀은 한반도에서 주로 가을과 겨울에 파종하여 발아 후 월동하고 봄이 되면 개화하여 종자를 맺는다. 이모작으로 재배되기도 하며 벼의 추수 후 논에 적절한 배수처리를 한 이후에 경운을 하고 연이어 파종한다. 상대적으로 보리보다 습기에 더욱 민감하며 적절한 양분을 공급받기에 좋은 양토와 식양토가 재배에 제일 적합하다(이학동 외 2011). 보리 또한 이모작으로 재배되는 경우가 많으며 겨울보리는 대개 10~11월에 파종을 하고 추운 기후와 염도가 높은 토양에서 잘 자란다(농촌진흥청 2013). 겨울의 극심한 추위와 봄철의 한발과 습해가 보리와 밀의 수확량을 좌우하는 기상 변수이다. 조와 기장은 한발에 강하고 척박한 곳에서 잘 자라며 생육기간이 짧아 재배가 용이하나 저온 다습한 환경에는 취약하다. 대개 이랑과 고랑을 구획하여 골뿌림, 점뿌림 및 흩뿌림의 방식으로 5~6월에 파종한다. 청동기시대에 높은 출현률을 보이는 들깨 또한 배수가 잘되는 사질 양토와 양토가 재배에 적합한 토양조건이다. 이러한 잡곡들은 상대적으로 한반도의 유기물 함량이 낮은 척박한 토질과 여름을 제외하고 강수량이 풍부하지 않은 기상조건에 견주어 재배가 용이한 측면이 있고, 기후이변의 발생 시에도 도작에서의 손실을 보완하여 안정적인 식량생산에 기여한다. 또한 윤작을 통하여 지력을 증진시켜 단위면적당 장기간의 다양한 작물재배를 가능하게 하여 토지이용의 효율성을 높인다. 이와 관련하여 청동기시대 경작유적의 발굴양상에서 주목할 만한 점은 기능과 용도가 다소 불명확하거나 논란이 있는 유구의 예이다. 일부 수전유적 중에 수로로서의 기능이 명확하지 않은 예들이 있는데, 이들은 경작면을 사방에서 둘러 싼 형태로서 용수지점이 확실하지 않은 '구획구'로서 배수로로서의 기능을 상정하고 있으며, 수도작이 아닌 전작 혹은 전작과의 병행이 있었을 것으로 추정하는 견해도 있어(김병섭 2009; 2011) 잡곡 재배의 다양한 양상과 유기적인 토지활용을 연계해 볼 수 있다.

2) 청동기시대 농경의 한계

청동기시대의 경작기술과 생산성에 관하여 미흡하나마 잔존 경작지와 도구를 통하여 다음과 같이 간접적으로 추론해 볼 수 있다. 논산 마전리, 안동 저전리, 구봉ㆍ노화리 등의 일부 유적에서 보, 우물, 수로 등의 비교적 고도의 수리시설이 갖추어진 수전형태가 확인되었는데, 이는 일부 지역에서 이를 가능케 한 토목기술과 계획적 수도경작이 시작되었음을 의미한다. 한편으로 논토양 등급이 높은 지역에서 부여 송국리유적과 같은 상위의 위계를 갖는 취락이 편중한다는 점에서 집약적 도작이 국지적으로 존재하였을 가능성이 제기되었다(金範哲 2006). 더불어 마전리유적의 토층의 재해석을 통해, 유적 내에서 보다 복합적인 수리시설의 설치로의 이행이 유적 내에서 보인다는 견해(허의행 2012)와 평거동 3-1지구에서 중층의 수전면이 확인되어 일부 수전의 점유가 단기성이 아닌 장기적인 사용과도 연관이 있을 가능성 또한 시사되었다. 전작의 경우, 대평리와 평거동유적의 대규모 면적의 밭의 경작은 역시 광역적인 기경을 무리없이 수행하였던 기술력의 존재와 대규모의 노동력이 소요되는 공동작업의 가능성을 강하게 보여준다(이현혜 2010; 윤호필 2013b). 두류의 재배, 불지르기, 休耕 혹은 輪作 등의 지력증진수단의 가용성으로 보아 상당한 수준의 농경기술의 존재를 긍정할 수 있다. 이와 같이 일부 유적에서 엿보이는 청동기시대 농경의 모습은 높은 생산성과 기술력을 보유했다고 해석될 여지가 충분하다.

그럼에도 불구하고 청동기시대의 농경기술의 한계는 먼저 도구의 재질과 기능에서 나타난다.

후행하는 삼국시대와 비교하여 그 상대적인 격차를 가늠해 보았다. 일차적으로 철제농구의 부재에서 오는 심경의 불가능과 특정작업에 특화된 도구의 분화 등이 결여된 미비한 경작도구(김도헌 2004; 2013)에서 삼국시대에 비해 단위면적당 생산량이 낮았음을 쉽게 유추할 수 있다. 또한 대평리유적과 미사리유적의 비교를 통해 기경술을 반영하는 밭의 경작층의 두께가 삼국시대보다 상대적으로 얇고, 두둑의 폭이 넓은 양상은 즉 뿌리제거가 완벽하지 않음을 보여주는데 이는 곧 장기간의 휴경의 개연성과 비효율적 토지이용을 의미한다(崔德卿 2002; 이현혜 2010). 또한 청동기시대 농경의 생산성은 단위면적당 기술과 노동력의 집약화보다는 조방화의 개념하에서 경작면적이 확대되어 향상되었을 가능성에 대한 지적도 있다(김민구 2010). 입지조건과 토질의 비옥도에서 유래하는 자연적 생산성 또한 곽종철(2000)은 창원 반계동유적을 기준으로 선사와 고대의 수전의 주입지 중 하나인 개석곡저에 위치한 반건답 · 반습답의 경우 문헌기록상 고려시대 전기의 下田에 해당하거나 혹은 기술적 수준을 고려해 생산량이 그 이하였을 것으로 정량적 계산을 시도한 바 있다. 이와 더불어 우경과 같이 축력을 사용하는 발달된 기경술 또한 삼국시대에 보다 확산되는 것으로 알려졌다(김재홍 2011). 따라서 삼국시대 이후의 농경보다 단위 면적당 소출량 및 지속적 경작(연작상경)면에서 불리할 것을 여러 측면에서 추론할 수 있다.

한편으로 경작기술의 격차 외에도 사회경제구조 및 이와 연관된 지역적 농경시설 관리에서도 삼국시대와 구조적인 차별성이 나타난다. 물론 전기 청동기시대에 이미 고상가옥과 같이 공공적이며 저장의 기능이 강한 건물의 존재와 거대 취락의 주거지의 규모와 분포상에서 반영되는 계층화된 사회(安在晧 2006; 2010)가 나타나고, 그러한 변화의 연속선상에서 수전농경의 확산으로 말미암은 상대적인 생산성의 증가 및 이를 반영하는 저장시설의 증가, 그리고 취락 내에서의 농경활동을 둘러싼 위계차를 보이는 관리적인 사회조직의 출현이 추정된다(金範哲 2006; 김장석 2007). 이는 농경활동을 수행함에 있어 경작지와 시설을 관리하며 한 해의 경작을 계획하고 노동 및 토지자원을 분배하는 과정에 사회적으로 구별된 집단이나 지도층이 존재했다는 의미이다. 더 나아가 취락 단위를 벗어나 일부 지역에 따라서는 생산 및 농작물 저장 등의 기능이 분화된 유적 간 소규모의 네트워크가 형성되었을 가능성이 다분하며 어느 성도 농경행위를 둘러싼 참가집단의 규모가 확대되는 정황이 간취되고 있다. 중기 청동기시대에 실외에 축조된 다수의 저장공의 존재를 통해 송국리, 산의리, 원북리 등의 유적에서 생산과 소비전문 집단의 분화를 추정하였으며(김장석 2008), 서해안의 송국리형 유적들이 입지가 물자의 집성과 분배에 용이하도록 교통로를 중심으로 분포한다는 견해도 있다(이홍종 2007). 이와 같은 경제적 지역공동체의 출현에도 불구하고 저수지의 축조 등의 지역적인 용수관리가 보다 일반화되는 시기는 삼국시대이다(성정용 2010; 노중국 2010; 전덕재 2010). 즉 자율적인 인근 취락간의 연합체의 단계는 존재하였으나 이를 넘어서는 복합적이고 광역적인 정치체(예; 국가 및 하부 행정기관, 사찰과 같은 역내의 종교적 · 정치적 구심점)에 의한 농경시설과 자원의 공동관리체제 및 재난시의 광역적 구호체계(張權烈 1989; 전덕재 2013)는 부재하였을 가능성이 농후하다. 이러한 농경체계의 한계 또한 기후변화의 영향과 더불어 다음에서 논의할 농경활동의 지속성을 심각하게 저해하는 주요 변인으로 고려해 볼 수 있다.

2. 청동기시대 농경지속성의 변수

농경의 지속성은 곧 이를 바탕에 둔 사회의 안정성과 직결되는데, 이는 크게 기후환경변화 및 당시의 기술력과 상관관계에 있다. 농경기술과 규모는 토지의 생산성과 이용기한에 직접적으로 영향을 미친다. 일차적으로 장기적인 기후환경 변화와 단기적인 기후진동 혹은 이변은 안정적이고 장기적인 생산활동에 직접적인 영향을 미친다. 그런데 여기서 고려해야 할 점은 자연재해의 영향은 기후와 같은 외부변인의 규모에 비례하여 증감하는 것이기도 하지만, 이에 대응하는 농경체계에 따라 그 양상이 달라질 수 있다는 것이다. 농경을 매개로 한 환경변화와 인간과 환경의 상호관계는 해당집단의 규모, 생업체계 및 경제구조에 따라 여러 층위에서 다양하게 나타난다. 거시적 그리고 미시적 환경변화와 자연재해의 과거 농경활동과 사회에의 영향은 최근의 환경고고학에서 대두되고 있는 주요 연구주제이다(Fisher 2009; Cooper & Sheets 2012). 특히 생태적인 측면에서 본다면 일반적인 한국의 논토양은 상대적으로 유기물이 적고 장기적 생산에 그다지 유리하지 못하며(허봉구 외 1997) 아열대성 벼의 경작에 있어서 평균기온이 상대적으로 낮은 편으로 환경적 조건은 도작에 우호적이지 못하다. 따라서 환경외에도 기술과 운영방식이 생산력의 추이를 크게 좌우했을 가능성을 배제할 수 없다. 현재까지 밝혀진 청동기시대의 농경기술하에서 토지의 생산성 및 기후환경변화에 대한 대응능력을 결정하는 요건을 간략하게 살펴보았다.

1) 이상기후

앞서 언급한 대규모의 환경변화 외에도 일상적인 환경진동은 늘 존재해왔고 어떠한 형태로든 농경활동의 안정성에 위협이 되었다. 삼국시대 이후 문헌자료의 분석에 의하면 적어도 수 년에 한 번 이상의 자연재해가 수해, 한발, 냉해 등의 형태로 나타난다. 水害는 평균 연년 강수량의 증감, 계절별 강우 집중도의 변화 추이, 홍수발생양상에 따라 한 해의 농사의 성패를 좌우하였다. 지역 단위의 농업활동에서 수해는 홍수와 그 퇴적물에 의해 수리시설인 보의 파괴와 위치이동이 발생하고, 종종 경작지가 수몰되어 파종한 작물의 유실을 불러오는 대표적인 일상재해이다. 예컨대 수리관개시설을 복구 혹은 재축조하는데 발생하였던 수고로움과 사회적 부담이, 심지어 조직적인 농업협동기구가 기능하였던 조선시대 후기에서 근현대에 이르는 기록에서도 강조되어 있다(김재호 2010; 배영동 2000). 이러한 과거 홍수의 피해는 다수 유적의 토층에서 경작면 상층을 덮는 홍수퇴적물의 피복상으로서 쉽게 유추해 볼 수 있다. 결과적으로 수해는 수리시설의 유지·관리·

보수에 상당한 사회적 비용을 소모시켰으며, 심한 경우 수몰된 경작지를 방기하여 한 해 농사를 망치거나 기존의 경작지를 떠나야 하는 위협적인 피해를 야기하였다. 다만 구릉부 하단이나 산지에 입지한 소규모의 수전지의 경우에는 상대적으로 계류수에 의해서 가뭄의 피해가 적고 하천변에 비해서 범람의 위험이 낮아 토질이나 면적의 측면에서 생산성은 좋지 못하지만 안정적으로 운용할 수 있는 이점은 존재하였다(정치영 2000).

가뭄(旱魃)은 강우와 강설량이 적어 작물의 발아와 생장에 필요한 수분량을 충족시키지 못하고 작물의 생장을 저하시키거나 심지어 고사에 이르게 하였던 형태의 재난이다.『三國史記』및『高麗史』등의 문헌기록에 의하면 환경변이에 관한 기록 중 가뭄에 관한 기사가 가장 빈번한 것으로 분석되어 역사시대 한반도에서 농경의 생산성을 잠식하고, 지속성을 저하시켰던 제 1의 이상기후현상으로 지목되었다(金蓮玉 1990; 윤순옥·황상일 2010). 가뭄은 수 년을 주기로 일상적으로 발생하거나 때로는 수십 년 주기의 기후악화기에 빈발하였던 것으로 추정하고 있어 상시 그 피해에 노출되었을 정황을 짐작할 수 있다. 그러나 가뭄의 피해 정도는 당시의 작물의 종류, 농경방식과 경작입지에 따라 차이를 두고 생각해 볼 수 있다. 한 예로 맥류와 잡곡은 벼보다는 가뭄에 강한 생리적 특징을 가지고 있다. 한편 상대적으로 가뭄기에도 용수의 공급이 수월하였던 하천변 충적지에 입지한 수전경작지는 가뭄의 피해를 경감시킬 수 있는 지형조건이었을 가능성을 고려해 볼 수 있다.

냉해와 늦은 서리 등은 작물의 발아와 등숙에 요구되는 최저기온보다 못 미치는 경우에 발생하며 역시 수확량에 치명적인 영향을 미칠 가능성이 있다(鄭炳官 외 1997; 조현종 2008). 시기적으로 후행하는 원삼국시대의 작물조성에서(이희경 2010) 상대적으로 저온현상에 내한성이 뛰어난 잡곡의 출현량이 크게 증가하고 전반적으로 청동기시대보다 벼의 출토비율이 낮아지는 양상(安承模 2006; 2013a)이 보이고, 초기철기~원삼국시기에 조성된 신창동유적에서 출토한 벼껍질은 미성숙한 쭉정이의 비율이 높아 한랭화로 인한 냉해의 영향을 간접적으로 짐작케 한다(조현종 2008; 2010).

상위의 정치체 단위에서 소규모의 기상이변에 대응할 수 있었던 삼국시대에 비해 정농기시대에는 그 피해양상과 파급력이 다르게 나타났을 것으로 보이나 이에 대해 어떠한 정량적 평가나 결론도 단정적으로 내릴 만큼 아직 연구가 충분하지 못하다. 다만 삼국시대의 사례에 비추어 보아 농경활동에 유의미한 영향을 주었을 것으로 짐작할 뿐인데, 이러한 종류의 기상재난의 영향을 상존하는 현상으로 치부하기에 앞서, 청동기시대 경작지의 매몰현상의 이해 및 취락해체의 촉발요인 등과 관련하여 검토해 볼 여지가 있다. 나아가 주기적인 복구작업이 요구되는 청동기시대의 수리농경체계에서 일상적인 기후진동의 영향 및 그 대응양상과 장기적인 환경변화의 영향을 구분하여 파악하는 것도 필요하다. 그리고 이를 기반으로 향후 청동기시대 중기와 후기의 기후환경과 환경변화의 종류, 그리고 이의 농경에의 상관관계의 실체를 규명하는 작업이 청동기시대의 생업경제의 쇠퇴과정과 취락 및 지역집단의 해체에 대한 중요한 단서를 제공할 것으로 보인다.

2) 인위적 측면

환경적 한계를 뛰어넘어 농경의 지속성을 인위적으로 조절할 수 있는 유일한 방법은 농경기술의 발전이며, 특히 토양과 관련하여 시비기술을 들 수 있다. 일반적으로 한 지점에서 화전, 전작 및 도작 등의 반복된 경작은 지력의 손실을 불러오며, 다시 토양의 영양소가 회복이 되기까지 일정기간의 휴경이 필요했을 것이 기정사실로 보는 견해가 지배적인데, 문헌에 의하면 연작상경이 본격화되는 시기는 고려 이후로서(이현혜 2010) 선사시대에는 휴경을 통한 경지관리 혹은 이동식경작의 상대적 비중이 높았던 측면을 쉽게 유추할 수 있다.

선사시대에는 원시림을 개간하는 빈도가 높았으며, 그 과정에서 일어나는 토양의 변화는 다음과 같다. 개간 시 식물에 흡수되기 용이한 형태로 시비를 주거나 불을 질러 작물의 종류에 따라 토양을 일정정도 개량화(Na, K, Ca, P 등이 흡수에 용이한 무기질로 전환)한 이후에야 농경지로 사용한다. 일반적으로 불지르기를 동반한 개간 후 연속경작은 약 4년 차에 이르면 심각한 지력쇠퇴와 생산성약화를 동반한다(Juo & Manu 1996; Kleinman et al. 1995; Ehrmann et al. 2014). 그리고 이를 시비와 휴경으로 지력을 회복시키는데 그 방식과 토양모재에 따라서 수 년에서 십여 년 이상이 소요되기도 한다. 이처럼 경작연한을 결정하는 데에 환경적 조건 뿐 아니라, 지형에 따른 지속적인 토양성분의 공급과 기술적 조치가 복합적으로 작용한다.

일견 통상적으로 단순하게 생각되는 화전(火田)은 여러 형태로 세분되며 원시림에서 화전을 조성한 후에 수 년 후에 지력이 고갈되면 이동하는 유농형이 있고, 일정기간 휴경한 이후에 다시 그 장소로 돌아오는 경우, 가축의 분뇨 등으로 지력을 보하면서 정착 취락을 형성하는 형태, 그리고 마지막으로 사면의 주변 농지를 함께 경작하는 전작에 가까운 방식으로 나뉜다(진관훈 2003, 45쪽). 정주형 화전경영의 경우, 이를 가능케 하는 핵심적인 조치는 지력의 보강에 있다. 조선시대와 일제시대의 화전경영에 대한 기록을 검토한 바에 따르면 인분 및 퇴비 등으로 지력을 유지하고 소를 이용하여 기경하였으며, 재배대상은 감자, 조, 콩 팥, 귀리 메밀, 옥수수 등의 밭작물을 중심으로 하였던 것을 알 수 있다(옥한석 1985). 한편 일제시대의 조사에 따르면 시비를 따로 하지 않는 純화전농민의 경우에 약 5~6세대가 부락을 이루며 상대적으로 광활한 임지에서 조방적으로 행하며 이동하였거나, 정주성 화전의 경우에도 양호한 토지조건과 시비에도 불구하고 연속적으로 경작하여 약 10년 내외가 되면 대개의 작물에서 심각한 생산성저하가 나타나 휴경이 필수적이었다고 한다(趙東奎 1966). 근현대 한국의 민족지 사례에서 본 전승된 고식 화전농경의 경우에도 거름을 쓰지 않는 한 경작연한은 3~4년이며, 경작지의 선정에 있어서 배수가 좋고 유기질이 많은 토질을 선호하며 따로 이랑과 고랑을 만들어 파종하지 않는 대신에 고유의 씨뿌림 파종방식을 행하고 있음이 보고되었다(배영동 2013).

이와 같은 화전의 민족지적 사례는 청동기시대의 화전경작의 모습을 복원하는데 일말의 시사점을 주지만 두 가지 면에서 차이를 보인다. 첫째는 도구의 문제로 청동기시대에는 괭이 등의 목제도구(김권구 2008)와 석제 도구에 의지하여 개간 및 굴지가 이루어져 소요되는 시간과 노동강도에 격차가 있었을 것이다. 이에 관하여 안재호(2012)는 일본의 민족지 사례를 들어 석제 도구를 활용한 벌목이 그다지 어렵지 않고 시간과 에너지 소모가 큰 노동은 아닐 가능성을 제시하였다. 그렇다면 다음의 문제는 경작지 사용 주기를 결정하는 시비기술의 유무 및 그 정도에 있다고 할 수 있겠다. 물론 시비는 화전 뿐 아니라 전작과 수도작의 생산성을 가늠하는데 있어 중요한 요소이다.

전작의 경우, 세계 각지의 초기의 농경유적에서는 시비기법이 신석기시대부터 발달하여 인산의 증가, 유기물의 투입 등으로서 원시적인 시비의 가능성이 강하게 시사되어 왔다(Adderley et al. 2010; Davidson & Carter 1998). 유럽지역의 비옥한 황토지대(loess belt)에 정착한 신석기시대 선형토기문화(LBK) 집단의 경우, 하천퇴적물의 지속적인 영양분공급과 더불어 일찍이 목축이 활성화되어 동물의 분변을 이용한 시비를 통해서 장기 정주하며 경작하는 방식이 이루어졌을 것으로 추정되고 있다(Bogaard 2005; Bogaard et al. 2011). 조선시대에도 개간 시에 숙전으로 전환하는 과정에서 일차적으로 활용하였던 시비방식은 초목의 재를 넣어주는 것(정치영 2000)으로 이러한 저강도의 시비는 청동기시대에도 불가능하지 않았으리라 본다. 또한 중요한 녹비의 하나이자 질소를 고정시켜 그 자체로 지력회복의 수단이 되는 두류가 청동기시대에 활발하게 재배되었던(安承模 2008) 정황 등을 고려하면 원시적 시비의 존재 가능성을 배제하기 어렵다. 그러나 두엄과 같은 보다 진전된 시비기술이 가축의 존재에 의문이 있는(이준정 2013) 한반도 청동기시대에 가능하였는지에 관하여 아직 실증적으로 밝혀진 사례는 없다.

그리고 경작에 의한 토양퇴화의 양상은 지형적 요건과 토지이용방식에 따라서 상이하게 나타날 수 있고 이를 정확히 구별해내기 난해한 측면이 있다. 개석곡저와 기타 충적지에 위치한 대부분의 수전은 상대적으로 퇴적토의 지속적인 공급을 받기에 유리한 지형상의 이점이 있고, 집약적으로 조밀하게 파종하지 않았다는 전제하에서 지력의 소진은 생각보다 더뎠을 가능성이 있다. 중국 초기 수전인 綽墩유적의 마자방기의 수전면층에서는 현대 수전층보다 탄질률(C/N, 炭窒率)이 높고, 인의 수치가 높게 검출되었으며(Lu et al. 2006), 한국의 진주 평거동 3-1지구의 수전에서도 청동기와 삼국시대의 수전층에서 후대보다 인 검출량이 상회하는 결과를 보였다(李僖珍 2012). 따라서 염화 혹은 용탈층의 발달 같은 극단적인 토양퇴화 외에는 지력 상실에 의한 방기는 잘 감지되지 않으며, 현재 발굴된 매몰면에서 이러한 식의 폐기양상은 분간하기 어렵다. 따라서 경작지 방기에 대한 원인을 상정할 시에 이러한 입지에 따른 환경적 요인도 고려해야 한다.

추가적으로 다른 밭작물에 비해 화전 방식으로 벼의 재배가 어려운 것은 수분의 유지인데, 조현종(2008)의 지적대로 동남아시아의 육도재배는 다습하고 유기물의 축적이 빠른 조엽수림대의 환경생태적 특성을 기반으로 한 것으로 한반도의 기후조건과 상치된다. 이러한 제 요소를 고려하여 한반도 청동기시대 조기와 전기의 전체 생업체계에서 화전식 경영의 비중과 실체 및 시비와 같은 경작기술의 형태 등에 대해서는 보다 심도깊은 논의가 따라야 할 것이다.

그리고 기술적인 요인 외에도 특정 집단에서 작부체계와 경작방식 등을 결정하는 데는 여러 변수가 고려되고, 이에 따른 토지이용전략이 결과적으로 농경활동의 안정성을 좌우한다. 정주성 취락에서의 화전경영형태는 일반적으로 휴경의 적절한 사용에 따른 농경지의 관리를 통해서 점차적으로 전작지의 형태로 변환되어가는 흐름을 보인다(진관훈 2003). 따라서 산지나 구릉의 경사면하단의 전작과 복합적으로 행해지는 것이 가장 기술적으로 발달된 형태의 화전으로 사실상 원시형태의 전작과 분류하기가 어렵다. 이미 진주 대평리와 평거동유적에서 보이는 바와 같이 광역의 전작지를 조성하고 운용할 수 있는 기술을 갖추었던 일부의 청동기인에게 있어서 화전은 산지지형에의 적응과 빠른 이동 등에 용이한 하나의 토지이용 선택지 중 하나에 불과하였을 가능성이 있다.

이처럼 시비와 같은 경작기술, 농경지 관리기법 및 지형조건에 따른 탄력적인 토지이용전략은 당시 농경활동의 지속성을 강화시키는 중요한 인위적인 조치로서 기능하였을 것으로 보인다. 이러한 사항들은 청동기시대 농경활동의 안정성을 반영하는 지표임과 동시에 왜 그리고 어떻게 농경활동이 영구적으로 중단되었는지, 그 한계를 보여주는 지점이기도 하다. 따라서 향후 미시적으로는 일개 취락의 점유기간과 소멸에서 거시적으로는 청동기시대 농경문화의 확산과 쇠퇴에 대한 논의에 이르기까지, 기후환경의 변화와 더불어 중요하게 다루어져야 하며 이를 위해 보다 실증적 증거를 확보하기 위한 노력이 더욱 필요하다.

V. 결어

청동기시대의 지표환경은 충적지의 형성과 함께 수전농경의 확대에 중요한 환경적 기반을 제공하였다. 하성퇴적물의 부드러운 토양과 불량한 배수 및 개석된 저습지는 초보적인 수도작을 개시하는데 좋은 환경조건이었다. 반면에 일부 유적에서 확인되는 고도의 관개시설의 존재에도 불구하고 대다수 유적에서 논의 형태는 불명확한데 이는 당시의 계획적 관개시설과 농법의 부재 하에 자연지형을 이용하여 수전이 운영되었기 때문으로 보인다. 한편 밭의 경우, 다양한 지형조건 하에 소규모의 밭유구에서 일부지역에서 광역의 전작지가 발굴되어 대규모 기경이 가능하였음을 시사한다. 다만 물질적 증거의 부재로 인해서 화전경적에 관해서는 아직 원론적인 논의에 머물러 있는 실정이다.

이와같이 현재까지 다량의 발굴자료와 연구를 통하여 청동기시대의 작부체계와 입지에 관하여 많은 부분이 규명되었다. 향후 환경 및 지질고고학적 측면에서 다소 연구가 빈한 시비의 존재여부, 토지생산성, 장단기의 다양한 기상이변 등의 다양한 변수를 고려하여 청동기시대 농경활동의 지속성과 결과적으로 그에 기반한 청동기시대 사회의 전개와 소멸에 대한 연구가 더욱 활성화되기를 기대한다.

참고문헌 ───

고일홍, 2010, 「청동기시대 전기의 농경방식 재조명 -화전농경에 대한 비판적 검토를 중심으로-」 『韓國上古史學報』 67.

郭鍾喆, 1997, 「충적지유적·매몰 논의 조사법 소개(상)」 『韓國上古史學報』 24.

郭鍾喆, 1998, 「충적지유적·매몰 논의 조사법 소개(하)」 『韓國上古史學報』 25.

郭鍾喆, 2000, 「埋沒 논(水田) 遺構」 『昌原 盤溪洞遺蹟 Ⅱ』, 昌原大學校博物館·韓國水資源公社.

郭鍾喆, 2002, 「우리나라 선사-고대 논밭유구」 『한국농경문화의 형성』, 한국고고학회 편, 학연문화사.

곽종철, 2010, 「청동기시대~초기철기시대의 수리시설」 『한국고대의 수전농업과 수리시설』, 한국고고환경
　　　연구소 학술총서 8, 서경문화사.

김권구, 2008, 「한반도 청동기시대의 목기에 대한 고찰 -남한지역의 목기를 중심으로-」 『韓國考古學報』
　　　67.

김도헌, 2004, 「선사·고대 논의 발굴조사 사례 검토」 『발굴사례연구논문집』 창간호, 한국문화재조사연구
　　　협의회.

金度憲, 2009, 「선사·고대 농구의 소유형태 검토 -영남지역을 중심으로」 『韓國上古史學報』 64.

金度憲, 2013, 「고대 따비형 철기의 용도 재검토」 『韓國上古史學報』 79.

김민구, 2010, 「영산강 유역 초기 벼농사의 전개」 『韓國考古學報』 75.

金範哲, 2006, 「중서부지역 青銅器時代 水稻 生産의 政治經濟 -錦江 中·하류역 松菊里型 聚落體系의 위
　　　계성과 稻作集約化-」 『韓國考古學報』 58.

김병섭, 2009, 「밭유구의 調査方法과 田作方法」 『한국과 일본의 선사고대 농경기술』, 경남발전연구원 한
　　　일국제학술대회.

김병섭, 2011, 「청동기시대 農耕관련 유적의 검토」 『청동기시대 農耕을 생각한다』, 한국청동기학회 생업
　　　분과 제4회 워크숍.

金蓮玉, 1990, 「古日記에 依한 古氣侯 研究」 『韓國文化研究院 論叢』 58.

金榮鎭 譯註, 1984, 『朝鮮時代 前期 農書 : 撮要新書/農事直說/衿陽雜錄/閑情錄/農家集成』, 韓國農村經濟
　　　研究院.

김장석, 2007, 「호서지역 청동기시대 취락과 사회복합화과정 연구에 대한 검토」 『湖西考古學』 17.

김장석, 2008, 「송국리단계 저장시설의 사회경제적 의미」 『韓國考古學報』 67.

김재호, 2010, 「조선후기 한국 농업의 특징과 기후생태학적 배경」 『비교민속학』 41.

김재홍, 2011, 『韓國 古代 農業技術史 研究: 鐵製農具의 考古學』, 도서출판 考古.

김주용·양동윤·봉필윤·박순발·이융조, 2005, 「금강유역 저습지퇴적층의 층서고찰 -궁남지와 소로리
　　　및 내흥동 지역을 중심으로-」 『湖西考古學』 제13집.

김주용, 2012, 「영종도 일대 신석기시대 제4기 지질과 환경변화」 『인천 중산도 유적』, 한강문화재연구원
　　　유적조사보고 제20책.

노중국, 2010, 「한국고대의 수리시설과 농경에 대한 몇 가지 검토」 『한국고대의 수전농업과 수리시설』, 한국고고환경연구소 학술총서 8, 서경문화사.

농촌진흥청, 2013, 『밭농사 핵심재배기술』, 농촌진흥청.

박수진, 2010, 「한반도 지형의 발달사적 특성과 전통수리시설의 입지」 『한국고대의 수전농업과 수리시설』, 한국고고환경연구소 학술총서 8, 서경문화사.

박지훈, 2009, 「지리적 관점에 본 고재미골 유적에 있어서 청동기시대 취락의 소멸원인」 『천안 백석동 고재미골 유적』, 충청문화재연구원.

박지훈·이상헌, 2008, 「화분분석으로 본 충남지역의 후빙기 환경 연구」 『고생물학회지』 24(1).

박정재, 2008, 「우리나라의 고기후 복원을 위한 습지 퇴적물의 안정동위원소분석 가능성 연구」 『대한지리학회지』 43(4).

박정재·신영호, 2010, 「한반도 서해안 지역의 과거 몬순 변동 연구」, 대한지리학회 학술대회 논문집.

박정재·김민구, 2011, 「홀로신 중기 광주광역시 연산동 일대의 고식생 및 고기후 변화」 『대한지리학회지』 46(4).

배영동, 2000, 「水稻作 기술의 문화로서 보의 축조와 이용」 『농경생활의 문화읽기』, 민속원.

배영동, 2013, 「화전농업의 기술과 전승지식의 의의 -20세기 경북 영양군 수하리의 사례-」 『비교민속학』 제51집.

성정용, 2010, 「동아시아 고대 수리토목기술의 발달과 확산」 『한국고대의 수전농업과 수리시설』, 한국고고환경연구소 학술총서 8, 서경문화사.

安承模, 2006, 「長興 上芳村 炭火穀物의 經濟的 解釋」 『韓國上古史學報』 54.

安承模, 2008, 「韓半島 靑銅器時代의 作物組成 : 種子遺體를 中心으로」 『湖南考古學報』 28.

안승모, 2013a, 「식물유체로 본 시대별 작물조성의 변천」 『농업의 고고학』, 한국고고학회 학술총서 5, 사회평론.

안승모, 2013b, 「흔암리 유적 탄화미 출토 재고」 『여주 흔암리유적과 쌀문화의 재조명』, 학술회의, 여주군·서울대학교.

安在晧, 2006, 「청동기시대 취락연구」, 부산대학교 박사학위논문.

안재호, 2010, 「굴립주건물이 있는 청동기시대취락상」 『한국고대의 수전농업과 수리시설』, 한국고고환경연구소 학술총서 8, 서경문화사.

安在晧, 2012, 「墓域式支石墓의 出現과 社會相 -韓半島南部의 靑銅器時代生計와 墓制의 地域相-」 『湖南考古學報』 26.

이진주·곽종철, 2012, 『고고학에서의 층 -이론, 해석, 적용-』, 사회평론.

이준정, 2013, 「한반도 선사·고대 동물 사육의 역사와 그 의미」 『농업의 고고학』, 한국고고학회 학술총서 5, 사회평론.

李俊善, 1987, 「韓國 水田農業의 地域的 展開過程」, 地理敎育論集 22. 蔚山文化財硏究院學術調査報告第7冊, 2004, 蔚山 新峴洞黃土田遺蹟.

이호철, 2003, 「조선후기 농서의 수도품종 분석」 『조선시대 농업사 연구』, 국학자료원.

이홍종, 2007, 「송국리형 취락의 공간배치」 『湖西考古學』 17.

이홍종, 2010, 「도작문화의 정착과 확산」 『한국고대의 수전농업과 수리시설』, 한국고고환경연구소 학술총서 8, 서경문화사.

이홍종 · 손준호, 2012, 「충적지 취락의 지형환경」 『嶺南考古學』 63.

이홍종 · 허의행, 2010, 「청동기시대 전기취락의 입지와 생업환경」 『韓國考古學報』 74.

이학동 외(농촌진흥청), 2011, 『표준영농교본 밀』, 농촌진흥청.

이희경, 2010, 「원삼국시대 중부지방 작물조성(作物組成)의 특징과 그 형성 요인」 『韓國考古學報』 75.

李僖珍, 2012, 「土壤分析을 통해 본 韓半島 初期 水田農耕의 일면」 『韓國考古學報』 82.

이현혜, 2010, 「토지활용방식을 통해 본 한국고대 농업기술의 발전과정」 『한국고대의 수전농업과 수리시설』, 한국고고환경연구소 학술총서 8, 서경문화사.

林政研究會, 1980, 『火田整理史』, 山林廳.

옥한석, 1985, 「한국의 화전농업에 관한 연구」 『지리학연구』 10.

윤순옥 · 김혜령 · 황상일 · 최정민, 2005, 「밀양 금천리의 홀로세 후기 환경변화와 농경활동」 『韓國考古學報』 26.

윤순옥 · 황상일, 2009, 「대구 분지의 화분분석과 홀로세 후기 기후 환경변화」 『한국지형학회지』 16(4).

윤순옥 · 황상일, 2010, 「고려사를 통해 본 한국 중세의 자연재해와 가뭄주기」 『한국지형학회지』 17(4).

윤호필, 2013a, 「경작유구를 통해 본 경지이용방식의 변천 연구」 『농업의 고고학』, 한국고고학회 학술총서 5, 사회평론.

윤호필, 2013b, 「경작유적을 통해 본 청동기시대의 생산과 소비」, 청동기시대 생산과 소비적 관점에서 바라 본 경제활동, 제7회 한국 청동기학회 학술대회.

張權烈, 1989, 「三國時代以前의 農業災害와 對策」 『재해생리연구』 1.

전덕재, 2010, 「삼국 및 통일신라의 수리시설」 『한국고대의 수전농업과 수리시설』, 한국고고환경연구소 학술총서 8, 서경문화사.

전덕재, 2013, 「삼국과 통일신라시대 가뭄 발생 현황과 정부의 대책」 『한국사연구』 160.

정치영, 2000, 「지리산지의 농경지 개간」 『문화역사지리학지』 제12권 1호.

鄭炳官 · 金容在 · 金東觀, 1997, 「異常氣象이 벼의 生育과 收量에 미치는 影響」 『農業科學技術研究』 第32輯.

진관훈, 2003, 「제주도 화전연구를 위한 예비적 고찰」 『제주도사연구』 제12집.

趙東奎, 1966, 「韓國火田의 分布」 『地理學』 2.

趙現鐘, 2000, 「日本의 稻作農耕研究 : 미생시대수전을 중심으로」 『湖南考古學報』 11.

趙現鐘, 2004, 「우리나라 稻作農耕의 起源과 稻作類型」 『農業史研究』 3(2).

趙現鐘, 2008, 「韓國 初期 稻作文化 研究」, 全南大學校 박사학위논문.

조현종, 2010, 「한반도 농경의 시작과 도작의 수용」 『한국고대의 수전농업과 수리시설』, 한국고고환경연구소 학술총서 8, 서경문화사.

崔德卿, 2002, 「古代韓國의 旱田 耕作法과 農作制에 對한 一考察」『韓國上古史學報』37.

許文會, 2000, 「植物學上으로 본 韓國 古代米의 特性」『韓國古代稻作文化의 起源』30(1).

한국고환경연구센터, 2011, 「진주 평거 3지구 택지개발사업지구 내 유적의 고환경 변화에 대한 연구」『진구 평거 3-1지구 유적』, 경남발전연구원 역사문화센터 조사연구보고서 제86책.

허봉구 · 임상규 · 김유학 · 이계엽, 1997, 「우리나라 논토양의 이화학적 특성」『한국토양비료학회지』30(1).

허의행, 2012, 「湖西地域 青銅器時代 灌漑體系와 展開樣相」『湖南考古學報』41.

玄正秀, 2008, 「산간지역 휴경화 현상에 관한 연구 -경상북도 영양군 청기면을 사례로-」, 한국교원대학교 석사학위논문.

황상일, 1998, 「일산충적평야의 홀로세 퇴적환경변화와 해면변동」『대한지리학회지』33(2).

黃相一 · 尹順玉, 1998, 「대구분지의 자연환경과 선사 및 고대의 인간생활」『대한지리학회지』33(3).

黃相一 · 尹順玉, 2000, 「蔚山 太和江 中 · 下流部의 Holocene 自然環境과 先史人의 生活 變化」『韓國考古學報』43.

Adderley, P., Wilson, C., Simpson, I.A., Davidson, D., 2010, Anthropogenic Features, *Interpretation of Micromorphological Features of Soils and Regoliths*, pp.569-588, Armsterdam: Elsevier Science Publishers.

Bond, G., Showers, W., Cheseby, M., Lotti, M., Almasi, P., deMenocal, P., Priore, P., Cullen, H., Hajdas, I., Bonani, G., 1997, A Pervasive Millennial-Scale Cycle in North Atlantic Holocene and Glacial Climates, *Science* 278(5341): 1257-1266.

Bogaard, A., 2005, 'Garden Agriculture' and the nature of early farming, *World Archaeology* 37(2): 177-196.

Bogaard, A., Rudiger, K. & Strien, H-C., 2011, Towards a social geography of cultivation and plant use in an early farming community: Vaihingen an der Enz, south-west Germany, *Antiquity* 85: 395-416.

Cooper, J., and Sheets, P(eds)., 2012, The Archaeology of Environmental Change, Colorado: University Press of Colorado.

Davidson, D.A and Carter, S.P., 1998, Micromorphological Evidence of Past Agricultural Practices in Cultivated Soils: The Impact of a Traditional Agricultural System on Soils in Papa Stour, Shetland, *Journal of Archaeological Science* 25: 827-838.

Ehrmann, O., Biester, H., Bogenrieder, A. Rösch, M., 2014, Fifteen years of the Forchtenberg experiment-results and implications for the understanding of Neolithic land use, *Veget Hist Archaeobot* 23: s5-s18.

Fisher, C. T., Hill, B., Feinman, G,M,(eds), 2009, The Archaeology of Environmental Change - Socionatural Legacies of Degradation and Resilience, Arizona: The University of Arizona Press.

Fuller, D.Q., and Qin, L., 2009. Water management and labour in the origins and dispersal of Asian rice. *World Archaeology* 41(1): 88-111.

Juo, A.S.R. and Manu,A., 1996, Chemical dynamics in slash-and-burn agriculture. Agriculture, *Ecosystems & Environment* 58(1): 49-60.

Kleinman, P.J.A., Pimentel, D., and Bryant, R.B., 1995, The ecological sustainability of slash-and-burn agriculture, *Agriculture, Ecosystems and Environment* 52: 235-249.

Lu, J., Hu, Z-Y., Cao, Z-H., Yang, L-Z., Lin, X-G., Dong, Y-H., Ding J., Zheng, Y-F., 2006, Characteristics of Soil Fertility of Buried Ancient Paddy at Chuodun Site in Yangtze River Delta, China, *Agricultural Sciences in China* 5(4): 441-450.

Smith, B. D., 2001, Low-Level Food Production, *Journal of Archaeological Research* 9(1): 1-43.

Zhuang, Y., Ding, P. and French, C., 2014, Water management and agricultural intensification of rice farming at the late-Neolithic site of Maoshan, Lower Yangtze River, China, *The Holocene* (in press).

제2부
인간과 자연자원의 이용

제1장
작물

안승모 원광대학교 고고 · 미술사학과

I. 머리말

청동기시대에 어떠한 식물이 재배되었는가하는 정보는 식물유체에서 확보된다. 식물유체는 화분, 식물규산체처럼 현미경으로 관찰되는 미세식물유체와 종자, 목탄, 볏짚처럼 육안으로 확인할 수 있는 대형식물유체로 구분된다. 후자에는 토기 볍씨자국 같은 압흔 자료도 포함된다. 본고에서는 유적에서 검출된 종자를 집성한 자료에 토대하여 청동기시대에 재배되었던 작물의 종류와 지역별 작물조성의 특징을 살펴보고자 한다. 재배식물에서 곡물이 주된 에너지원이고 곡물을 제외한 다른 식물들은 재배 여부가 불분명한 경우가 많기 때문에 작물조성 분석은 곡물을 중심으로 하겠다.[1] 종자유체 분석의 신뢰성은 기존 논문(안승모 2008; 2009; 2013)에서 상술한 바 있어 여기서는 생략한다. 개별 곡물, 또는 맥류 같은 곡물범주가 전체 곡물조성에서 차지하는 비중을 고찰할 때 낟알 수 같은 절대수량을 이용하기도 하나 다양한 문화적, 자연적 요인들로 잔존 수량에 차이가 발생할 수 있기 때문에 이 글에서는 출토된 표본, 유구나 유적 수에 기초한 출토확률(ubiquity)을 주로 이용한다.

---

1) 이 글은 같은 주제의 필자 논문(2008a)을 새로운 자료를 추가하여 재편집하였다. 종자유체 집성표는 지면 관계상 생략한다.

청동기시대는 최근 다시 원형점토대토기를 후기로 편입하면서 조기, 전기, 중기, 후기로 편년되고 있으나 조기와 점토대토기 단계의 작물유체가 극히 드물기 때문에 이 글에서는 기원전 800년경을 기준으로 전기, 후기로 나눈 편년을 편의상 채용한다.

Ⅱ. 지역별, 시기별 곡물조성

작물종자 분석의 신뢰도 높은 자료는 육안으로 우연히 검출된 종자유체보다는 유적 현장에서의 체계적인 표본채집과 부유선별(flotation)[2]에서 확보된다. 이러한 작업은 경남과 울산 일원, 그리고 충남에서 가장 집중적으로 이루어지고 있어서 지역별 작물유체 검출 현황도 이곳부터 살펴보도록 한다. 반면 호남에서는 청동기시대 작물자료가 대부분 벼 압흔이고 부유선별을 이용한 작물종자 검출이 공식적으로는 아직 보고되고 있지 않아 비교대상에서 제외하도록 한다.

1. 영남지방

영남지방에서 작물 종자유체는 부유선별이 적극적으로 실시되고 있는 태화강·형산강유역의 울산권(경주, 포항 포함)과 남강유역의 진주를 중심으로 한 경남에서 주로 확보되었다. 부유선별이 실시된 다른 경북 유적으로는 전기 주거지 2기의 위석식노지에서 각각 팥 1립이 출토된 김천 지좌리유적이 유일하다(삼강문화재연구원 2012).

1) 울산

울산에서는 청동기시대 전기에 잡곡(millet) 출토빈도가 압도적으로 높아 유적, 유구 수 모두 75% 이상을 차지한다(표 1, 그림 1). 그러나 달천유적을 제외하면 개별 유구에서 출토된 종자 수는 수립에 불과하고 돌대문토기단계 유적에서는 아직 곡물유체가 보고되지 않았다. 돌대문토기는 출토되지 않았지만 주거지 형식에서 조기로도 편년(김현식 2013)되고 있는 달천 5호 주거지에서는 바닥면과 토기 내부 토양 표본 64건을 부유선별한 결과 41건에서 곡물종자가 확인되었다(사사키·수다르산 2010a). 쌀이 표본 40건에서 검출되어 가장 출토확률이 높고 조와 기장이 각각 21

---

2) 이하 부유선별은 물체질(water sieving)도 포함한 개념임.

건, 12건에서 검출되었다. 수량으로도 벼가 가장 많고 조, 차조기 · 들깨, 기장 순이다. 맥류와 두류도 벼, 잡곡과 함께 전기부터 재배되었다. 밀은 장검 2호 주거지, 매곡동 Ⅳ지구 12호 주거지, 보리는 굴화리 생기들 2호 주거지, 콩과 팥은 가재골 Ⅲ지구 11호 주거지와 24호 주거지에서 각각 출토되었다. 또한 울산에 인접한 경주 덕천리 11호 주거지, 포항 원동 Ⅳ-10호 주거지에서도 다량의 콩이 출토되었다.

청동기시대 후기에는 전기에는 미미하였던 두류의 비중이 급증하며 특히 팥의 비중이 압도적이다(표 1, 그림 1). 벼 역시 전기보다 출토빈도가 크게 증가한다. 잡곡도 대부분의 유적에서 출토되나 유구별 출토확률은 줄어들고 있다. 천곡동 가재골 I 유적에서는 검단리식토기가 출토되고 전기말로도 편년되는 주거지 6기에서 탄화 곡물종자가 검출되었는데 벼는 5기, 기장 4기, 조 3기, 팥 3기, 보리는 2기에서 확인되었다. 수량은 조가 1248립으로 가장 많고 기장 422립, 벼 384립(+파편 170개), 팥 36립 순이고 보리는 2립에 불과하다(新山 2006).

표 1 _ 영남지방 청동기시대 곡물종자 출토확률(%)

지역	시대	시료(수)	벼	잡곡	조	기장	맥류	밀	보리	두류	콩	팥
울산	전기	유적(8)	3(37.5)	6(75)	6	3	3(37.5)	2	1	1(12.5)	1	1
울산	전기	유구(14)	4(28.6)	11(78.6)	10	3	3(21.4)	2	1	2(14.3)	1	1
울산	후기	유적(10)	6(60)	8(80)	5	6	4(40)	2	1	9(90)	3	6
울산	후기	유구(26)	11(42.3)	13(50)	8	11	7(26.9)	4	2	15(57.7)	3	12
경남	전기	유적(7)	3(42.9)	6(85.7)	4	4	3(42.9)	3	2	4(57.1)	2	2
경남	전기	유구(26)	9(34.6)	16(61.5)	14	12	11(42.3)	10	6	7(26.9)	4	3
경남	후기	유적(11)	6(54.5)	10(90.1)	6	7	9(81.8)	6	3	8(72.7)	6	7
경남	후기	유구(39)	17(43.6)	29(74.4)	24	14	18(46.2)	14	3	17(43.6)	8	12
남강	전기	유구(11)	6(54.5)	7(63.6)	7	6	5(45.5)	5	3	1(9.1)	1	0
남강	후기	유구(30)	15(50)	23(76.7)	21	10	12(40)	11	1	11(36.7)	5	6
남강	전기	종자수(1992)	131(6.6)	1822(91.5)			37(1.9)			2(0.1)		
남강	후기	종자수(720)	40(5.6)	588(81.7)			28(3.9)			64(8.9)		

* 이하 잡곡, 맥류, 두류는 곡물 종별 분류가 이루어지지 않은 것까지 모두 포함한 집계임.

다운동 나-7호 주거지 내부의 저장혈 공간에서 채취한 토양시료의 부유선별 결과 총 4616립의 탄화종자가 검출되었는데 콩(46.5%)과 팥(32.1%)이 압도적으로 많고 벼(12.7%), 조(7.8%), 기장(0.8%)에 이어 밀은 0.1% 미만에 불과하다(Lee 2003). 팥의 방사성탄소연대도 2510±70 BP(이하 미보정연대)로 측정되었다. 상연암유적에서도 Ⅱ지구의 주거지와 함정유구에서는 팥이 주로 출토되나 Ⅳ지구의 저장혈에서는 다량의 쌀이 출토되었다(사사키 · 수다르산 2010b). Ⅱ지구 2호함정에서는 대마종자 2립도 팥과 함께 검출되었는데 청동기시대 유일한 자료이기 때문에 후대 혼입물

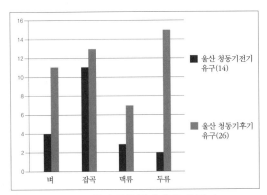

그림 1 _ 울산 곡물종자 출토 유구 수

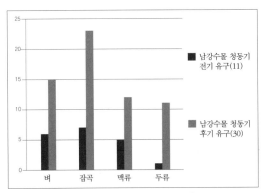

그림 2 _ 남강댐수몰지구 곡물종자 출토 유구 수

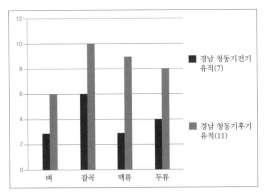

그림 3 _ 경남 곡물종자 출토 유적 수

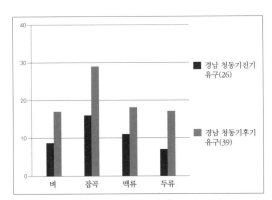

그림 4 _ 경남 곡물종자 출토 유구 수

이 아닌지 검토할 필요가 있다.

한편 천곡동에서는 동천강 서쪽의 구릉 사면에 청동기시대 취락(가재골Ⅰ~Ⅳ, 달천)이 형성되어 있는데 전기 주거지 9기와 후기 주거지 12기에서 곡물이 출토되어 단일 지역에서의 시기별 곡물조성 변천을 파악할 수 있다(표 2). 공열문과 이중구연토기가 반출되는 전기에는 조의 출토확률이 가장 높고 맥류는 검출되지 않았다. 검단리식토기를 포함하는 후기에는 기장, 벼와 팥의 출토확률이 크게 증가하였으며 맥류도 소량 검출되었다.

표 2 _ 가재골 · 달천유적 곡물종자 출토 유구와 종자 수

주거지(수)	벼	조	기장	밀/보리	보리	콩	팥
전기(9)	3기 132립	8기 61립	2기 19립	0	0	1건 2립	1건 2립
후기(12)	6기 427립	6기 1373립	7기 452립	1기 1립	2기 2립	1기 1립	4기 38립

2) 경남

경상남도의 청동기시대 작물종자는 거제 대금리, 창원 용잠리 두 유적을 제외하면 모두 진주에서 보고되었다. 울산과 마찬가지로 전기에는 잡곡(조, 기장)이 가장 우세하고 벼, 맥류(밀, 보리), 두류(콩, 팥)도 재배되었다. 후기에도 여전히 잡곡이 우세하나 맥류와 두류의 출토확률이 크게 증가하고 벼 역시 전기보다 증가하였다(표 1, 그림 3·4).

이경아(Lee 2003)가 국내 최초로 체계적인 종자분석을 실시한 남강댐 수몰지구에 한정하여 보면 출토종자 수량에서는 잡곡이 전기, 후기 모두 압도적이다. 그럼에도 전체 작물 수에서 잡곡이 차지하는 비중이 후기에는 감소 양상을 보인다. 출토유구 수에서도 잡곡이 가장 많으며 벼와 맥류가 그 뒤를 따른다. 전기에서는 유구 1기에서만 보고되었던 두류도 후기에는 크게 증가하였다(표 1, 그림 2).

〈표 3〉은 이경아가 경남대박물관에서 발굴한 어은 1지구의 모든 유구에서 토양시료를 채취하여 부유선별을 실시한 결과이다(Lee 2003). 각목돌대문토기와 이중구연토기가 공반되어 조기 후반 또는 전기 전반으로 편년되는 104호 주거지에서는 곡물종자 검출 표본 13건 모두에서 조와 기장이 검출되었으며 종자 수에서도 조가 압도적으로 많다. 조는 2840±60 BP, 쌀은 2850±60 BP의 일관된 방사성탄소연대가 측정되었다. 104호 주거지를 포함한 돌대문토기 주거지에서는 수량의 차이는 있으나 벼, 조, 기장, 밀, 보리, 콩, 들깨 등 다양한 작물종자가 출토되었다. 후기에는 주거지 자료가 드물지만 수혈 등 야외유구 자료를 보면 잡곡 비중이 다소 감소하나 종자 수는 여전히 가장 많고 출토확률에서는 벼가 가장 높다.

표 3 _ 대평리 어은1지구 곡물종자 출토 유구와 종자 수

시대	시료(수)	벼	조	기장	밀	보리	콩	팥
전기 (104호)	표본 (13)	7건 48립	13건 1220립	13건 81립	4건 12립	4건 7립	1건 2립	0
전기 (돌대문)	주거지 (4)	4기 118립	3기 1559립	4기 209립	3기 20립	3기 11립	1기 2립	0
전기 (공열문외)	주거지 (5)	2기 2립	4기 43립	2기 13립	2기 9립	0	0	0
후기	주거지 (2)	2기 3립	1기 5립	1기 2립	0	1기 2립	0	0
후기	야외유구 (10)	8기 18립	6기 448립	3기 45립	4기 7립	0	1기 4립	2기 11립

팥은 어은 1지구에서 후기부터 출현하지만 평거 3-1지구와 4-1지구에서는 돌대문토기 주거지 단계에서 이미 나타난다(이경아 2011; 2012). 평거 4-1지구에서는 어은 1지구 104호 주거지와 비슷한 시기의 돌대문토기 주거지 4기에서 부유선별을 통해 작물종자를 검출하였다. 주거지 4기 모두에서 조와 기장이 각기 187립과 141립 검출되었다. 콩은 3기에서 8립, 팥은 1기(5호 주거지)에서 12립, 벼는 2기에서 2립이 검출되었다. 팥은 상촌리식 이중구연토기가 출토된 평거 3-1지구 6호주거지에서도 출토되었다. 그러나 어은과 달리 평거의 전기 주거지에서는 맥류가 검출되지 않았다. 반면 평거 3-1지구, 3-II지구(동아세아문화재연구원 2010), 4-1지구의 후기 밭 유구에서는 맥류와 두류의 출토확률이 높다(표 4). 따라서 맥류의 주거지 출토확률은 실제보다 과소평가되었을 가능성이 높다. 3-1지구의 124호 제사유구(후기)에서는 팥과 함께 벼, 기장도 출토되었다. 앞의 곡물 외에 차조기, 들깨도 미량 보고되었다.

표 4 _ 평거동 곡물종자 출토 유구와 종자 수

	벼	조	기장	밀/보리	밀	보리	콩	팥
전기 주거지(6)	2기 2립	4기 187립	5기 141립	0	0	0	3기 8립	2기 15립
후기 밭시료(10)	0	1건 5립	0	1건 6립	3건 3립	3건 8립	1건 4립	3건 4립

2. 호서지방

1) 충남

울산, 진주와 더불어 부유선별이 가장 적극적으로 실시되고 있는 충청남도에서도 벼, 잡곡(조, 기장), 맥류(보리, 밀), 두류(콩, 팥)의 곡물조성이 확인되었다. 잡곡 중심의 영남과 달리 이곳은 전기부터 벼가 작물의 중심으로, 전기 유적 모두에서 벼가 출토되었다. 이어서 잡곡이 두 번째로 높은 출토확률을 보이는데 대부분 조이고 기장은 장재리 안강골 한 예뿐이다. 두류는 타 지역과 달리 모두 팥이다. 후기에도 벼의 출토확률이 가장 높으며 잡곡이 급감한 반면 두류와 맥류는 크게 증가하고 있다. 특히 두류의 급증이 두드러지는데 콩도 출현하고 있으나 여전히 팥의 비중이 압도적으로 벼에 이어서 두 번째로 높은 출토확률을 보인다. 맥류의 경우 후기에는 밀보다 보리가 훨씬 더 많이 출현하였다(표 5, 그림 5 · 6).

표 5 _ 충남지방 청동기시대 곡물종자 출토확률(%)

지역	시대	시료(수)	벼	잡곡	조	기장	맥류	밀	보리	두류	콩	팥
충남	전기	유적 (11)	11 (100)	6 (54.5)	6	1	4 (36.4)	3	2	3 (27.3)	0	3
충남	전기	유구 (72)	47 (65.3)	41 (56.9)	41	1	11 (15.3)	7	4	21 (29.2)	0	18
충남	후기	유적 (13)	11 (84.6)	7 (53.8)	7	2	7 (53.8)	4	5	10 (76.9)	3	8
충남	후기	유구 (68)	43 (63.2)	18 (26.5)	16	3	14 (20.6)	4	12	31 (45.6)	5	29
충남	청동기	압흔 (9)	4 (44.4)	5 (55.6)	2	4	0	0	0	0	0	0

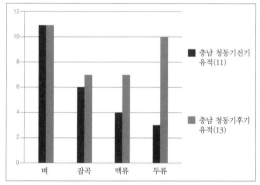

그림 5 _ 충남 곡물종자 출토 유적 수

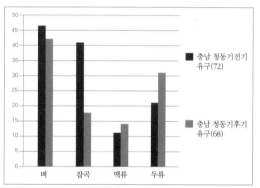

그림 6 _ 충남 곡물종자 출토 유구 수

충남의 돌대문토기(미사리유형) 유적에서는 아직 작물 종자유체가 보고되고 있지 않다. 다만 금강 중류역의 연기(세종시) 대평리 B, C지점 미사리유형 주거지에서 벼와 잡곡(조, 기장) 압흔 토기가 보고되고 있을 뿐이다(中山·庄田 2012). 역시 금강 중류역에 집중적으로 분포하고 있는 이중구연토기의 가락동유형 유적에서도 작물 자료는 드물다. 최근 연기 송담리유적 34지점 1호 주거지에서 바닥 토양의 부유선별을 통해 43,000립에 가까운 다량의 탄화미와 함께 조 탄화종자도 37립을 검출하였다(한국고고환경연구소 2010). 탄화미의 방사성탄소연대는 2760±40 BP로 토기 문양 분석에서도 가락동유형의 늦은 단계로 편년되었다.

전기의 작물 자료는 주로 역삼동·흔암리유형 유적에서 보고되었다. 나건주(2012, 158쪽)가 충남 북서지역에서 가장 이른 시기의 주거지로 편년한 아산 장재리 안강골유적(이경아 2008a)에서는 소량의 쌀과 잡곡(조, 기장)만 보고되었다. 예산 신가리유적도 이른 시기에 속하는데 2910±

60 BP의 탄화미 방사성탄소연대가 측정된 Ⅰ지구 1호 장방형주거지에서 쌀 151립과 밀 1립이 검출되었다(이경아 2008b). Ⅰ지구 2호 주거지, Ⅱ지구 1·2·4·5·6호 주거지에서도 모두 쌀이 검출되었으며, 밀과 보리도 주거지 2기에서 각각 3립이 출토되었다.

천안 백석동 고재미골유적은 Ⅰ~Ⅳ지구의 모든 주거지를 대상으로 체계적인 부유선별을 실시한 결과 전기 주거지 55기의 표본 195건, 후기 주거지 17기의 표본 35건에서 벼, 조, 밀, 보리, 팥의 곡물종자를 검출하였다(충청문화재연구원 2009). 청동기시대 유적 중에서는 가장 많은 표본을 분석하였으나 표본 당 출토 곡물종자 수는 많지 않다. 전기 주거지에서는 흔암리식, 구순각목공열문, 공열문토기가 출토되고 2930~2770 BP 사이의 연대가 측정되었는데 세장방형과 장방형 주거지가 뚜렷한 시간적 선후관계를 보이지 않아 지점별로 곡물이 출토된 주거지 수와 표본 수를 집성하였다(표 6). 앞의 신가리유적과 달리 벼보다 조의 출토확률이 높은데 Ⅰ·Ⅱ지역에서는 조가 우세하고 Ⅲ·Ⅳ지역에서는 벼가 약간 우세하다. 두류에서는 팥이 전기 주거지 총 18기에서 검출되었고 중간발표에서 보고되었던 콩은 최종분석에서는 팥속이나 콩과로 재분류되었다. 맥류는 출토빈도가 낮고 출토 양도 1~2립에 불과하다. 다른 재배가능 식물로는 Ⅳ지구 5호 주거지의 표본 4건에서 차조기속 종자가, 13호 주거지에서 박과 종자 1건이 검출되었을 뿐이다.[3]

표 6 _ 백석동 고재미골유적 곡물종자 출토 주거지(기)와 표본(건) 수

시대	지구	벼	조	맥편	밀	보리	팥	콩과
전기	Ⅰ지구 (3기21건)	2기 13건	3기 16건	0	0	0	0	0
전기	Ⅱ지구 (21기88건)	9기 40건	18기 63건	1기 1건	0	0	4기 5건	3기 5건
전기	Ⅲ지구 (13기34건)	11기 19건	8기 15건	0	1기 1건	0	6기 11건	2기 2건
전기	Ⅳ지구 (18기52건)	11기 26건	9기 21건	1기 1건	3기 3건	2기 2건	8기 11건	0
전기	총계 (55기195건)	33기 98건	38기 115건	2기 2건	4기 4건	2기 2건	18기 27건	5기 7건
후기	Ⅱ-Ⅳ지구 (17기33건)	4기 5립	6기 9건	0	0	0	13기 23건	2기 2건

---

3) 2007년도 한국고고학전국대회에서는 Ⅲ, Ⅳ지역 전기 주거지 19기, 후기 주거지 5기의 종자유체 분석결과가 보고되었는데 최종보고서(충청문화재연구원 2009)에서는 주거지 수도 늘었고 동정 결과도 많이 바뀌었다. 당시에는 기장과 콩도 보고되었고 팥은 22호주거지 2립이 유일하였으나 최종보고서에서는 기장과 콩이 빠지고 팥의 출토가 크게 증가하였다. 콩과에는 다양한 야생종이 포함되나 타 유적의 사례로 보면 콩이 포함되었을 가능성도 배제할 수는 없다. 필자의 2013년도 논문에는 실수로 최종보고서가 아닌 2007년도 동정결과가 수록되었다. 본고(표 3)에서는 고재미골 네 지역을 각각 별도의 유적으로 분리하여 출토확률을 집성하였다.

충남의 청동기시대 후기는 앞에서 보았듯이 전기와 마찬가지로 벼가 중심이면서도 다양한 밭 작물이 같이 재배되었다. 후기의 대표적인 중심취락인 부여 송국리유적의 경우 1970·80년대 조사에서는 육안으로 탄화미와 볍씨자국토기만 발견되어 벼만 재배된 것으로 추정되었다(안승모 2011). 이경아(2000)가 부유선별을 실시한 11차 조사에서는 벼가 주거지 1기에서 검출되었으나 조도 주거지 3기에서 검출되었다. 필자(2008a)는 조 출토량이 소량이고 퇴적토 상부에서 검출되어 후대 혼입의 가능성도 배재할 수 없다고 보았다. 그러나 최근 14차 조사에서 주거지와 수혈 바닥면 토양의 부유선별을 실시한 결과 쌀은 작물종자가 검출된 주거지 8기와 수혈 3기 모두에서 출토되었으며, 조 역시 주거지 4기와 수혈 2기에서 출토되고 20호 수혈에서는 5,600립 이상이나 잔존하였다. 종자 수에서는 조가 가장 많지만 무게나 열량으로 보면 벼가 훨씬 우세하다. 또한 출토확률은 낮지만 기장, 콩, 팥과 밀도 검출되었다(김민구 외 2013). 즉 송국리유적에서도 벼가 주곡이면서도 잡곡(조, 기장), 두류(콩, 팥), 맥류(밀)이 결합된 곡물조성을 보여준다(표 7).

표 7 _ 송국리유적 제14차 조사 곡물종자 출토 유구·표본·종자 수(김민구 외 2013)

	벼	조	기장	밀	콩	팥
주거지 8기, 수혈 3기	주8, 수2	주4, 수2	주1, 수1	주1	주2, 수1	주1, 수1
표본 16건	15 (93.7%)	8 (50%)	3 (18.7%)	1 (6.2%)	3 (18.7%)	2 (12.5%)
낟알 수	2892 (32.8%)	5798 (65.7%)	120 (1.4%)	1 (<0.1%)	5 (<0.1%)	4 (<0.1%)

당진 자개리, 아산 시전리에서는 벼, 보리, 밀, 콩, 팥이, 서천 도삼리에서는 벼, 보리, 팥이 검출되었다(박태식 2006; 이경아·조은지 2005). 보령 평라리에서도 보리, 밀, 콩, 팥이 출토되었으나 후기 유적에서 유일하게 벼가 검출되지 않았다(박태식 외 1996). 충남 서해안이나 아산만 수계에 위치한 이들 유적들은 부유선별을 실시하였는데도 잡곡이 검출되지 않았으며, 맥류에서 보리 비중이 높은 특징도 공유하고 있다. 반면 앞의 고재미골유적의 후기 주거지(표 6)에서는 팥의 출토확률이 압도적으로 높으며 조도 벼보다 출토확률이 높다. 안면도 고남리 2차 3호 주거지에서도 잡곡(기장 중심)은 다량 검출되었으나 다른 작물종자는 벼 1립뿐이다(An 1991; 안승모 2008a, 18쪽 주8). 고남리 패총 인골의 동위원소분석에서도 벼, 맥류, 두류를 포함하는 C3식물보다 잡곡을 포함하는 C4식물 비중이 훨씬 높게 나타났다(안덕임 외 1994).

충남에서 곡물 이외의 다른 작물로는 고남리패총의 복숭아, 마전리유적의 외, 박, 들깨, 자개리 유적의 갓(추정)이 보고되었을 뿐이다.

2) 충북

충청북도에서는 남한강 수계의 충주 조동리와 금강 수계의 청원 궁평리 두 유적에서 작물종자가 보고되었다. 전기의 조동리유적에서는 주거지(6기), 수혈(4기), 야외노지(7기) 등 모든 유구의 내부 흙을 물체질하여 2천여립의 종자를 찾았다(허문회·이융조 2001). 이중 밀이 723립으로 가장 많고, 총 17기 중 16기에서 검출되어 출토확률도 제일 높다. 이어서 보리가 출토 양과 확률 모두에서 밀의 뒤를 잇는다. 이밖에 벼, 조, 기장, 수수, 대마, 복숭아 종자유체도 소량 보고되었으나 볍씨와 대마는 탄화가 이루어지지 않아 오염된 것 같다. 수수 역시 동정 오류이며, 조와 기장 역시 일부는 작물이 아닌 것이 혼입되어 있고, 조 기장의 구분 자체도 단순히 크기에 의해 이루어진 것 같아 재동정이 요구된다. 조동리유적은 한반도 청동기시대에서 맥류가 우세한 유일한 곳이다. 조동리에서 찾아지지 않은 콩과 팥은 후기의 궁평리 토기가마에서 확인되었다(박태식 1994). 궁평리유적에서 보고된 볍씨와 피는 탄화가 되지 않아 최근 종자가 혼입된 것으로 보인다.

3. 중부지방

중부는 호서, 영남과 달리 곡물 종자가 보고된 유적이 많지 않고 부유선별도 대부분 전기 유적에서 실시되었기 때문에 전·후기를 통합하여 곡물종자 출토확률을 계산하였다(표 8). 경기도에서는 벼의 출토확률이 가장 높고 이어서 기장, 팥의 순서이나 출토확률은 낮다. 이밖에 조, 팥, 맥류도 드물게 출현하고 있다. 강원도에서는 벼와 두류만 보고되었다.

표 8 _ 중부지방 청동기시대 곡물종자 출토확률(%)

지역	시대	시료(수)	벼	잡곡	조	기장	맥류	밀	보리	두류	콩	팥
강원	청동기	유적(4)	2(50)	0	0	0	0	0	0	2(50)	1	1
강원	청동기	유구(5)	3(60)	0	0	0	0	0	0	2(40)	1	1
경기	청동기	유적(8)	6(75)	3(37.5)	1	2	1(12.5)	0	0	2(25)	1	1
경기	청동기	유구(14)	7(50)	5(35.7)	1	4	1(7.1)	0	0	4(28.6)	3	1

1) 영동

강원도 동해안에서는 강릉 교동과 고성 사천리의 전기 주거지에서 다량의 탄화미가 출토되었다(안승모 2002; 2007). 교동유적에서는 공열문토기와 이중구연토기가 반출된 1호 주거지 바닥에서 채취한 토양시료에서 다량의 탄화미가 검출되었다. 필자가 직접 부유선별한 시료에서 5천립

정도의 탄화미를 찾았기에 실제 수량은 더 많을 것이다. 목탄의 탄소연대는 3390±60 BP이나 탄화미 자체의 탄소연대는 3040±60 BP(서울대), 2860±20 BP(Paleo Labo)로 측정되었다(안승모 2012). 교동보다 약간 늦은 단계의 사천리 5·8호 주거지 바닥에서 채취한 토양시료에서 검출된 탄화종자도 모두 벼이다. 두 유적 모두 벼 외에 다른 탄화종자는 검출되지 않았기에 영동에서도 전기부터 벼가 주곡의 위치를 차지하였다고 볼 수 있다.

2) 북한강유역

이곳에서 부유선별이 유일하게 실시된 가평 연하리 1호 주거지는 돌대문토기가 출토되고 탄화곡물의 방사성탄소연대도 3090±60 BP가 측정되어 조기 후반이나 전기 초로 편년되는 유적이다. 탈곡하기 전의 기장 이삭 덩어리가 다량 검출되었으며 쌀도 2편 확인되었다(사사키 2009). 공열문토기가 출토되는 유적 4곳(가평 달전리, 대성리, 춘천 천전리, 화천 용암리)에서 쌀, 조, 기장, 콩, 팥이 육안으로 발견되었는데 역시 벼보다 밭작물 위주이다. 전기 후반에서 후기까지 조성된 천전리유적에서는 소구획과 반구상 경작유구에서 작물종자는 발견되지 않았으나 벼와 기장족 식물규산체가 검출되었다. 6호 주구석관묘의 주구 내부에서는 줄기째로 불에 태워진 팥이 반월형석도 상부를 중심으로 집중해서 출토되었다. 주구석관묘는 기원전 8세기 이전으로 편년되나 팥 자체의 탄소연대는 2300±50 BP로 측정되었다(강원문화재연구소 2008). 전기말로도 편년되는 대성리 8호 주거지에서는 조가 8천립 이상 검출되었다(新山 2009). 후기의 달전리유적에서는 주거지 3기에서 육안으로 다량의 콩이 발견되었으나 쌀은 1호 주거지에서만 1립이 검출되었을 뿐이다(박태식 2007). 1호 주거지 콩은 2750±40 BP, 35호 주거지 콩은 2520±40 BP가 측정되었다. 벼만 출토된 영동과 달리 영서의 북한강유역에서는 밭작물의 우세를 보여주나 여전히 맥류는 아직 검출되지 않았다.

3) 중서부

하남 미사리 돌대문토기 주거지에서 탄화곡물 분석은 실시되지 않았으나 기장과 벼의 토기 압흔은 확인되어 북한강유역의 연하리 1호 주거지와 동일한 양상을 보인다(손준호 외 2010). 부유선별은 전기의 여주 흔암리유적과 화성 고금산유적에서 실시되었다. 흔암리 12·14호 주거지 바닥과 토기 내부 토양을 부유선별하여 벼, 보리, 조, 수수의 곡물종자를 검출하였다고 보고되었으나 최근의 재동정 결과 보리는 탄화되지 않고 원래의 색을 유지하고 있어 현생종자가 혼입된 것으로 판단되며, 조와 수수 역시 동정오류로 곡물이 아닌 것으로 밝혀졌다(이경아 2009). 고금산 1호 주거지 노지와 주변 토양 30kg을 부유선별하여 탄화미 5립을 검출하였는데 2mm 체로 하였기에 소립 잡곡이 빠져나갔을 가능성도 있다(임효재 외 2002).

중부지방에서 맥류는 유일하게 평택 소사동의 전기 가10호 주거지에서 다량의 탄화미와 함께 출토되었다(박태식 2008). 보고서에서는 보리로 보고되었으나 사진으로 보아 밀 가능성이 높다. 양평 양근리에서는 지표조사 과정에서 콩, 팥으로 추정되는 낟알이 찍힌 무문토기편이 발견된 적이 있다. 결과적으로 중서부에서는 벼가 중심인 가운데 유적별로 잡곡, 두류, 맥류의 재배도 이루어졌으나 아쉽게도 이들 곡물이 모두 검출된 유적은 아직까지 없다.

4. 북부지방

북한의 작물 자료는 보고된 예가 많지 않다(안승모 2008a; 2008b). 그나마 부유선별이나 물체질이 실시된 적도 없고 정확한 출토수량도 보고되지 않았으며 과학적 동정도 이루어지지 않았다. 따라서 중부 이남의 작물자료와 직접적 비교는 곤란하다.

1) 서북지방

작물종자는 대동강유역을 중심으로 한 팽이형토기문화권에서 몇 예가 보고되었을 뿐 청천강, 압록강 유역에서는 아직 보고되고 있지 않다. 팽이형토기문화 1기로 편년된 평양 남경 36호 주거지에서 출토된 탄화곡물은 벼와 조가 가장 많으며 기장과 콩도 섞여 있다. 작물은 육안으로 동정하였는데 특히 기장, 조, 수수의 구분은 크기에 의한 것이라 동정의 신뢰도가 떨어진다. 수수는 동정 오류로 보인다. 팽이형토기문화 2기로 편년된 남경 11호 주거지, 표대 3·11호 주거지에서도 벼, 조, 기장과 콩이 다량 출토되었다. 묵방리식토기가 반출되는 팽이형토기문화 3기의 석탄리 39호 주거지의 토기 2점에서 조, 팥 또는 수수알로 짐작되는 불탄 낟알이 발견되었다. 과학적 동정이 아닌 비전문가의 짐작에 의한 추측이라 신뢰도는 떨어지나 도판 사진과 크기로 보아 수수보다는 팥에 가깝다. 따라서 대동강유역의 청동기시대에는 벼, 잡곡(조, 기장), 두류(콩, 팥)가 재배되었으나 맥류 재배 여부는 아직 알 수 없다.

2) 동북지방

무산 호곡 2, 3기의 여러 주거지에서 주로 기장으로 보이는 곡물 가루가 토기 내부나 주거지 바닥에 퇴적되어 있다고 보고되었다. 보고서에서는 수수 가루도 15호 주거지(호곡 2기)의 토기 내부에서 발견되었다고 하지만 비전문가가 육안으로 그것도 곡물 분말을 가지고 수수를 동정할 수 있을 것 같지는 않다. 따라서 수수 존재는 회의적이다. 회령 오동유적의 주거지 퇴적층과 바닥에서도 육안으로 보아 콩, 팥, 기장처럼 보이는 탄화곡물이 많이 출토되었다고 하니 동정이 정확하지 않고 곡물이 출토된 주거지 호수도 보고되지 않았다.

Ⅲ. 작물별 검토

1. 잡곡

이 글에서 잡곡은 소립 黍粟類(millet)를 의미한다. 중국 북부지방에서 기원한 조와 기장은 늦어도 기원전 4천년기에는 한반도에서도 널리 재배되었으며, 최근 동삼동, 비봉리유적에서는 신석기 조기, 전기 단계의 토기에서 이미 잡곡 압흔이 발견되고 있다(小畑 외 2013). 조와 기장은 같이 출토되는 경우가 많지만 대체로 대동강유역과 충청도에서는 조가 우세하고 기장은 동북, 중부(북한강유역)와 영남에서 타 지역보다 빈번히 출토된다. 잡곡은 부유선별이 집중적으로 실시된 영남과 충남 모두 전기에는 벼와 더불어 주곡의 위치를 차지하나 후기로 가면서 비중이 감소한다. 잡곡은 부유선별이 실시되지 않거나 부유선별에 사용된 체의 눈금이 클 경우에는 검출되지 않을 수 있기 때문에 실제보다 출토확률이 과소평가되었을 가능성이 크다(안승모 2013, 70~71쪽).

기존에 남한의 흔암리, 조동리, 상촌리, 북한의 남경, 호곡동 등에서 보고된 수수는 전부 동정 오류로 판단된다. 수수는 아프리카에서 자생하는 야생수수가 기원전 2천년기에 남아시아로 전래되어 재배종으로 진화한 다음 중앙아시아를 거쳐 중국으로 전래되었으나 중국의 수수 유체 역시 대부분 동정 신뢰성에 의문이 제기되고 있는 실정이다. 피는 일본에서는 조몽시대부터 재배되기 시작하였지만 한반도에서는 원삼국시대부터 재배되기 시작하였고 청동기시대에는 잡초피는 간혹 보고되나 피 재배 증거는 아직 없다.

2. 벼

중국 양자강유역에서 기원한 벼는 산동반도와 요동반도를 거쳐 한반도로 전래되는데 그 시기에 대해서는 신석기시대설과 청동기시대설로 갈라진다. 그러나 신석기시대 유적에서 식물고고학자가 직접 부유선별한 유적에서는 낟알이 작은 조와 기장만 출토되고 낟알이 큰 벼는 전혀 발견되고 않았고 최근에 유행하는 압흔분석에서도 잡곡과 두류만 확인되고 있다(안승모 2013). 따라서 필자는 요동에서 다른 청동기문화요소와 더불어 벼도 전래되었다는 견해에 무게를 두고 있으나 중국 산동반도로의 벼 확산 양상을 보면 신석기시대 중기에 전래되었을 가능성도 완전히 부정할 수는 없다. 벼는 동해안을 포함한 남한 전역과 대동강유역에서까지 출토되고 있다. 벼는 작물 중에서 출토된 유적 및 유구 수, 그리고 출토 양도 가장 많아 청동기시대를 대표하는 작물이다. 벼는 단립형의 온대형 자포니카로 추정되고 있으나 열대형 자포니카 유전자가 남아 있을 가능성도 있다(안승모 2001). 계측치가 보고된 탄화미 입형을 보면 흔암리 탄화미 같은 소립형과 송국리 탄화미 같은 중립형이 있어 계통이 다른 다양한 품종이 재배되었던 것 같다. 또한 반월형석도의 이삭따기 수확으로 미루어 여전히 등숙이 고르지 않은 원시적 특질이 잔존한 것으로 보인다(Ahn 2010).

3. 두류

청동기시대에 재배된 두류는 콩과 팥이다. 콩과 팥은 재배종과 야생종의 구분이 어려워 전문적 식물고고학자들도 콩속(또는 콩류), 동부속(또는 팥류)으로 동정하는 경우가 많다. 그러나 낟알의 크기가 대체로 야생종보다 크고 다른 작물과 같이 출토되는 정황에서 재배종으로 추정하였다. 기존에 필자(2008a)는 콩이 요서지역에서 하가점하층문화 단계부터 출토되고 있어 한반도 콩의 원류를 요서를 포함한 중국 동북지방으로 보았다. 반면 팥은 청동기시대 후기부터 재배되었을 가능성이 높다고 보면서 한반도에서 자체적인 재배화가 발생하였을 가능성과 일본 죠몬 팥의 유입 가능성을 제시한 바 있다.

그러나 이러한 필자의 기존 주장은 유효성을 잃게 되었다. 최근 평거 3-1지구, 4-1지구의 돌대문토기 주거지에서 팥이 검출되었고, 울산 천곡동 가재골 Ⅲ지구, 김천 지좌리, 천안 고재미골 등의 전기 주거지에서도 팥이 검출되었기 때문이다. 또한 최근에는 중서부와 남부의 신석기시대 중기, 후기 유적에서 팥속과 콩속의 종자가 검출되면서 콩과 팥의 이용 및 재배를 통한 작물화 과정이 이미 5천 년 전 무렵부터 중국, 한국, 일본에서 각각 독자적으로 진행되었다는 주장도 제기되고 있다(Lee et al 2011; 이경아 외 2012). 신석기시대 잡곡 밭의 잡초로 들어와서 이용 또는 재배되기 시작한 콩과 팥이 청동기시대 작물로 이어진 것인지, 또는 신석기 두류와는 별도로 청동기시대에 새로운 두류 품종이 전래된 것인지에 대해서는 보다 심도 깊은 연구가 요구된다. 두류가 전기부터 재배되었다고 하지만 출토 양과 빈도로 보아 두류 재배가 보편화된 것 같지는 않다. 후기에는 작물에서 두류가 차지하는 비중이 크게 높아지고 특히 팥이 콩보다 출현 빈도가 높아진다. 두류는 다른 곡물에서 부족한 단백질을 보충하여 주고, 경작토의 비옥도도 유지시켜주는 역할을 한다.

4. 맥류

맥류에는 밀과 보리가 있다. 서남아시아에서 기원한 밀과 보리는 다양한 아종과 품종이 있지만 중앙아시아를 거쳐 동북아시아로 전래되면서 종류가 급감하였다(안승모 2005; Boivin et al. 2012, 458쪽). 한반도에서 출토된 밀은 6배체의 보통소맥(빵밀, *T. aestivum*)으로 알려지고 있으며 산동반도 용산유적 출토 밀 역시 그러하다. 중국 서부의 감숙성과 신강성에서는 6배체 밀수소맥(*T. compactum*)과 4배체의 원추소맥(*T. turgidum*)도 보고되고 있다. 밀은 소수축이 있어야 동정이 정확해지기 때문에 정말 우리나라에서는 보통소맥만 재배된 것인지 아니면 다른 품종도 있는지 확인하려면 발굴에서 밀의 소수축을 찾을 필요가 있다. 보리는 대부분 6조 겉보리이다. 간혹 쌀보리로 보고된 것을 확인해보면 밀을 잘못 동정한 경우가 대부분이다. 보리는 감숙성, 신강성에서는 기원전 2천년기에 6조 쌀보리, 겉보리가 출토되며 황하 중상류역에서는 상주시기까지도 출토 예가 매우 한정적이다. 남아시아도, 연해주 초기철기시대에서도 보리는 쌀보리가 주축이다. 우리 청동기시대에 쌀보리가 독립된 품종으로 존재하지 않은 것인지에 대한 추가적 연구가 요구된다. 북한에서도 아직 청동기시대 맥류의 출토 예가 없으며 강원도 역시 그러하다. 경기도에서도 소사동 유적에서 유일하게 맥류(밀)가 보고되었을 뿐이다. 반면 호서와 영남에서는 전기부터 밀과 보리가 출토되고 후기로 가면서 맥류의 비중이 증가한다. 후기에 영남과 충북에서는 밀이, 충남에서는 보리가 우세한 양상이 나타난다. 그렇다고 맥류가 호서나 영남에 먼저 전래되었다고 보기는 어렵기 때문에 중부와 북한, 나아가 중국 동북지방에서의 보고를 기다려본다.

무문토기 압흔 분석에서는 벼와 잡곡(조, 기장)이 주로 확인되며 두류 압흔은 합천 봉계리와 양평 양근리에서 보고되었을 뿐이다. 또한 맥류 압흔은 전혀 발견되지 않았다. 벼와 잡곡의 낟알자국이 주로 발견되는 것은 벼와 잡곡의 수확이 끝난 후 가공 과정에서 이들 낟알 또는 낟알껍질이 떨어져 있는 늦가을, 초겨울의 공간에서 토기제작이 이루어졌기 때문이다. 반면 당시의 보리와 밀은 추맥으로 초여름에 수확되었기에 토기 제작에 혼입될 기회가 없었던 것으로 추정된다. 주거지나 수혈에서 종자는 탄화가 되어야 식물유체로 잔존할 수 있다. 따라서 종자가 노지의 불로 들어가거나 화재주거지처럼 유구 구조물 자체가 화재로 탔을 경우에 탄화종자로 남게 된다. 화재는 초여름의 장마철보다 늦가을부터 봄에 이르는 건기에 발생할 가능성이 많고 따라서 초여름에 수확되는 맥류 종자는 탄화종자로 잔존할 가능성이 크게 낮아진다. 만약 화재가 여름에 발생하였다면 역으로 가을에 수확되는 작물이 탄화종자로 보존될 기회는 크게 줄어든다. 따라서 실제 청동기시대 작물조성에서 맥류가 차지하는 비중은 작물유체로 복원된 수치보다 높았다고 보아야 한다. 진주 평거동의 밭 유구에서 맥류의 출토확률이 가장 높은 것도 이를 반증한다.

5. 기타 작물

청동기시대에 곡물을 제외하면 다른 재배식물 증거는 드물다. 재배 과일로 현재까지 확인된 유일한 종류는 복숭아이다. 충주 조동리, 안면도 고남리, 논산 원북리에서 복숭아 유체가 출토되었으나 출토된 수량도 유적 수도 적고 종실 크기도 작아 복숭아 재배가 활성화된 것 같지는 않다. 채소류는 박이 충주 조동리, 안동 저전리, 논산 마전리에서, 외(참외?)가 논산 마전리에서 출토되었다. 나머지 작물로 들깨와 차조기가 진주 남강댐수몰지구, 평거동, 울산 달천, 논산 마전리, 천안 고재미골 등지에서 발견되고 있는데 종자로 구분이 어려워 속 단위로 동정되는 경우가 많다. 박, 외, 들깨와 차조기는 야생이나 잡초로도 존재하기 때문에 실제 재배 여부는 확실하지 않다. 대마는 울산 상연암 Ⅱ지구에서 유일하게 출토되었다.

중국의 시경, 爾雅 등의 先秦 문헌에는 순무, 아욱, 부추, 미나리, 순채, 고사리, 고비, 마름 등 다양한 채소류를 길렀다는 기록이 있다. 우리 청동기시대에도 박, 외, 들깨 외에도 많은 채소류가 재배되었을 가능성이 크다. 다만 이들 채소류는 씨앗이 식용되는 것이 아니기에 주거지에서 종자유체로 잔존할 가능성은 극히 희박하다. 또한 설령 종자유체로 잔존한다고 하더라도 야생으로의 채집과 재배 또는 순화 여부를 파악하기가 매우 어렵다.

Ⅳ. 무문곡물조성의 성립과 주변 지역과의 비교

무문토기가 사용되는 청동기시대의 벼, 잡곡(조·기장), 맥류(밀·보리), 두류(콩·팥)의 조합은 '무문곡물조성', 여기에 박, 외, 복숭아 등을 추가하여 '무문작물조성'이라고 지칭할 수 있다. 청동기시대에 재배된 곡물들이 개별적으로 전승 또는 유입된 후 한반도에서 무문곡물조성으로 완비된 것인지 또는 이러한 곡물조성이 한반도 바깥의 외부에서 완비된 후 세트로 전래된 것인지 검토할 필요가 있다. 무문곡물조성이 전기에는 분명 존재하였으나 청동기시대 시작 단계, 즉 소위 조기부터 있었는지는 현재까지의 자료만으로는 불분명하다. 조기를 2900 BP, 또는 기원전 13세기 이전으로 편년할 경우 조기의 작물유체 자료는 극히 드물기 때문이다. 중부에서는 3090 BP(기장)가 측정된 가평 연하리 1호 주거지가 유일한 조기 유적이나 기장과 벼만 출토되었을 뿐이다. 미사리 돌대문토기 압흔 분석에서도 벼와 잡곡만 확인되었다. 충남에서는 쌀과 밀이 출토된 신가리 1호 주거지가 2910±60 BP(쌀)의 방사성탄소연대를 갖고 있으나 조기로 편년되지는 않는다. 진주 어은 1지구의 104호 주거지는 돌대문토기가 출토되고 쌀+잡곡+맥류+두류의 무문곡물조성을 보이지만 토기 형식에서는 전기 전반으로 편년되고 2850 BP 전후의 방사성탄소연대 역시 그러하다. 평거동의 작물종자가 검출된 돌대문토기 주거지 역시 전기 전반으로 편년되며 그나마 맥류는 검출되지 않았다. 따라서 어은 104호 주거지의 곡물조성이 조기에서 승계된 것인지, 또는 돌대문토기 또는 미사리유형은 신석기시대처럼 잡곡과 벼만 재배되었고 맥류와 두류는 전기부터 추가된 것인지 현재까지의 자료만으로는 결론을 내리기 어렵다.

가락동유형 유적에서도 맥류가 아직 출토되지 않았으며 같은 이중구연토기의 팽이형토기문화권에서도 맥류가 보고되지 않아 가락동유형에서는 맥류 재배 전통이 없었을 수도 있다. 그런데 앞서 지적하였듯이 초여름에 수확된 맥류 종자는 다른 곡물에 비해 탄화종자나 압흔으로 잔존할 확률이 매우 낮다. 고재미골유적에서도 작물종자가 포함된 표본 195건 중에서 7건에서만 맥류가 1~2립 검출되었을 뿐이고 작물종자가 검출되지 않은 표본까지 포함하면 맥류 검출률은 더욱 낮아진다. 부여 송국리에서도 부유선별 주거지 수를 늘린 14차 조사에서 토양시료 234리터를 분석한 67호 주거지에서 밀 딱 1립이 검출되었을 뿐이다. 따라서 부유선별이 실시된 유적이나 표본 수, 그리고 채집된 토양시료의 양이 적어서 맥류가 발견되지 않았을 가능성도 남아 있다. 반면 맥류는 중부와 남부 청동기시대 전기를 대표하는 역삼동ㆍ흔암리유형 유적에서는 많이 보고되고 있다. 그렇다면 맥류가 결합된 무문곡물조성의 성립은 역삼동ㆍ흔암리유형의 유입과 더불어 시작되었을 가능성과 아직 증거는 미약하지만 미사리유형 또는 가락동유형 성립과 동시에 시작되었을 가능성 두 가지를 상정할 수 있다.

이제 눈을 한반도 밖으로 돌려보자. 중국 황하유역에서 우리 청동기시대와 병행하는 시기는 상주시기이다. 갑골문에는 벼(稻), 잡곡(禾, 黍, 粟), 두류(菽), 맥류(麥, 來), 시경에도 벼(稻), 잡곡(禾, 黍, 稷, 粟, 粱), 맥류(麥, 來, 牟), 두류(菽)와 대마(麻)가 등장한다. 전국시기와 漢代의 여러 기록에 나타나는 오곡, 육곡, 구곡에도 조, 기장을 중심으로 벼, 두류, 맥류와 대마가 포함된다(최덕경 1994). 식물고고학적 증거로 보면 황하 중하류 유역에서는 이미 기원전 2500년경부터의 용산문화 단계부터 벼, 잡곡, 두류, 맥류가 모두 나타나고 있다(표 9). 산동반도의 兩城鎭 유적에서는 벼와 조를 중심으로 기장, 밀, 콩도 출토되고 있는데 두류와 맥류의 비중이 낮은 것, 잡곡에서 조의 비중이 큰 것도 한반도 청동기시대 전기 곡물조성과 유사하다. 팥도 兩城鎭 유적에서 소량이나마 보고되었다(Crawford et al. 2004). 周原의 섬서용산문화(周原考古隊 2004), 하남성 伊洛河 유역의 二里岡 시기에서도 벼, 조, 기장, 밀, 콩이 모두 나타난다(Lee et al. 2007). 단 용산문화의 콩은 종자가 아닌 채소로 식용되었다. 밀은 상주시기부터 출토 양이 증가하고 있다. 보리는 황하 중하류 유역에서 오랫동안 출토되지 않았다. 이리두 시기의 하남 皂角樹 유적에서 다량의 밀과 함께 보리도 출토되었다고 하나 동정에 의문도 있었다. 그러나 최근 하남성 潁河 중상류의 社崗寺 商 후기 유적에서 밀과 함께 보리와 팥도 출토되었다(Fuller & Zhang 2007). 신석기시대에서 춘추전국시대까지 팥은 상기 두 유적에서만 보고되어 주곡은 아니다. 크기에서도 중국의 콩과 팥은 한반도 선사시대 두류에 비해 소립이다(Lee et al. 2011). 즉 지역에 따른 작물의 종류와 비중의 차이는 있으나 우리 청동기시대 조기와 전기에 병행하는 시기에 화북에서도 벼, 잡곡(조, 기장), 맥류(보리, 밀), 두류(콩, 팥) 그리고 대마, 복숭아, 박, 참외도 재배되고 있었다. 늦은 시기이지

표 9 _ 작물 절대수량과 출토확률(趙志軍 2007; 안승모 2008a, 50쪽)

시대	유적	수량	벼	조	기장	밀	콩
산동용산	兩城鎭	종자수 (899)	381 (42%)	379 (42%)	47 (5%)	5 (1%)	87 (10%)
		시료수 (144)	70 (49%)	52 (36%)	13 (9%)	5 (3%)	29 (20%)
	趙家庄	종자수 (691)	425 (61%)	232 (34%)	29 (4%)	5 (1%)	0
		시료수 (69)	27 (39%)	31 (45%)	14 (20%)	3 (4%)	0
	桐林	종자수 (16200)	3423 (21%)	7020 (43%)	5658 (35%)	0	99 (1%)
		시료수 (85)	56 (66%)	76 (89%)	54 (64%)	0	19 (22%)
하남용산	校場鋪	종자수 (41638)	25 (<0.1%)	3.2만 (77%)	2200 (5%)	13 (<0.1%)	7400 (18%)
		시료수 (270)	8 (3%)	248 (92%)	159 (59%)	8 (3%)	211 (78%)
섬서용산	周原	종자수 (6114)	5 (<0.1%)	5826 (95.3%)	160 (2.6%)	1 (<0.1%)	122 (2.0%)
이리강	伊洛河	종자수 (7622)	5 (<0.1%)	7402 (97.1%)	34 (0.4%)	172 (2.3%)	9 (0.1%)

만 漢代의 長沙 馬王堆 1호묘에서도 벼, 보리, 밀, 조, 기장, 콩, 팥과 대마가 출토되어 무문곡물조성과 동일한 양상을 나타낸다. 요하유역 등 중국 동북지방 청동기시대 유적에서는 잡곡과 콩이 주로 출토되며 요동반도 남단 大嘴子 유적에서도 쌀과 기장이 검출되고 있을 뿐 맥류는 아직 보고된 예가 없다. 황하유역과 달리 중국 동북지방에서는 부유선별 등 식물고고학적 연구가 이루어지고 있지 않아 무문곡물조성과의 직접적 비교는 어렵다.

두만강유역과 밀접한 관련이 있는 러시아 연해주에서는 최근 부유선별이 도입되면서 작물 자료가 많이 보고되고 있다. 신석기, 청동기시대에는 조, 기장과 차조기속이 재배되었고 초기철기시대의 얀코프스키문화(2800~2300 BP)에서 보리가 추가된다. 기원전 5세기 무렵부터 시작되는 크로노프카문화에서는 잡곡(조, 기장)과 맥류(밀, 보리)를 중심으로 두류(콩, 팥)와 대마도 검출되어 무문곡물조성과 동일하다(小畑 2007).[4] 그러나 각각 한 곳에서만 보고된 콩과 팥 동정의 정확성

---

4) 두만강유역 등 동북지방에서는 아직 벼가 발견되고 있지 않지만 연해주에서는 최근 초기철기시대 유적에서 벼가 출토되었다는 소식도 들리고 있다(Elena Sergusheva 談). 그렇다면 이곳 역시 잡곡, 맥류, 두

에는 여전히 의문이 남아 있다(小畑 2011, 128쪽). 또한 한반도의 보리는 겉보리가 주체인 반면에 연해주 보리는 쌀보리만 출토되는 점에서 차이가 있다.

일본열도에서는 죠몬시대 전기와 중기에 동일본을 중심으로 십자화과(*Brassica* sp.), 우엉, 박, 차조기속, 대마, 피, 두류(콩, 팥)가 관리 또는 재배되고 있었으며 복숭아도 출토되고 있다. 우리 청동기시대에 병행하는 죠몬 후기후반에서 야요이 조기에 걸쳐 한반도로부터 九州 지역에 벼, 조, 보리, 콩, 팥이 전래되었다(小畑 2011). 이때의 두류는 죠몬 자생의 두류와는 다른 한반도 남부 계통이다. 밀은 야요이 전기에 처음 나타난다. 그러나 조, 기장과 보리 밀의 출토 예는 많지 않고 벼+잡곡+맥류+두류의 곡물조성이 세트로 출토된 유적도 아직 없다. 오바타(2011, 170쪽)는 복숭아, 박, 대마가 일본과 달리 한국 청동기시대 유적에서 드문 것은 저습지 조사 사례가 부족한데서 비롯되었을 가능성을 제시하였다.

Ⅴ. 맺음말

유적에서 출토된 곡물 종자유체에 의하면 청동기시대에는 벼, 조, 기장, 밀, 보리, 콩, 팥의 곡물이 주로 재배되었으며 복숭아, 외, 박, 들깨, 대마도 재배되었다. 충분한 양의 토양표본을 체계적으로 부유선별한 유적에서는 대부분 벼+잡곡+두류+맥류의 곡물조성이 확인되어 이를 무문곡물조성이라고 지칭하였다. 단 무문곡물조성이 청동기시대가 시작되는 조기부터 완성된 것인지 또는 역삼동·흔암리유형을 중심으로 한 전기부터 완성된 것인지 알기 위해서는 미사리유형, 가락동유형 유적에서 부유선별이 더욱 활성화되어야 한다. 벼, 잡곡, 두류, 맥류가 결합되는 곡물조성은 화북지방에서 먼저 출현한 후 다른 동북아시아 지역으로 확산되면서 지역의 환경조건과 문화적 선호도에 따라 개별 작물의 종류와 조성, 그리고 품종의 차이가 발생하였을 가능성이 크다. 그렇더라도 우리의 무문곡물조성이 한반도 자체에서 완성된 것인지 중국 황하유역과 요하유역에서 유입된 것인지는 중국 동북지방과 연해주, 그리고 북한에서 곡물 종자유체의 체계적 분석이 실시되어야 결론을 내릴 수 있을 것이다. 마지막으로 채소류를 포함한 다른 식용과 약용 재배식물은 종자유체가 주거지에서 검출될 기회가 매우 적기 때문에 전분분석 같은 다른 자연과학적 분석방법을 도입하고 식물 자체가 보존될 수 있는 습지유적의 조사를 활성화하여야 찾아질 수 있다.

류와 벼가 결합되어 무문곡물조성과 동일한 양상을 보일 가능성이 남아 있다.

참고문헌

강원문화재연구소, 2008, 『春川 泉田里』.

김민구·류아라·김경택, 2013, 「탄화작물을 통한 부여 송국리유적의 선사농경 연구」『호남고고학보』 44.

김현식, 2013, 「동남해안지역(경주-포항-울산) 청동기시대 편년」『한국 청동기시대 편년』(한국청동기학회 편), 서경문화사.

나건주, 2013, 「충청 북서지역의 청동기시대 전기 편년」『한국 청동기시대 편년』(한국청동기학회 편), 서경문화사.

동아세아문화재연구원, 2010, 『晉州 平居洞 旱田遺蹟』.

박태식, 1994, 「청원 궁평리유적 가마터 출토 씨앗분석」『淸原 宮坪里 靑銅器遺蹟』, 忠北大學校 先史文化研究所.

박태식, 2006, 「당진 자개리, 아산 시전리 청동기 문화 유적 출토 식물종자의 분석」『唐津 自開里 遺蹟(I)』, 忠淸文化財研究院.

박태식, 2007, 「가평 달전리(가평 역사) 청동기시대 문화유적 출토 곡물 분석」『가평 달전리유적 -靑銅器時代 聚落-』, 한림대학교박물관.

박태식, 2008, 「평택 소사동 청동기시대 주거지 출토 탄화곡물 분석」『平澤 素沙洞 遺蹟』, 高麗文化財研究院.

박태식·이융조·윤용현, 1996, 「보령 평라리 청동기시대 집터 출토 식물씨앗 분석」『평라리 선사유적』, 忠北大學校博物館.

삼강문화재연구원, 2012, 『金泉 智佐里 無文時代 集落』.

손준호·中村大介·百原新, 2010, 「복제(replica)법을 이용한 청동기시대 토기 압흔 분석」『야외고고학』 8, 한국문화재조사연구기관협회.

安德任·米田穰·赤澤威, 1994, 「탄소·질소동위원소를 이용한 선사인의 식생활 연구」『고고학지』 6.

안승모, 2001, 「한국과 일본의 초기 도작」『호남고고학보』 41.

안승모, 2002, 「강릉 교동유적 출토 탄화미 분석」『江陵 校洞 住居址』, 江陵大學校博物館.

안승모, 2005, 「재배맥류의 기원과 전파 -근동에서 중국까지-」『한국고고학보』 55.

안승모, 2007, 「고성 사천리 청동기시대 주거지 출토 탄화미 분석」『高城 泗川里 遺蹟』, 江原文化財研究所

안승모, 2008a, 「한반도 청동기시대의 작물조성」『호남고고학보』 28.

안승모, 2008b, 「韓半島 先史古代 遺蹟 出土 作物資料 解題」『極東先史古代の穀物』 3, 熊本大學.

안승모, 2009, 「작물유체 분석의 문제점」『선사 농경 연구의 새로운 동향』(안승모·이준정 편), 사회평론사.

안승모, 2011, 「송국리유적 출토 탄화미 고찰」『고고학지』 17.

안승모, 2012, 「종자와 방사성탄소연대」『한국고고학보』 83.

안승모, 2013, 「식물유체로 본 시대별 작물조성의 변천」『농업의 고고학』(한국고고학회 편), 사회평론.

이경아, 2000, 「송국리유적 제11차조사 출토 식물유체 보고」『송국리』 VI, 국립부여박물관.

이경아, 2007, 「경주 화천리유적 출토 식물유체 분석」『慶州 花川里遺蹟』, 嶺南文化財研究院.

이경아, 2008a,「아산 신도시 Ⅰ지역 외 3개 유적의 식물유체 분석」『牙山 長在里 안강골 遺蹟(Ⅰ)』, 충청문화재연구원.

이경아, 2008b,「식물유체 연구」『禮山 新佳里遺蹟』, 충청문화재연구원.

이경아, 2009,「흔암리유적 출토 식물유체 연구의 한국고고학사적 의의」『선사 농경 연구의 새로운 동향』(안승모·이준정 편), 사회평론.

이경아, 2011,「진주 평거 3-1지구 유적 식물유체 분석 보고」『진주 평거 3-1지구 유적』Ⅵ, 경남발전연구원 역사문화센터.

이경아, 2012,「진주 평거 4-1지구 유적 식물유체 분석 보고」『진주 평거 4-1지구 유적-Ⅱ:본문-』, 경남발전연구원 역사문화센터.

이경아·조은지, 2005,「道三里遺蹟 植物有體 報告」『道三里 遺蹟』, 高麗大學校考古環境硏究所.

이경아·윤호필·고민정, 2011,「선사시대 팥의 이용 및 작물화에 대한 고고학적 검토」『한국상고사학보』75.

임효재 외, 2002,『華城 古琴山遺蹟』, 서울대학교박물관.

崔德卿, 1996,「전국·진한시대 음식물의 재료」『고고역사학지』11·12.

충청문화재연구원, 2009,『천안 백석동 고재미골 유적』.

한국고고환경연구소, 2010,『燕岐 松潭里·松院里 遺蹟-본문(2)-』.

허문회·이융조, 2001,「청동기시대 유구 출토 곡물분석」『忠州 早洞里 先史遺蹟(Ⅰ)-1·2次調査報告-』, 忠北大學校博物館.

小畑弘己, 2007,「ロシア極東地方の作物種子」『日本考古學協會 2007年度 熊本大會研究發表資料集』.

小畑弘己, 2011,『東北アジア古民族植物學と繩文農耕』, 同成社.

小畑弘己·眞邊彩, 2012,「창녕 비봉리유적 출토 토기의 압흔조사」『비봉리Ⅱ』, 국립김해박물관.

新山雅廣, 2006,「蔚山 泉谷洞 가재골遺蹟에서 出土된 炭化種實」『蔚山 泉谷洞 가재골遺蹟』, 蔚山文化財研究院.

新山雅廣, 2008,「울산 천곡동 가재골 유적 Ⅱ주거지 출토 탄화종실」『蔚山泉谷洞가재골遺蹟Ⅱ』, 울산문화재연구원.

佐々木由香, 2009,「청평-현리 도로건설공사 예정구간 A지구의 주거지에서 출토한 탄화열매」『가평 연하리 유적』, 한백문화재연구원.

佐々木由香·Sudarshan Bhandari, 2010a,「울산 천곡동 산 172 유적 출토 탄화종실」『蔚山達川遺蹟 3次 發掘調査』, 울산문화재연구원.

佐々木由香·Sudarshan Bhandari, 2010b,「울산 상연암유적 출토 탄화종실」『蔚山上蓮岩遺蹟』, 울산문화재연구원.

中山誠二·庄田愼矢, 2012,「연기 대평리유적 B지점의 곡물압흔」『燕崎 大平里遺蹟 -考察 및 分析-』, 한국고고환경연구소.

趙志軍, 2007,「山東地區龍山時代(4600-4000BP)的農業經濟特点和布局」『日本考古學協會 2007年度 熊本大會研究發表資料集』.

周原考古隊, 2004, 「周原遺址(王家嘴地点)學試性浮選的結果及初步分析」 『文物』 581.

An, Deog-im, 1991, *A Study of the Konam-ri Shell Middens, Korea*. University College London, Ph.D Thesis.

Ahn, Sung-Mo, 2010, The emergence of rice agriculture in Korea: archaeobotanical perspectives. *Archaeological and Anthropological Sciences* 2: 89-98.

Boivin, N., Fuller, D.Q. & Crowther, A., 2012, Old World globalization and the Columbian exchange: comparison and contrast. *World Archaeology* 44(3): 452-469

Crawford, G. W., 外 2004, 「山東日照市兩鎭遺址龍山文化植物遺存的初步分析」 『考古』 2004-9.

Crawford, G. W. and Gyoung-Ah Lee, 2003, Agricultural origins in the Korean Peninsula. *Antiquity* 77: 87-95.

Fuller, D. and H. Zhang, 2007, 「穎河中上流谷地植物考古調査初步報告」 『登封王城崗考古發現與硏究 (2002-2005)』 (北京大學考古文博學院, 河南省文物考古硏究所 編), 大象出版社.

Lee, Gyoung-Ah, 2003, *Changes in Subsistence Patterns from the Chulmun to Mumun Periods: Archaeobotanical Investigation*. Unpublished Ph. D. dissertation, Department of Anthropology, University of Toronto.

Lee, G.-A., Crawford, G.W., Liu, L., Chen, X., 2007, Plants and people from the early Neolithic to Shang periods in north China. *PNAS* 104(3): 1087-1092.

Lee G-A, Crawford GW, Liu L, Sasaki Y, Chen X., 2011, Archaeological soybean (*Glycine max*) in East Asia: does size matter? *PLoS ONE* 6(11): e26720. doi:10.1371/journal.pone.0026720.

제2장
야생 식용식물

김민구 전남대학교 인류학과

I. 머리말

청동기시대 야생 식용식물의 이용은 유적에 잔존하는 식물유체를 연구함으로써 그 면면을 살펴볼 수 있다. 식물재배를 중심으로 한 농경사회의 성립은 청동기시대 문화의 중요한 특징 가운데 하나이다. 청동기시대에는 신석기시대의 조·기장에 더하여 다양한 종류의 작물이 재배되었다. 재배된 대표적인 식물은 쌀·밀·보리·콩·팥 등이다. 청동기시대에 재배작물의 중요성이 증가하였다는 점에는 이견이 없지만 동시에 야생식물의 이용도 여전히 중요하였을 것으로 보인다. 1996년에 발표된 자료에 의하면 산업사회가 고도로 발달된 현재에도 식용식물의 일부는 야생 상태에서 채집된다. 최근까지도 112종에 달하는 야생식물이 이용된 것으로 보고되었는데, 여기에는 밤·도토리·가래 같은 견과류, 능금·앵도·산돌배 같은 과실류, 더덕·도라지 같은 근경류, 두릅·쑥·취 같은 나물류 등 다양한 종류의 식용식물 자원이 포함된다(Pemberton and Lee 1996). 현대사회에서는 대부분의 식물성 식용자원을 재배에 의존하여 조달하지만 여전히 일부는 재배라는 인간 행위를 거치지 않고 수확된다. 농경사회에 본격적으로 진입한지 얼마 되지 않은 청동기시대에는 훨씬 많은 부분을 야생식물에 의존했을 것이라고 추측할 수 있다.

청동기시대에 야생 식용식물의 이용도가 높았을 것은 쉽게 짐작할 수 있지만, 이를 실증적으로 뒷받침하는 고고자료는 매우 빈약하다. 자료가 많지 않은 일차적인 이유는 보존환경에서 비롯된다. 식물성 잔존물은 유기물이 저온에서 얼어붙은 상태로 보존되는 동결(凍結), 수분이 제거된 상태의 건조(乾燥), 물에 잠긴 상태에서 산소와의 접촉이 차단된 수침(水浸), 유기물이 열에 의해 탄소로 변환된 탄화(炭化) 등 몇 가지 제한된 환경에서만 잔존한다. 청동기시대 식물유체는 일반적으로 탄화과정을 거쳐 보존되며, 특히 화재로 인해 폐기된 화재주거지에서 잔존하는 경우가 많다. 이런 이유로 주거지 내에 다량 보관되고 조리 과정에서 불에 노출되기 쉬운 곡류가 주로 발견된다. 반면 채소류나 과육(果肉)은 상대적으로 잔존할 가능성이 낮다. 하지만 최근 발굴에서 주거지 전반에 걸쳐 플로테이션을 실시하는 사례가 많아짐에 따라 향후에는 보다 많은 식물자료가 축적될 것으로 기대된다.

자료의 빈약으로 인해 현재로서는 고고자료만을 가지고 청동기시대의 야생 식용식물 이용에 대해 복원하는 것은 용이하지 않다. 본고에서는 발견된 식물자료를 중심으로 하되 청동기시대 야생식물 이용에 관한 정보를 주는 인접 지역 또는 학문의 연구, 특히 한반도의 신석기시대와 일본 죠몬과 아이누 관련 연구, 중국 역사 문헌, 한반도 야생식물 및 구황식물에 관한 기록, 고환경 자료 등을 종합적으로 고려하여 시론적인 단계의 고찰을 하고자 한다. 본고는 약용식물을 제외한 식용식물을 주된 고려 대상으로 삼으며, 실제로 어떤 식물이 발견되었는가 하는 실증적 문제보다 청동기시대에 이용되었을 가능성이 많은 야생식물의 범주와 특징을 고려함으로써 앞으로의 연구에 도움이 되도록 하겠다.

Ⅱ. 야생식물과 계절성

주지하는 바와 같이 청동기사회는 수렵채집사회의 성격이 강한 신석기시대에서 고도로 농업이 발전한 고대국가 사회로 전환되는 과정에 있는 중간적 형태의 시기이다. 식물재배가 확인되기는 하지만, 신석기시대는 수렵 · 채집 · 어로를 기본적인 생업활동으로 했을 것으로 생각되며 이는 패총이나 견과류 이용 흔적 등에서 알 수 있다. 반면 청동기시대에 후행하는 고대국가 형성기에는 가축사육의 증거가 나타나 이른바 식물재배와 가축사육이라는 두 개의 축을 갖춘 농업사회가 등장했음을 알 수 있다. 신석기시대에 비해 다양한 작물이 확인된다는 점에서 청동기시대는 농업이 보다 발전된 사회라고 할 수 있다. 하지만 가축 사육의 흔적이 아직 빈약하다는 점에서 충분한 정도로 발전된 농업사회로 보기는 힘들다. 작물재배의 중요성은 점차적으로 증가하는 단계에 있다고 보이며 야생식물은 여전히 생업경제에서 중요한 역할을 담당했을 것으로 추정된다.

야생식물 이용과 관련된 중요한 변수 중의 하나는 계절성이다. 한반도는 지리적으로 중위도 온대성 기후대에 위치하고 사계절의 변화가 뚜렷하게 나타난다. 겨울철에는 대륙성 고기압의 영향으로 춥고 건조한 경향을 보이며 여름철에는 북태평양 고기압의 영향으로 고온 다습한 경향을 보인다. 이러한 지리적 특성 때문에 계절적으로 채집 가능한 식물 자원에 차이가 생기기 마련이다. 따라서 시기에 따라 노동력을 어떻게 분배하고 채집된 식량 자원을 어떻게 저장하고 소비할 것인가 하는 계절성의 문제가 대두된다.

한반도 신석기시대 문화와 연관성이 있으면서 동시에 수렵채집문화적 성향을 강하게 보이는 일본 죠몬시대(繩文時代)의 경우, 야생자원의 계절성은 죠몬 칼렌다라고 불리는 그림으로 정리된다. 이는 지리환경적 요인으로 야기된 야생자원 이용의 계절적 변화 추이를 도면으로 나타낸 것이다(그림 1). 식물에 국한하여 보면 식용식물은 봄과 가을철이 주된 채집 시기임을 알 수 있다. 봄철에는 초목류에 잎과 순이 돋기 때문에 나물류의 채집이 가능하다. 반면에 늦여름에서 가을까지 이어지는 시기는 견과류 · 과실류 · 종자 등의 채집 시기이다. 계절에 따라 이용 가능한 야생자원은 주기적으로 변화하는데, 야생 식용식물은 이렇게 크게 두 개의 계절로 채집시기가 나누어진다. 이는 물론 채집을 위시한 관점이고 소비는 저장을 통해 상이한 시기에 이루어졌을 수 있다.

야생식물 가운데 봄철에 채집되는 채소류와 근경류는 고고자료로 잘 남지 않거나 잔존하더라도 동정이 쉽지 않다. 봄철에 채집되는 식물의 상당수는 채소류로, 종류와 식용 방법이 다양하다.

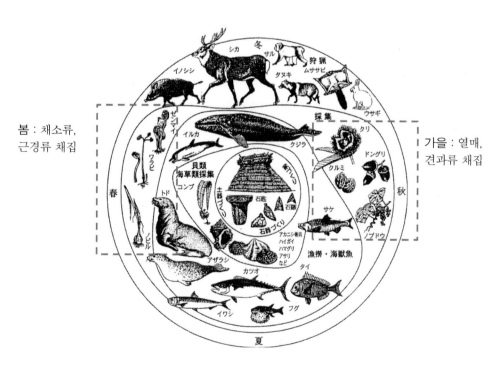

봄 : 채소류, 근경류 채집

가을 : 열매, 견과류 채집

그림 1 _ 죠몬 칼렌다와 야생식물 채집 계절(小林達雄 1977, 158쪽의 도면을 수정)

이 자료들은 주거지 내에 대규모로 저장되지 않았을 가능성이 높고 쉽게 부식한다. 아울러 설령 탄화를 통해 일부가 잔존하더라도 형태 변형이 많이 일어나기 때문에 종류를 정확하게 확인하는 것이 용이하지 않다. 이런 이유로 봄철 채집 식물의 대부분은 고고자료상으로는 잘 드러나지 않기 마련이다. 반면 가을철 자원들은 상대적인 잔존 가능성이 높다. 견과류의 껍질이나 알맹이는 탄화 과정을 거친다면 쉽게 잔존하고 발굴 과정에서 종종 확인된다. 특히 겨울을 나기 위한 보조식량으로 주거지 내에 대량 저장되었다면 그 잔존 가능성은 더 높아진다. 열매의 과육은 채소류와 마찬가지로 잔존하기 힘들지만 종자를 통해 그 흔적을 찾을 수 있다.

III. 식용자원의 종류

청동기시대의 야생 식용식물 이용은 봄(맥류), 가을(벼 · 잡곡류 · 두류)에 수확되는 작물에 더하여 계절별로 다양한 식물이 채집되는 형태였을 것이다. 아래에서는 식용가능한 야생식물을 종류에 따라 1. 수액 · 꿀 · 즙, 2. 채소 · 잎 · 나물류, 3. 뿌리 · 근경류, 4. 열매 · 과실류, 5. 종자류, 6. 견과류, 7. 수피 · 목질부 등으로 세분하여 고려하도록 하겠다.

1. 수액 · 꿀 · 즙

식물의 액과 즙은 고고학적으로 발견되기 매우 힘들지만 식용했을 개연성은 매우 높다. 현대에도 고로쇠나무나 자작나무 수액은 식용자원의 일부이다. 식물성 수액은 그대로 식용되기도 하지만 끓이거나 발효시켜서 먹을 수도 있기 때문에 그 사회적 의미가 적지 않다. 수액 이용은 직접적인 증거를 찾기가 힘들지만, 수액을 채취하기 위한 노구, 유석의 위치, 임상(林相) 등을 고려하여 연구가 진행되기도 한다(King 1994).

2. 채소 · 잎 · 나물류

고대국가가 성립된 이후에 중국에서는 벼 · 맥류 · 잡곡류 · 두류 등 다양한 곡류와 더불어 복숭아 · 모과 · 뽕나무 등의 수목도 재배되었다. 하지만 재배된 채소류에 대한 기록은 상대적으로 적다. 이런 현상은 식용된 채소류의 상당 부분이 야생상태에서 채집된 데서 비롯된 것으로 보인다(Keng 1974). 한반도 청동기시대와 동시기인 중국의 주초에서 춘추전국시기까지의 민요를 모은 시경(詩經)에는 20종 이상의 채소류가 등장하는데 이 가운데 상당수는 야생종이다(표 1). 한국의 청동기시대에도 채소류의 대부분은 야생상태에서 얻었을 것으로 보이며 수목의 잎이나 초본류가 주 이용대상이었을 것으로 보인다.

표 1 _ 청동기시대와 동시기인 시경(詩經)에 등장하는 채소류(Keng 1974)

재배여부	한자	한글명	학명	과명
재배	葑	순무	*Brassica rapa*	Cruciferae
	韭	부추	*Allium odorum*	Alliaceae
	諼草	원추리, 넘나물	*Hemerocallis flava*	Liliaceae
	芹	미나리	*Oenanthe javanica*	Umbelliferae
	匏, 壺, 瓠	박	*Lagenaria siceraria*	Curcurbitaceae
	瓜	참외, 오이	*Cucumis melo*	Curcurbitaceae
	菽	콩	*Glycine max*	Leguminosae
야생	蓍	톱풀	*Achillea sibirica*	Compositae
	蘩	쑥	*Artemesia vulgaris*	Compositae
	薺	냉이	*Capsella bursa-pastoris*	Cruciferae
	蓷	익모초	*Leonurus sibiricus*	Labiatae
	葵	아욱	*Malva verticillata*	Malvaceae
	芄蘭	박주가리	*Metaplexis stautoni*	Asclepiadaceae
	茉苢	갯질경이	*Plantago major*	Plantaginaceae
	薑	자리공	*Phytolacca acinosa*	Phylolaccaceae
	藿	쥐눈이콩	*Phynchosia volubilis*	Leguminosae
	荼	고거채, 방가지똥	*Sonchus oleraceus*	Compositae
	卷耳	도꼬마리	*Xanthium strumarium*	Compositae
	荷, 菡萏	연꽃	*Nelumbo nucifera*	Nymphaeaceae
	蒲	석창포	*Acorus gramineus*	Araceae
	藚	질경이택사	*Alisma plantago*	Alismataceae
	茆	순채	*Brasenia schreberi*	Nymphaeaceae
	蘋	네가래	*Marsilea quadrifolia*	Marsileaceae
	荇菜	노랑어리연꽃	*Nymphoides peltatum*	Gentianaceae

〈별첨〉은 한반도 야생식물 가운데 식용할 수 있는 것을 정리해 놓은 것인데, 이 중 상당수가 채소류임을 알 수 있다. 사실상 독이 없고, 역한 향이나 가시가 없는 식물이라면 일단 식용 가능성이 있다. 비타민과 무기질이 풍부하고 상대적으로 채집이 용이하기 때문에 채소류는 주요한 식량자

원이었을 것으로 추정된다. 채소류는 꽃가루나 종자 같은 흔적으로 그 이용을 가늠할 수 있다.

　이와 관련하여 주목되는 것은 명아주이다. 명아주(*Chenopodium*)는 꽃가루와 탄화된 종자로 그 존재를 알 수 있다. 명아주 종자는 신석기시대 이후 유적에서 많이 발견되며, 평거동 청동기시대 유구에서도 발견된 바 있다(이경아 2012). 많은 학자들은 명아주가 식용되었을 것으로 보고 있다. 명아주는 종자도 식용할 수 있지만, 이보다는 봄에 난 어린잎을 데쳐서 나물로 먹는 형태가 훨씬 일반적이다. 유적에서 발견되는 명아주 종자는 이 식물이 채소로 이용되었을 가능성을 암시한다.

　두릅(*Aralia elata*)도 나물로 이용되었을 가능성이 높은 식물이다 이른 봄철에 나무에 달린 새순을 데쳐 나물로 먹는 것이 일반적인데, 동북아시아지역 유적에서 종자가 빈번히 발견된다. 부여 송국리 유적의 분석에서도 '야생딸기류'라고 보고된 종자가 있는데 사진상으로 볼 때 사실 두릅 종자와 유사하다(국립부여박물관 2000). 송국리 유적 인근에 이 식물이 자라고 있었으면 나물류로 이용되었을 개연성은 매우 높다.

　나물류로 주목되는 또 다른 자원은 쑥(*Artemesia*)이다. 쑥은 대형식물유체 자료로는 발견된 바 없지만 화분자료에는 많이 나타난다. 쑥은 한반도 원산인 다년생 초본으로 전국 각지의 산이나 들에서 흔하게 분포하는데, 일반적으로 식생교란이 심한 마을 주변의 초지에서 많이 자란다. 화분자료에서 따르면 청동기시대에 이르면 쑥의 비율이 높아지며 따라서 이용가능성도 더 커졌다고 볼 수 있다.

3. 뿌리 · 근경류

　식물 뿌리는 탄수화물이 풍부하고 저장이 비교적 용이하다. 이런 종류의 자원은 공간적인 분포가 예측가능하고 채집 가능 기간이 길 뿐 아니라 저장하면 장기간 식용할 수 있다. 근경류는 생산성이 높은 자원이기 때문에 열대지방에서는 근경류의 재배가 종자식물 재배에 선행했을 것이라는 주장도 있다(Harlan 1992).

　청동기시대에 식용했을 가능성이 높은 근경류는 도라지(*Platycodon grandiflorum*), 더덕(*Codonopsis lanceolata*), 마(*Dioscorea batatas*), 참마(*Dioscorea japonica*) 등이다. 도라지는 산과 들에서 자라는 매우 흔한 다년생 초본으로 대표적인 근경류 식용자원이다. 아울러 『삼국유사』에 백제 무왕의 어렸을 때 마를 캐어 팔아서 생활하였다는 기록이 있는 것으로 보아 삼국시대에 마가 채집되었음을 짐작할 수 있다. 뿌리와 근경류는 고려시대나 조선시대의 구황식물 관련 문헌에 많이 등장하고 있으며 그 이용은 청동기시대까지 소급될 가능성이 높다.

4. 열매 · 과실류

현대사회에서와 마찬가지로 열매와 과실류는 청동기시대에도 흔하게 식용되었을 것으로 추정된다. 과육(果肉) 자체는 보존되기 힘들지만 그것에 쌓여 있던 종자는 잔존하는 경우가 많다. 따라서 고고학적 연구는 유적에서 종자를 찾아내는 것이 일차적인 관건이 되는데, 현재 흔적을 확인할 수 있는 것은 머루 · 다래 · 산딸기 · 복숭아 등이다.

일반적으로 머루라고 통칭되는 식물은 식용할 수 있는 머루속(Vitis)과 식용할 수 없는 개머루속(Ampelopsis)으로 구분되며, 전자에 머루(V. coignetiae) · 왕머루(V. amurensis) · 새머루(V. flexuosa) · 까마귀머루(V. ficifolia) 등이 포함된다(Lee et al. 2009). 현재 식용되는 포도(Vitis vinifera)는 지중해 지역이 원산지이고 재배의 시작은 현지 편년상 초기 청동기시대까지 올라갈 수 있다(Zohary and Hopf 2000). 중국 측 연구에 의하면 중국 영토에서 발견된 가장 이른 시기의 포도 식물유체는 신장지구에서 발견된 것으로 대략 기원전 300년경으로 비정된다(Jiang et al. 2009). 따라서 한반도에서의 포도 재배 역시 아무리 빨라도 초기철기시대를 상회할 수 없고, 청동기시대에는 포도 대신 머루가 식용되었을 것으로 볼 수 있다. 머루속 종자는 한반도의 신석기시대나 일본의 죠몬시대 유적에서도 종종 발견된다. 청동기시대 유적으로는 김제 상동동, 서천 월기리에서 발견된 바 있으며, 김해 부원동이나 진주 상촌리에서도 보고되었다(국립중앙박물관 2006).

다래(Actinidia)는 한반도에서 자생하는 덩굴나무로 다래(A. arguta) · 쥐다래(A. kolomikta) · 개다래(A. polygama) · 섬다래(A. rufa) 등이 있다. 다 익은 과실을 먹을 수 있고 어린잎도 나물로 식용된다(Lee et al. 2009). 다래는 동북아시아 지역이 원산지이기 때문에 이 지역 선사유적에서 자주 발견되는 편이며 진주 평거동 청동기시대 유구에서도 보고된 바 있다(이경아 2012). 머루와 다래가 고려가요에도 등장하고 19세기 일본 아이누의 민족지 기록에도 언급되어 있는 점(Batchelor and Miyabe 1893) 등을 볼 때 동북아시아 지역에서 식용된 역사가 매우 길다는 것을 알 수 있다.

실물자료가 빈약하기는 하지만 산딸기 역시 식용 가능성이 높은 식물 가운데 하나이다. 장미과에 속하는 산딸기(Rubus)는 한반도 각지의 산과 들에 흔히 자라는 낙엽관목으로 햇볕이 잘 들어오는 양지에서 잘 자란다. 한반도에는 산딸기(R. crataegifolius) · 장딸기(R. hirsutus) · 복분자딸기(R. coreanus) 등 19종의 산딸기가 자생하는 것으로 알려져 있다(이영노 2007). 신석기시대 토층에 해당하지만 광주 화전유적에서 발견된 바 있으며 청동기시대 유적에서 발견될 가능성도 높다(김민구 2011).

재배작물에 해당하는 복숭아 역시 과실류로 분류할 수 있다. 복숭아(Prunus persica 또는 Amygdalus persica)는 중국 서부 고산지역 · 중앙아시아 · 황하유역 등이 원산지로 거론되고 있으며 중국에서는 기원전 2000년경부터 재배되었다(안승모 2008; Zohary and Hopf 2000). 복숭아 종자는 논산 원북리·충주 조동리·태안 고남리 등 한반도 청동기시대 유적에서 비교적 빈번하게 발견되는 편이다(국립중앙박물관 2006; 안승모 2008). 아울러 역사시대에 이르면 발견 비율이 급증하는 양상을 보이는 점이 주목된다. 한반도는 야생복숭아의 자생지가 아니기 때문에 청동기시대 유적에서 발견된 복숭아는 재배된 것으로 보아야 한다(안승모 2008). 복숭아와 연관이 있으면서 한반도에 자생하는 장미과(Rosacae)의 식물들-벚나무(P. jamasakura)나 앵도나무(P. tomemtosa) 등-이 어떻게 이용되었는가도 향후 연구를 요하는 사안이다. 신석기시대의 예로는 용유도 남북동 유적의 야외노지에서 장미과 종자들이 발견된 바 있다(서울대학교박물관 2006). 또 후대의 예이기는 하지만 가평 마장리 유적에서 밭배(Malus mandshurica[?])의 탄화종자가 보고된 사례가 있음도 주목할 필요가 있다(MacCord 1958).

5. 종자류

일년생 식물들은 다년생 식물들에 비해 종자에 영양분을 많이 비축하기 때문에 경제적으로 유용한 경우가 많다. 이런 종자들은 대체로 저장이 용이하고 탄수화물 등이 풍부하다. 청동기시대에 재배된 곡류는 모두 이 범주에 해당한다고 할 수 있다.

곡류를 제외하고 본다면 이와 관련하여 주목할 만한 식물은 들깨(Perilla frutescens)이다. 들깨는 꿀풀과의 한해살이풀로 저지대 인가 근처에서 야생으로 자란다. 독특한 향이 있는 잎이 식용 가능하고, 종자 역시 식용하는데 특히 기름을 짜는데 많이 이용한다. 들깨속 종자는 평거동 청동기시대 유구에서 보고된 바 있고 송국리에서도 들깨와 유사한 꿀풀과 종자가 발견된 바 있다(김민구 외 2013; 이경아 2012). 아울러 앞에서 언급했던 명아주(Chenopodium)도 종자를 이용했을 가능성이 높은 식물 가운데 하나인데, 특히 아이누 기록에 보면 명아주 종자의 식용에 관한 보고가 있다(橋本郁三 2003).

6. 견과류

도토리 같은 견과류는 빙하기 이후 오랜 기간 동안 주된 식량자원이었다. 청동기시대에 농업이 시작되면서 견과류의 중요성은 감소했을 것으로 생각된다. 하지만 견과류는 열량 및 영양적인 측면에서는 곡류에 못지않고, 시공간적인 출현이 예측 가능할 뿐 아니라 저장이 용이한 자원이다(표 2). 또 "도토리는 평야에 자라는 곡물을 보며 열매를 가감한다"는 속설처럼 부족한 곡물을 보완하는 구황작물의 역할을 해왔다. 청동기시대에도 이전 시기에 비해 중요성은 감소했지만 여전히 이용되는 자원이었을 것으로 추측할 수 있다.

표 2 _ 곡류와 견과류의 영양분 비교(김민구 2009)

이름	학명	칼로리 (kcal/kg)	영양분 (g/kg)			비고
			탄수화물	지방	단백질	
쌀	*Oryza sativa L.*	3580	791.5	5.2	65.0	
보리	*Hordeum vulgare L.*	3540	734.8	23.0	124.8	
밀	*Triticum aestivum L.*	3420	759.0	17.1	113.1	
기장	*Panicum miliaceum L.*	3780	728.5	42.2	110.2	
녹두	*Vigna radiata*	3470	626.2	11.5	238.6	
팥	*Vigna angularis*	3290	629.0	5.3	198.7	
도토리 (상수리)	*Quercus spp.*	3870	407.5	238.6	61.5	껍질 있는 상태
		5090	536.5	314.1	81.0	껍질 있는 건조 상태
밤	*Castanea crenata*	1540	349.1	5.3	22.5	껍질 있는 상태
		3600	814.3	12.4	52.5	껍질 있는 건조 상태

대표적인 견과류는 참나무의 열매인 도토리이다. 참나무는 낙엽 또는 상록교목으로 한반도에 약 13종의 참나무 종류가 있는 것으로 알려져 있다. 상수리나무·신갈나무·떡갈나무·굴참나무 같은 낙엽활엽수가 한반도 전역에 분포하며 가시나무 같은 상록활엽수는 남해안 지역과 도서지역에 분포한다. 낙엽활엽수는 타닌산을 처리하여야 식용할 수 있지만 상록성은 그렇지 않다. 청동기시대에 이르면 참나무 화분은 대체로 감소하는 현상을 보인다. 하지만 여전히 우점 수종에 해당하며 이는 주거지에서 참나무속 목재가 다량 발견되는 것으로 알 수 있다(Kim 2011).

이밖에도 밤·가래·잣 등을 견과류의 범주에 둘 수 있다. 밤나무는 참나무과 낙엽활엽교목으로 산과 들에 자생할 뿐 아니라 인가 주변에 흔히 심는 수종이다. 밤나무 흔적은 화분·목재·견과 등 다양한 형태로 잔존하는데, 특히 원삼국시대 이후에 출현량이 급격하게 증가한다는 점이 특징이다(안승모 2012; Kim 2011). 하지만 청동기시대에도 그 흔적이 꾸준히 보고되고 있어 식용하였을 개연성은 매우 높다. 가래나무는 산기슭의 양지쪽에서 자라고 추자(楸子)라고 부르는 견과를 맺는다. 한반도 자생종이기 때문에 청동기시대에도 이용되었을 것으로 볼 수 있다. 가래는 과육은 없어지더라도 껍질 파편이 나오는 경우가 있다.

7. 수피·목질부

목재의 수피 안쪽 체관부와 형성층은 단백질과 탄수화물이 풍부해 식량으로 이용되기도 한다. 이 부위는 봄철에 수목이 성장을 시작하는 시기에 가장 두꺼운데, 이 시기가 상대적으로 곡물류가 부족한 시기이기 때문에 대체자원으로 이용할 수 있다. 여기에 해당하는 대표적인 것이 소나무 (*Pinus*)의 백피(白皮)이며, 도토리와 더불어 대표적인 구황작물로 꼽힌다. 소나무 속껍질은 생식하기도 하고 말린 후 물에 담가 떫은맛을 없앤 뒤 식용하기도 한다.

Ⅳ. 맺음말

청동기시대의 중요한 문화적 특징 중 하나는 농업사회의 발전이다. 따라서 기존의 고고학 연구역시 작물에 초점이 맞추어져 이루어졌다. 하지만 청동기시대는 수렵채집사회적 전통에서 보다 집약화된 농업사회로 나아가는 전환기적 성격이 강하다. 식물고고학적 연구로 여태까지 밝혀진 작물은 식용된 자원의 일부만을 반영할 가능성이 높다.

야생 식용식물의 비중이 컸을 뿐 아니라 그 이용양상도 여러 가지 요인에 따라 변화하였을 수 있다. 청동기시대는 큰 폭의 식생변화가 있었던 시기이다. 신석기시대까지 우점종을 이루었던 참나무가 점차로 감소하고 소나무가 증가하는 것이 특징 중 하나이다. 이러한 식생변화의 요인은 기후적인 변화 같은 외적요인과 농업활동 증대에 따른 식생교란 같은 내적요인을 생각할 수 있다. 이유가 무엇이었든 간에, 식생변화는 거주민의 야생식물 이용 양상에 변화를 초래하였을 것으로 보인다. 아울러 농경활동에 따른 교란으로 인해 유적 인근에 인리식물(人里植物)이 밀생하게 되는 현상도 식물자원 채집에 영향을 주었을 수 있다.

청동기시대 야생식물 이용에 관한 다양한 가능성은 열려 있지만 이를 실증적으로 뒷받침할 식물자료는 극히 빈약하다. 현재로서는 식생변화에 관한 연구, 구황작물에 관한 기록, 인근 지역의 연구 등 여러 가지 간접자료를 통해 그 대략적인 윤곽만을 파악할 수 있을 뿐이다. 청동기시대 유구에 대한 식물고고학적 연구가 활발해지고 인접 학문과의 공조가 공고해짐에 따라 앞으로는 보다 많은 자료가 축적될 것으로 기대된다.

참고문헌

국립부여박물관, 2000, 『송국리Ⅵ』.

국립중앙박물관, 2006, 『한국선사유적출토 곡물자료집성』, 국립중앙박물관.

김민구, 2009, 「화재 주거지 출토 탄화물을 통한 식량자원 구성의 복원: 해남 신금 유적의 예」 『한국고고학
　　보』 71.

김민구, 2011, 「화전유적 출토 수침종자」 『광주 화전유적』, 호남문화재연구원.

김민구, 류아라, 김경택, 2013, 「탄화작물을 통한 부여 송국리유적의 선사농경 연구: 제14차 발굴자료를 중
　　심으로」 『호남고고학보』 44.

서울대학교박물관, 2006, 『용유도 남북동, 을왕동Ⅰ유적』, 서울대학교박물관.

안승모, 2008, 「한반도 청동기시대의 작물조성: 종자유체를 중심으로」 『호남고고학보』 28.

안승모, 2012, 「식물유체로 본 선사·고대 견과류 이용의 변화: 도토리·참나무와 밤·밤나무를 중심으
　　로」 『호남고고학보』 30.

이경아, 2012, 「진주 평거 4-1지구 유적 식물유체 분석 보고」 『진주 평거 4-1지구 유적』, 경남발전연구원
　　역사문화센터, 조사연구보고서 제96책, 경남발전연구원 역사문화센터·진주 평거4지구 도시개발
　　사업조합.

이영노, 2007, 『새로운 한국식물도감Ⅰ,Ⅱ』, 교학사.

橋本郁三, 2003, 『食べられる野生植物大事典-草本·木本·シダ』, 柏書房.

小林達雄, 1977, 『日本原始美術大系Ⅰ: 縄文土器』, 講談社.

Batchelor, J. and K. Miyabe, 1893, Ainu Economic Plants. *Transactions of the Asiatic Society of Japan*
　　XXI: 198-240.

MacCord, H., 1958, The Able Site, Kapyong, Korea, *Asian Perspectives* 2(1): 128-38.

Harlan, J. R., 1992, *Crops and man*, American Society of Agronomy and the Crop Science Society of
　　America, Madison, Wisconsin.

Jiang, H., Y. Zhang, X. Li, Y. Yao, D. K. Ferguson, E. Lu, C. Li, 2009, Evidence for early viticulture
　　in China: proof of a grapevine (*Vitis vinifera* L., Vitaceae) in the Yanghai Tombs, Xinjiang,
　　Journal of Archaeological Science 36(7): 1458-1465.

Kim, M. 2011, Woodland management in the ancient Mahan statelets of Korea: an examination of
　　carbonized and waterlogged wood, *Journal of archaeological science*, 38(8): 1967-1976.

King, 1994, Interpreting wild plant Foods in the archaeological record, *In Eating on the Wild Side*,
　　edited by N. K. Etkin, pp. 185-209, The University of Arizona Press, Tucson.

Keng, H., 1974, Economic plants of ancient North China as mentioned in Shih Ching (Book of
　　Poetry), *Economic Botany* 28(4): 391-410.

Lee, J., J. Kim, S. M. Lee, S. Park, M. A. ALi, J. Kim, C. Lee, G. Kim, 2009, *Seeds of Wild Plants of Korea*, The Wild Plant Seed Bank of Korea: Daejon.

Pemberton, R. W. and N. Lee, 1996, Wild food plants in South Korea: market presence, new crops, and exports to the United States. *Economic Botany* 50(1): 57-70.

Zohary, D. and M. Hopf, 2000, *Domestication of Plants in the Old World: The Origin and Spread of Cultivated Plants in West Asia, Europe, and the Nile Valley*, 3rd ed., Oxford University Press: New York.

<별첨> 한반도의 야생식물: 야생식용식물도감(이창복, 임업시험장 1969)의 내용을 정리

번호	이름	학명	과명	학명(과)	식용 부위
1	쇠뜨기	*Equisetum arvense*	속새과	Equisetaceae	어린포자경
2	고비	*Osmunda japonica*	고비과	Osmundaceae	봄철연한잎
3	참새발고사리	*Athyrium brevifrons*	면마과	Aspidiaceae	어린잎과엽병
4	개고사리	*Athyrium nipponicum*	면마과	Aspidiaceae	어린잎과엽병
5	산개고사리	*Athyrium vidalii*	면마과	Aspidiaceae	어린잎과엽병
6	뱀고사리	*Athyrium yokoscens*	면마과	Aspidiaceae	어린잎과엽병
7	관중	*Dryopteris crassirhizoma*	면마과	Aspidiaceae	어린잎
8	야산고비	*Onoclea sensibilis*	면마과	Aspidiaceae	어린잎과엽병
9	고사리	*Pteridium aquilinum*	고사리과	Pteridaceae	어린잎;뿌리에서는 전분채취
10	은행나무	*Ginkgo biloba*	은행나무과	Ginkgoaceae	배유
11	주목	*Taxus cuspidata*	주목과	Taxaceae	컵같이 생긴 종의(種衣)가 단맛을 냄
12	소나무	*Pinus densiflora*	소나무과	Pinaceae	꽃가루로 다식(茶食);수피
13	곰솔	*Pinus thubbergii*	소나무과	Pinaceae	꽃가루로 다식(茶食);수피
14	잣나무	*Pinus koraiensis*	소나무과	Pinaceae	종자
15	가래나무	*Juglans mandshurica*	가래나무과	Juglandaceae	자엽
16	개암나무	*Corylus heterophylla*	자작나무과	Betulaceae	견과
17	참개암나무	*Corylus sieboldiana*	자작나무과	Betulaceae	견과
18	물개암나무	*Corylus sieboldiana var. mandshurica*	자작나무과	Betulaceae	견과
19	밤나무	*Castanea crenata*	참나무과	Fagaceae	견과
20	구실잣밤나무	*Castanopsis cuspidata*	참나무과	Fagaceae	견과
21	상수리나무	*Quercus acutissima*	참나무과	Fagaceae	견과
22	굴참나무	*Quercus variabilis*	참나무과	Fagaceae	견과
23	떡갈나무	*Quercus dentata*	참나무과	Fagaceae	견과
24	갈참나무	*Quercus aliena*	참나무과	Fagaceae	견과
25	졸참나무	*Quercus serrata*	참나무과	Fagaceae	견과
26	신갈나무	*Quercus mongolica*	참나무과	Fagaceae	견과
27	붉가시나무	*Quercus acuta*	참나무과	Fagaceae	견과
28	종가시나무	*Quercus glauca*	참나무과	Fagaceae	견과
29	가시나무	*Quercus myrsinaefolia*	참나무과	Fagaceae	견과
30	참가시나무	*Quercus stenophylla*	참나무과	Fagaceae	견과

번호	이름	학명	과명	학명(과)	식용 부위
31	개가시나무	*Quercus gilva*	참나무과	Fagaceae	견과
32	푸조나무	*Aphananthe aspera*	느릅나무과	Ulmaceae	과육
33	산팽나무	*Celtis aurantiaca*	느릅나무과	Ulmaceae	과육
34	좀풍게나무	*Celtis bungeana*	느릅나무과	Ulmaceae	과육
35	검팽게나무	*Celtis choseniana*	느릅나무과	Ulmaceae	과육
36	노랑팽나무	*Celtis edulis*	느릅나무과	Ulmaceae	과육
37	풍게나무	*Celtis jessoensis*	느릅나무과	Ulmaceae	과육
38	왕팽나무	*Celtis koraiensis*	느릅나무과	Ulmaceae	과육
39	폭나무	*Celtis biondii*	느릅나무과	Ulmaceae	과육
40	팽나무	*Celtis sinensis*	느릅나무과	Ulmaceae	과육
41	시무나무	*Hemiptelea davidii*	느릅나무과	Ulmaceae	종자, 잎, 수피
42	참느릅나무	*Ulmus parvifolia*	느릅나무과	Ulmaceae	열매, 어린잎, 수피
43	비술나무	*Ulmus pumila*	느릅나무과	Ulmaceae	열매, 어린잎, 수피
44	큰잎느릅나무	*Ulmusmacrophylla*	느릅나무과	Ulmaceae	어린잎, 수피
45	난티나무	*Ulmus laciniata*	느릅나무과	Ulmaceae	어린잎, 수피
46	당느릅	*Ulmus davidiana*	느릅나무과	Ulmaceae	열매, 어린잎, 수피
47	왕느릅나무	*Ulmus macrocarpa*	느릅나무과	Ulmaceae	열매, 어린잎, 수피
48	느티나무	*Zelkova serrata*	느릅나무과	Ulmaceae	어린잎
49	구지뽕나무	*Cudrania tricuspidata*	뽕나무과	Moraceae	열매
50	몽고뽕나무	*Morus mongolica*	뽕나무과	Moraceae	어린잎, 열매
51	돌뽕나무	*Morus tiliaefolia*	뽕나무과	Moraceae	어린잎, 열매
52	산뽕나무	*Morus bombysis*	뽕나무과	Moraceae	어린잎, 열매
53	뽕나무	*Morus alba*	뽕나무과	Moraceae	어린잎, 열매
54	닥나무	*Broussonetia kazinoki*	뽕나무과	Moraceae	어린잎, 열매
55	꾸지나무	*Broussonetia papyrifera*	뽕나무과	Moraceae	어린잎
56	천선과나무	*Ficus erecta*	뽕나무과	Moraceae	열매
57	모람	*Ficus nipponica*	뽕나무과	Moraceae	열매
58	환삼덩굴	*Humulus japonica*	삼과	Cannadinaceae	어린순
59	섬모시풀	*Boehmeria nippononivea*	쐐기풀과	Urticaceae	어린순
60	좀깨잎나무	*Boehmeria spicata*	쐐기풀과	Urticaceae	어린순
61	거북꼬리풀	*Boehmeria tricuspis*	쐐기풀과	Urticaceae	어린순
62	마디풀	*Polygonum aviculare*	여뀌과	Polygonaceae	어린잎
63	며느리배꼽	*Persicaria perfoliata*	여뀌과	Polygonaceae	어린잎
64	며느리밑씻게	*Persicaria senticosa*	여뀌과	Polygonaceae	어린잎
65	왜개싱아	*Aconogonum divaricatum*	여뀌과	Polygonaceae	어린순

번호	이름	학명	과명	학명(과)	식용 부위
66	참개싱아	*Aconogonum microcarpum*	여뀌과	Polygonaceae	어린순
67	수영	*Rumex acetosa*	여뀌과	Polygonaceae	어린순
68	소리쟁이	*Rumex crispus*	여뀌과	Polygonaceae	어린잎
69	참소리쟁이	*Rumex japonica*	여뀌과	Polygonaceae	어린잎
70	개대황	*Rumex longifolius*	여뀌과	Polygonaceae	어린잎
71	버들명아주	*Chenopodium acuminatum*	명아주과	Chenopodiaceae	어린줄기, 잎
72	명아주	*Chenopodium album*	명아주과	Chenopodiaceae	어린식물체
73	취명아주	*Chenopodium glaucum*	명아주과	Chenopodiaceae	어린식물체
74	참명아주	*Chenopodium koraiense*	명아주과	Chenopodiaceae	어린식물체
75	좀명아주	*Chenopodium ficifolium*	명아주과	Chenopodiaceae	어린식물체
76	청명아주	Chenopodium bryoniaefolium	명아주과	Chenopodiaceae	어린식물체
77	솔장다리	*Salsola collina*	명아주과	Chenopodiaceae	어린식물체
78	수송나물	*Salsola komarovi*	명아주과	Chenopodiaceae	어린식물체
79	나문재	*Suaeda asparagoides*	명아주과	Chenopodiaceae	어린식물체
80	칠면초	*Suaeda japonica*	명아주과	Chenopodiaceae	어린식물체
81	해홍나물	*Suaeda maritima*	명아주과	Chenopodiaceae	어린식물체
82	쇠무릎	*Achyranthes japonica*	비름과	Amaranthaceae	어린식물체
83	개비름	*Amaranthus ascendens*	비름과	Amaranthaceae	어린식물체
84	눈비름	*Amaranthus deflexus*	비름과	Amaranthaceae	어린식물체
85	비름	*Amaranthus mangostanus*	비름과	Amaranthaceae	어린식물체
86	털비름	*Amaranthus retroflexus*	비름과	Amaranthaceae	어린식물체
87	번행초	*Tetragonia tetragonoides*	석류풀과	Aizoaceae	연한잎
88	쇠비름	*Portulaca oleracea*	쇠비름과	Portulacaceae	연한부분
89	벼룩이자리	*Arenaria serpyllifolia*	석죽과	Caryophyllaceae	어린식물체
90	점나도나물	*Cerastium caespitosum*	석죽과	Caryophyllaceae	어린식물체
91	대나물	*Gypsophilla oldhamiana*	석죽과	Caryophyllaceae	어린식물체
92	큰개별꽃	*Pseudostellaria palibiniana*	석죽과	Caryophyllaceae	어린식물체
93	개별꽃	*Pseudostellaria heterophylla*	석죽과	Caryophyllaceae	어린식물체
94	쇠별꽃	*Stellaria aquatica*	석죽과	Caryophyllaceae	어린식물체
95	벼룩나물	*Stellaria alsine*	석죽과	Caryophyllaceae	어린식물체
96	별꽃	*Stellaria media*	석죽과	Caryophyllaceae	어린식물체
97	왕별꽃	*Stellaria radicans*	석죽과	Caryophyllaceae	어린식물체
98	순채	*Brasenia schreberi*	수련과	Nymphaeaceae	우무와 같은데 싸여있는 어린잎
99	눈빛승마	*Cimicifuga davurica*	미나리아재비과	Ranunculaceae	어린식물체

번호	이름	학명	과명	학명(과)	식용 부위
100	은꿩의다리	*Thalictrum actaefolium*	미나리아재비과	Ranunculaceae	어린식물체
101	꿩의다리	*Thalictrum aguilegifolium*	미나리아재비과	Ranunculaceae	어린식물체
102	긴잎꿩의다리	*Thalictrum simplex*	미나리아재비과	Ranunculaceae	어린식물체
103	좀꿩의다리	*Thalictrum thunbergii*	미나리아재비과	Ranunculaceae	어린식물체
104	매자나무	*Berberis koreana*	매자나무과	Berberidaceae	어린순
105	꿩의다리아재비	*Caulophyllum thalictroides*	매자나무과	Berberidaceae	어린식물체
106	으름	*Akebia quinata*	으름덩굴과	Lardizabalaceae	어린순
107	멀꿀	*Stauntonia hexaphylla*	으름덩굴과	Lardizabalaceae	열매
108	댕댕이덩굴	*Cocculus trilobus*	방기과	Menispermaceae	어린식물체
109	오미자	*Schizandra chinensis*	오미자과	Schizandraceae	어린순
110	생강나무	*Lindera obtusiloba*	녹나무과	Lauraceae	잎, 열매
111	장때나물	*Arabis glabra*	십자화과	Cruciferae	어린식물체
112	털장때	*Arabis hirsuta*	십자화과	Cruciferae	어린식물체
113	느러진장때	*Arabis pendula*	십자화과	Cruciferae	어린식물체
114	나도냉이	*Barbarea orthoceras*	십자화과	Cruciferae	어린식물체
115	장때냉이	*Berteroella maximowiczii*	십자화과	Cruciferae	어린식물체
116	냉이	*Capsella bursa-pastoris*	십자화과	Cruciferae	어린순, 뿌리
117	꽃황새냉이	*Cardamine amareformis*	십자화과	Cruciferae	어린식물체
118	황새냉이	*Cardamine flexuosa*	십자화과	Cruciferae	어린식물체
119	좁쌀냉이	*Cardamine flexuosa var. fallx*	십자화과	Cruciferae	어린식물체
120	싸리냉이	*Cardamine impatiens*	십자화과	Cruciferae	어린식물체
121	는쟁이냉이	*Cardamine komarovi*	십자화과	Cruciferae	어린식물체
122	미나리냉이	*Cardamine leucantha*	십자화과	Cruciferae	어린식물체
123	논냉이	*Cardamine lyrata*	십자화과	Cruciferae	어린식물체
124	큰황새냉이	*Cardamine scutata*	십자화과	Cruciferae	어린식물체
125	재쑥	*Descurania sophia*	십자화과	Cruciferae	어린식물체
126	가는장때	*Dontostemon dentatus*	십자화과	Cruciferae	어린식물체
127	꽃다지	*Draba nemorosa*	십자화과	Cruciferae	어린식물체
128	다닥냉이	*Lepidium apetalum*	십자화과	Cruciferae	어린식물체
129	속속이풀	*Rorippa islandica*	십자화과	Cruciferae	어린식물체
130	말냉이	*Thlaspi arvense*	십자화과	Cruciferae	어린식물체
131	고초냉이	*Wasabia koreana*	십자화과	Cruciferae	뿌리를 신미료로 이용
132	가는기린초	*Sedum aizoon*	돌나물과	Crassulaceae	어린순
133	꿩의비름	*Sedum albo-roseum*	돌나물과	Crassulaceae	연한부분

번호	이름	학명	과명	학명(과)	식용 부위
134	기린초	*Sedum kamtschaticum*	돌나물과	Crassulaceae	연한순
135	돌나물	*Sedum sarmentosum*	돌나물과	Crassulaceae	연한순
136	돌부채손	*Aceriphyllum acanthifolium*	범의귀과	Saxifragaceae	어린식물체;화경
137	돌단풍	*Aceriphyllum rossii*	범의귀과	Saxifragaceae	어린잎;화경
138	등국수	*Hydrangea petiolaris*	범의귀과	Saxifragaceae	어린순
139	섬고광나무	*Philadelphus scaber*	범의귀과	Saxifragaceae	어린순
140	고광나무	*Philadelphus schrenkii*	범의귀과	Saxifragaceae	어린순
141	애기고광나무	*Philadelphus pekinensis*	범의귀과	Saxifragaceae	어린순
142	얇은잎고광나무	*Philadelphus tenuifolius*	범의귀과	Saxifragaceae	어린순
143	양덕고광나무	*Philadelphus koreanus*	범의귀과	Saxifragaceae	어린순
144	바늘까치밥나무	*Ribes burejense*	범의귀과	Saxifragaceae	열매
145	가막바늘 까치밥나무	*Ribes horridum*	범의귀과	Saxifragaceae	열매
146	가마귀밥여름나무	*Ribes fasciculatum*	범의귀과	Saxifragaceae	열매, 어린순
147	꼬리까치밥나무	*Ribes komarovi*	범의귀과	Saxifragaceae	열매
148	명자순	*Ribes maximowiczianum*	범의귀과	Saxifragaceae	열매
149	가막까치밥나무	*Ribes ussuriense*	범의귀과	Saxifragaceae	열매
150	참바위취	*Saxifraga oblongifolia*	범의귀과	Saxifragaceae	잎
151	바위떡풀	*Saxifraga fortunei*	범의귀과	Saxifragaceae	어린순
152	개쉬땅나무	*Sorbaria sorbifolia*	장미과 (조팝나무아과)	Rosaceae (Spiraeoideae)	어린순
153	조팝나무	*Spiraea prunifolia*	장미과 (조팝나무아과)	Rosaceae (Spiraeoideae)	어린순
154	꼬리조팝나무	*Spiraea salicifolia*	장미과 (조팝나무아과)	Rosaceae (Spiraeoideae)	어린순
155	이노리나무	*Crataegus komarovi*	장미과 (배나무아과)	Rosaceae (Pomoideae)	열매
156	아광나무	*Crataegus maximowiczii*	장미과 (배나무아과)	Rosaceae (Pomoideae)	열매
157	산사나무	*Crataegus pinnatifida*	장미과 (배나무아과)	Rosaceae (Pomoideae)	열매
158	야광나무	*Malus baccata*	장미과 (배나무아과)	Rosaceae (Pomoideae)	열매
159	아그배나무	*Malus sieboldii*	장미과 (배나무아과)	Rosaceae (Pomoideae)	열매
160	콩배나무	*Pyrus calleryana*	장미과 (배나무아과)	Rosaceae (Pomoideae)	열매

번호	이름	학명	과명	학명(과)	식용 부위
161	돌배나무	*Pyrys pyrifolia*	장미과 (배나무아과)	Rosaceae (Pomoideae)	열매
162	위봉배나무	*Pyrus uipongensis*	장미과 (배나무아과)	Rosaceae (Pomoideae)	열매
163	산돌배	*Pyrus ussuriensis*	장미과 (배나무아과)	Rosaceae (Pomoideae)	열매
164	팥배나무	*Sorbus alnifolia*	장미과 (배나무아과)	Rosaceae (Pomoideae)	열매
165	산짚신나물	*Agrimonia coreana*	장미과 (장미아과)	Rosaceae (Rosoideae)	어린줄기, 잎
166	짚신나물	*Agrimonia pilosa*	장미과 (장미아과)	Rosaceae (Rosoideae)	어린식물체
167	뱀딸기	*Duchesnea indica*	장미과 (장미아과)	Rosaceae (Rosoideae)	열매
168	흰땃딸기	*Fragaria nipponica*	장미과 (장미아과)	Rosaceae (Rosoideae)	열매
169	땃딸기	*Fragaria orientalis*	장미과 (장미아과)	Rosaceae (Rosoideae)	열매
170	큰뱀무	*Geum aleppicum*	장미과 (장미아과)	Rosaceae (Rosoideae)	어린식물체
171	뱀무	*Geum japonicum*	장미과 (장미아과)	Rosaceae (Rosoideae)	어린식물체
172	딱지꽃	*Potentilla chinensis*	장미과 (장미아과)	Rosaceae (Rosoideae)	어린식물체
173	물양지꽃	*Potentilla cryptotaeninae*	장미과 (장미아과)	Rosaceae (Rosoideae)	어린식물체
174	솜양지꽃	*Potentilla discolor*	장미과 (장미아과)	Rosaceae (Rosoideae)	뿌리
175	양지꽃	*Potentilla fragarioides*	장미과 (장미아과)	Rosaceae (Rosoideae)	어린식물체
176	세잎양지꽃	*Potentilla freyniana*	장미과 (장미아과)	Rosaceae (Rosoideae)	어린잎
177	가락지나물	*Potentilla kleiniana*	장미과 (장미아과)	Rosaceae (Rosoideae)	어린식물체
178	개소시랑개비	*Potentilla paradoxa*	장미과 (장미아과)	Rosaceae (Rosoideae)	어린식물체
179	용가시나무	*Rosa maximowicziana*	장미과 (장미아과)	Rosaceae (Rosoideae)	어린순
180	찔레나무	*Rosa multiflora*	장미과 (장미아과)	Rosaceae (Rosoideae)	어린순

번호	이름	학명	과명	학명(과)	식용 부위
181	해당화	*Rosa rugosa*	장미과 (장미아과)	Rosaceae (Rosoideae)	열매
182	겨울딸기	*Rubus buergeri*	장미과 (장미아과)	Rosaceae (Rosoideae)	열매
183	수리딸기	*Rubus corchorifolius*	장미과 (장미아과)	Rosaceae (Rosoideae)	열매
184	산딸기	*Rubus crataegifolius*	장미과 (장미아과)	Rosaceae (Rosoideae)	열매
185	맥도딸기	*Rubus longisepalus*	장미과 (장미아과)	Rosaceae (Rosoideae)	열매
186	곰딸기	*Rubus phoenicolasius*	장미과 (장미아과)	Rosaceae (Rosoideae)	열매
187	멍석딸기	*Rubus parvifolius*	장미과 (장미아과)	Rosaceae (Rosoideae)	열매
188	멍덕딸기	*Rubus idaeus*	장미과 (장미아과)	Rosaceae (Rosoideae)	열매
189	거지딸기	*Rubus sorbifolia*	장미과 (장미아과)	Rosaceae (Rosoideae)	열매
190	복분자딸기	*Rubus coreanus*	장미과 (장미아과)	Rosaceae (Rosoideae)	열매
191	가시복분자	*Rubus schizostylus*	장미과 (장미아과)	Rosaceae (Rosoideae)	열매
192	함경딸기	*Rubus arcticus*	장미과 (장미아과)	Rosaceae (Rosoideae)	열매
193	장딸기	*Rubus hirsutus*	장미과 (장미아과)	Rosaceae (Rosoideae)	열매
194	검은딸기	*Rubus croceacantha*	장미과 (장미아과)	Rosaceae (Rosoideae)	열매
195	가시딸기	*Rubus hongnoensis*	장미과 (장미아과)	Rosaceae (Rosoideae)	열매
196	줄딸기	*Rubus oldhami*	장미과 (장미아과)	Rosaceae (Rosoideae)	열매
197	섬딸기	*Rubus ribisoideus*	장미과 (장미아과)	Rosaceae (Rosoideae)	열매
198	빈추나무	*Princepia sinensis*	장미과 (앵두나무아과)	Rosaceae (Prunoideae)	열매
199	개살구	*Prunus mandshurica*	장미과 (앵두나무아과)	Rosaceae (Prunoideae)	열매
200	시베리아 살구나무	*Prunus sibirica*	장미과 (앵두나무아과)	Rosaceae (Prunoideae)	열매

번호	이름	학명	과명	학명(과)	식용 부위
201	산복사	*Prunus davidiana*	장미과 (앵두나무아과)	Rosaceae (Prunoideae)	열매
202	귀룽나무	*Prunus padus*	장미과 (앵두나무아과)	Rosaceae (Prunoideae)	열매
203	산매나무	*Prunus glandulosa*	장미과 (앵두나무아과)	Rosaceae (Prunoideae)	열매
204	복사앵도	*Prunus choreiana*	장미과 (앵두나무아과)	Rosaceae (Prunoideae)	열매
205	이스라지	*Prunus japonica*	장미과 (앵두나무아과)	Rosaceae (Prunoideae)	열매
206	새콩	*Amphicarpaea edgerworthii*	콩과	Leguminosae	종자
207	차풀	*Cassia mimosoides*	콩과	Leguminosae	식물체 전체
208	주엽나무	*Glenditsia japonica*	콩과	Leguminosae	종자의 내피, 어린순
209	활량나물	*Lathyrus davidii*	콩과	Leguminosae	어린식물체
210	돌콩	*Glycine soja*	콩과	Leguminosae	종자
211	칡	*Pueraria thunbergiana*	콩과	Leguminosae	종자, 뿌리, 줄기
212	갈키나물	*Vicia amoena*	콩과	Leguminosae	어린식물체
213	벌완두	*Vicia amurensis*	콩과	Leguminosae	어린식물체
214	등갈키나물	*Vicia cracca*	콩과	Leguminosae	어린순
215	넓은잎갈키	*Vicia japonica*	콩과	Leguminosae	어린순
216	네잎갈키	*Vicia nipponica*	콩과	Leguminosae	어린식물체
217	살갈키	*Vicia angustifolia*	콩과	Leguminosae	종자
218	광능갈키	*Vicia venosa*	콩과	Leguminosae	어린순
219	나비나물	*Vicia unijuga*	콩과	Leguminosae	어린순
220	돌동부	*Vigna vezillata*	콩과	Leguminosae	종자
221	이질풀	*Geranium nepalense*	쥐손이풀과	Geraniaceae	어린순
222	애기괭이밥	*Oxalis acetosella*	괭이밥과	Oxalidaceae	어린식물체
223	괭이밥	*Oxalis corniculata*	괭이밥과	Oxalidaceae	종자
224	큰괭이밥	*Oxalis obtriangulata*	괭이밥과	Oxalidaceae	어린식물체
225	쉬나무	*Evoda danielli*	운향과	Rutaceae	열매
226	왕초피	*Zanthoxylum coreanum*	운향과	Rutaceae	어린잎, 열매
227	초피나무	*Zanthoxylum piperitum*	운향과	Rutaceae	어린잎, 열매
228	산초	*Zanthoxylum schinifolium*	운향과	Rutaceae	열매
229	깨풀	*Acalypha australis*	대극과	Euphorbiaceae	어린순
230	아기풀	*Polygala japonica*	아기풀과	Polygalaceae	어린순
231	시로미	*Empetrum nigrum*	시로미과	Empetraceae	종자

번호	이름	학명	과명	학명(과)	식용 부위
232	붉나무	*Rhus japonica*	옻나무과	Anacardiaceae	어린순, 껍질
233	대팻집나무	*Ilex macropoda*	감탕나무과	Aquifoliaceae	어린순
234	청다래넌출	*Celastrus flagellaris*	노박덩굴과	Celastraceae	어린순
235	털노박덩굴	*Celastrus stephanotifolius*	노박덩굴과	Celastraceae	어린순
236	노박덩굴	*Celastrus orbiculatus*	노박덩굴과	Celastraceae	어린순
237	화살나무	*Euonymus alatus*	노박덩굴과	Celastraceae	어린순
238	버들회나무	*Euonymus trapococcus*	노박덩굴과	Celastraceae	어린순
239	고추나무	*Staphylea bumalda*	고추나무과	Staphyleaceae	어린순
240	말오줌때	*Euscaphis japonica*	고추나무과	Staphyleaceae	어린순
241	합다리나무	*Meliosma oldhami*	나도밤나무과	Sabiaceae	어린순
242	묏대추	*Zizyphus jujuba*	갈매나무과	Rhamnaceae	열매
243	헛개나무	*Hovenia dulcis*	갈매나무과	Rhamnaceae	열매
244	왕머루	*Vitis amurensis*	포도과	Vitaceae	열매
245	가마귀머루	*Vitis thunbergii*	포도과	Vitaceae	열매
246	새머루	*Vitis flexuosa*	포도과	Vitaceae	열매
247	장구밥나무	*Grewia biloba*	피나무과	Tiliaceae	종자
248	개다래	*Actinidia polygama*	다래나무과	Actinidiaceae	열매
249	쥐다래	*Actinidia kolomikta*	다래나무과	Actinidiaceae	열매
250	다래	*Actinidia arguta*	다래나무과	Actinidiaceae	열매
251	섬다래	*Actinidia rufa*	다래나무과	Actinidiaceae	열매
252	물레나무	*Hypericum ascyron*	물레나물과	Cuttiferae	어린순
253	채고추나물	*Hypericum attenuatam*	물레나물과	Cuttiferae	어린순
254	고추나물	*Hypericum erectum*	물레나물과	Cuttiferae	어린순
255	애기물레나물	*Hypericum gebleri*	물레나물과	Cuttiferae	어린순
256	졸방제비꽃	*Viola acuminata*	제비꽃과	Violaceae	어린순
257	잔털제비꽃	*Viola keiskei*	제비꽃과	Violaceae	어린순
258	제비꽃	*Viola mandshurica*	제비꽃과	Violaceae	어린순
259	알록제비꽃	*Viola variegata*	제비꽃과	Violaceae	어린순
260	콩제비꽃	*Viola verecunda*	제비꽃과	Violaceae	어린순
261	보리수나무	*Elaeagnus glabra*	보리수나무과	Elaeagnaceae	열매
262	보리밥나무	*Elaeagnus macrophylla*	보리수나무과	Elaeagnaceae	열매
263	큰보리장나무	*Elaeagnus submacrophylla*	보리수나무과	Elaeagnaceae	열매
264	왕볼레나무	*Elaeagnus nikaii*	보리수나무과	Elaeagnaceae	열매
265	박쥐나무	*Alangium platanifolium var. macrophyllum*	박쥐나무과	Alangiaceae	어린순

번호	이름	학명	과명	학명(과)	식용 부위
266	단풍박쥐나무	*Alangium platanifolium var. platanifolium*	박쥐나무과	Alangiaceae	어린순
267	섬오갈피나무	*Acanthopanax koreanus*	두릅나무과	Araliaceae	어린순
268	오갈피나무	*Acanthopanax sessiliflorus*	두릅나무과	Araliaceae	어린순
269	서울오갈피나무	*Acanthopanax seoulense*	두릅나무과	Araliaceae	어린순
270	지리산오갈피나무	*Acanthopanax chiisanensis*	두릅나무과	Araliaceae	어린순
271	털오갈피나무	*Acanthopanax rufinerve*	두릅나무과	Araliaceae	어린순
272	가시오갈피나무	*Acanthopanax senticosus*	두릅나무과	Araliaceae	어린순
273	왕가시오갈피나무	*Acanthopanax asperatus*	두릅나무과	Araliaceae	어린순
274	독활	*Aralia continentalis*	두릅나무과	Araliaceae	어린순
275	두릅나무	*Aralis elata*	두릅나무과	Araliaceae	어린순
276	음나무	*Kalopanax pictum*	두릅나무과	Araliaceae	종자
277	마름	*Trapa japonica*	마름과	Hydrocaryaceae	열매
278	구릿대	*Angelica davurica*	미나리과	Umbelliferae	어린순
279	바디나물	*Angelica decursiva*	미나리과	Umbelliferae	어린순
280	잔잎바디	*Angelica czernevia*	미나리과	Umbelliferae	어린순
281	당귀	*Angelica gigas*	미나리과	Umbelliferae	어린순
282	궁궁이	*Angelica polymorpha*	미나리과	Umbelliferae	어린순
283	개시호	*Bupleurum longiradiatum*	미나리과	Umbelliferae	어린순
284	파드득나물	*Cryptotaenia japonica*	미나리과	Umbelliferae	어린순
285	어수리	*Heracleum moellendorffii*	미나리과	Umbelliferae	어린순
286	털기름나물	*Libanotis coreana*	미나리과	Umbelliferae	어린순
287	미나리	*Oenanthe stolonifera*	미나리과	Umbelliferae	연한식물체
288	강활	*Ostericum koreana*	미나리과	Umbelliferae	어린순
289	큰참나물	*Ostericum melanotilingia*	미나리과	Umbelliferae	어린순
290	묏미나리	*Ostericum sieboldii*	미나리과	Umbelliferae	어린순
291	갯기름나물	*Peucedanum japonicum*	미나리과	Umbelliferae	연한식물체
292	기름나물	*Peucedanum terebinthaceum*	미나리과	Umbelliferae	어린순
293	누룩치	*Pleurospermum kamtschaticum*	미나리과	Umbelliferae	연한엽병
294	참반디	*Sanicula chinensis*	미나리과	Umbelliferae	연한식물체
295	참나물	*Pimpinella brachycarpa*	미나리과	Umbelliferae	연한식물체
296	가는참나물	*Pimpinella koreana*	미나리과	Umbelliferae	연한식물체
297	사상자	*Torilis japonica*	미나리과	Umbelliferae	어린순
298	산딸나무	*Cornus kousa*	층층나무과	Cornaceae	과육
299	진달래	*Rhododendron mucronulatum*	진달래과	Ericaceae	연한식물체

번호	이름	학명	과명	학명(과)	식용 부위
300	홍월귤	*Arctous ruber*	진달래과	Ericaceae	과육
301	산매자나무	*Hugeria japonica*	진달래과	Ericaceae	열매
302	애기월귤	*Oxycoccus microcarpus*	진달래과	Ericaceae	열매
303	넌출월귤	*Oxycoccus quadripetalus*	진달래과	Ericaceae	열매
304	모새나무	*Vaccinium bracteatum*	진달래과	Ericaceae	열매
305	월귤	*Vaccinium vitis-idaea*	진달래과	Ericaceae	열매
306	정금나무	*Vaccinium oldhami*	진달래과	Ericaceae	열매
307	들쭉나무	*Vaccinium uliginosum*	진달래과	Ericaceae	열매
308	산앵두나무	*Vaccinium koreanum*	진달래과	Ericaceae	열매
309	까치수영	*Lysimachia barystachys*	앵초과	Primulaceae	어린순
310	큰까치수영	*Lysimachia clethroides*	앵초과	Primulaceae	어린순
311	큰앵초	*Primula loeseneri*	앵초과	Primulaceae	어린순
312	갯길경	*Limonium tetragonum*	갯길경과	Plumbaginaceae	뿌리
313	박주가리	*Metaplexis japonica*	박주가리과	Asclepiadaceae	종자, 연한순
314	선메꽃	*Calystegia davurica*	메꽃과	Convolvulaceae	어린순
315	애기메꽃	*Calystegia hederacea*	메꽃과	Convolvulaceae	어린순, 뿌리
316	메꽃	*Calystegia japonica*	메꽃과	Convolvulaceae	어린순, 뿌리
317	큰메꽃	*Calystegia sepium*	메꽃과	Convolvulaceae	어린순, 뿌리
318	개지치	*Lithospermum arvense*	지치과	Borraginaceae	어린순
319	덩굴별꽃	*Trigonotis icumae*	지치과	Borraginaceae	어린순
320	꽃말이	*Trigonotis peduncularis*	지치과	Borraginaceae	어린순
321	참꽃말이	*Trigonotis nakaii*	지치과	Borraginaceae	어린순
322	누리장나무	*Clerodendron trichotomum*	마편초과	Verbenaceae	어린순
323	배초향	*Agastache rugosa*	꿀풀과	Labiateae	어린순
324	오리방풀	*Isodon excisus*	꿀풀과	Labiateae	어린순
325	산박하	*Isodon inflexus*	꿀풀과	Labiateae	어린순
326	방아풀	*Isodon japonicus*	꿀풀과	Labiateae	어린순
327	층층이꽃	*Clinopodium chinensis*	꿀풀과	Labiateae	어린순
328	광대수염	*Lamium album*	꿀풀과	Labiateae	어린순
329	광대나물	*Lamium amplexicaule*	꿀풀과	Labiateae	연한식물체
330	애기쉽사리	*Lycopus angustus*	꿀풀과	Labiateae	연한식물체
331	쉽사리	*Lycopus coreanus*	꿀풀과	Labiateae	연한식물체
332	벌깨덩굴	*Meehania urticifolia*	꿀풀과	Labiateae	어린순
333	쥐깨	*Orthodon grosseserratum*	꿀풀과	Labiateae	어린식물체
334	속단	*Phlomis umbrosa*	꿀풀과	Labiateae	어린순

번호	이름	학명	과명	학명(과)	식용 부위
335	붉은꿀풀	*Prunella vulgaris*	꿀풀과	Labiateae	어린순
336	황금	*Scutellaria baicalensis*	꿀풀과	Labiateae	어린순
337	구기자나무	*Lycium chinese*	가지과	Solanaceae	어린순
338	꽈리	*Physalis alkekengi*	가지과	Solanaceae	열매
339	가마중	*Solanum nigra*	가지과	Solanaceae	어린경엽
340	주름잎	*Mazus japonicus*	현삼과	Scrophulariaceae	연한식물체
341	송이풀	*Pedicularis resupinata*	현삼과	Scrophulariaceae	어린순
342	물칭개나물	*Veronica anagallis-aquatica*	현삼과	Scrophulariaceae	어린순
343	냉초	*Veronica sibirica*	현삼과	Scrophulariaceae	어린순
344	질경이	*Plantago asiatica*	질경이과	Plantaginaceae	연한잎
345	털질경이	*Plantago depressa*	질경이과	Plantaginaceae	연한잎
346	개질경이	*Plantago camtschatica*	질경이과	Plantaginaceae	연한식물체
347	왕질경이	*Plantago japonica*	질경이과	Plantaginaceae	연한잎
348	갈키덩쿨	*Galium spurium*	꼭두선이과	Rubiaceae	어린순
349	솔나물	*Galium verum*	꼭두선이과	Rubiaceae	어린순
350	꼭두선이	*Rubia akane*	꼭두선이과	Rubiaceae	연한식물체
351	칼키꼭두선이	*Rubia cordifolia*	꼭두선이과	Rubiaceae	연한식물체
352	줄댕강나무	*Abelia tyaihyoni*	인동덩굴과	Caprifoliaceae	어린순
353	댕강나무	*Abelia mosanensis*	인동덩굴과	Caprifoliaceae	어린순
354	털댕강나무	*Abelia coreana*	인동덩굴과	Caprifoliaceae	어린순
355	괴불나무	*Lonicera maackii*	인동덩굴과	Caprifoliaceae	열매
356	각시괴불나무	*Lonicera chrysantha*	인동덩굴과	Caprifoliaceae	열매
357	댕댕이나무	*Lonicera coerulea*	인동덩굴과	Caprifoliaceae	열매
358	지렁쿠나무	*Sambucus sieboldiana*	인동덩굴과	Caprifoliaceae	어린순
359	딱총나무	*Sambucus williamsii*	인동덩굴과	Caprifoliaceae	어린순
360	넓은잎딱총나무	*Sambucus latipinna*	인동덩굴과	Caprifoliaceae	어린순
361	덜꿩나무	*Viburnum erosum*	인동덩굴과	Caprifoliaceae	어린순
362	가막살나무	*Viburnum dilatatum*	인동덩굴과	Caprifoliaceae	어린순
363	마타리	*Patrinia scabiosaefolia*	마타리과	Valerianaceae	연한식물체
364	뚝갈	*Patrinia villosa*	마타리과	Valerianaceae	어린순
365	쥐오줌풀	*Valeriana fauriei*	마타리과	Valerianaceae	어린순
366	하눌타리	*Trichosanthes kirilowi*	박과	Cucurbitaceae	뿌리
367	노랑하눌타리	*Trichosanthes kirilowi var. japonica*	박과	Cucurbitaceae	뿌리
368	넓은잔대	*Adenophora divaricata*	도라지과	Campanulaceae	어린순, 뿌리

번호	이름	학명	과명	학명(과)	식용 부위
369	모시대	*Adenophora remotiflora*	도라지과	Campanulaceae	연한식물체, 뿌리
370	잔대	*Adenophora triphylla*	도라지과	Campanulaceae	연한식물체, 뿌리
371	당잔대	*Adenophora stricta*	도라지과	Campanulaceae	연한식물체, 뿌리
372	영아자	*Phyteuma japonicum*	도라지과	Campanulaceae	연한식물체
373	더덕	*Codonopsis lanceolata*	도라지과	Campanulaceae	뿌리
374	만삼	*Codonopsis pilosa*	도라지과	Campanulaceae	뿌리
375	소경불알	*Codonopsis ussuriensis*	도라지과	Campanulaceae	뿌리
376	도라지	*Platycodon grandiflorum*	도라지과	Campanulaceae	뿌리
377	톱풀	*Achillea sibirica*	국화과	Compositae	어린순
378	멸가치	*Adenocaulon himalaicum*	국화과	Compositae	어린순
379	단풍취	*Ainsliaea acerifolia*	국화과	Compositae	어린순
380	개사철쑥	*Artemisia apiaceae*	국화과	Compositae	어린순
381	쑥	*Artemisia princeps*	국화과	Compositae	어린순
382	사철쑥	*Artemisia capillaris*	국화과	Compositae	어린순
383	제비쑥	*Artemisia japonica*	국화과	Compositae	어린순
384	맑은대쑥	*Artemisia keiskeana*	국화과	Compositae	어린순
385	산쑥	*Artemisia montana*	국화과	Compositae	어린순
386	참쑥	*Artemisia lavandulaefolia*	국화과	Compositae	어린순
387	황해쑥	*Artemisia argyi*	국화과	Compositae	어린순
388	덤불쑥	*Artemisia rubripes*	국화과	Compositae	어린순
389	비쑥	*Artemisia scoparis*	국화과	Compositae	어린순
390	물쑥	*Artemisia selangensis*	국화과	Compositae	뿌리
391	넓은잎외잎쑥	*Artemisia stolonifera*	국화과	Compositae	어린순
392	그늘쑥	*Artemisia sylvatica*	국화과	Compositae	어린순
393	까실쑥부쟁이	*Aster ageratoides*	국화과	Compositae	어린순
394	옹굿나물	*Aster fastigiatus*	국화과	Compositae	어린순
395	섬쑥부쟁이	*Aster glehni*	국화과	Compositae	어린순
396	개쑥부쟁이	*Aster ciliosus*	국화과	Compositae	어린순
397	갯쑥부쟁이	*Aster hispidus*	국화과	Compositae	어린순
398	가는쑥부쟁이	*Aster holophyllus*	국화과	Compositae	어린순
399	가새쑥부쟁이	*Aster incisa*	국화과	Compositae	어린순
400	벌개미취	*Aster koraiensis*	국화과	Compositae	어린순
401	참취	*Aster scaber*	국화과	Compositae	어린순
402	개미취	*Aster tataricus*	국화과	Compositae	어린순
403	삽주	*Atractylodes japonica*	국화과	Compositae	어린순

번호	이름	학명	과명	학명(과)	식용 부위
404	도깨비바늘	*Bidens bipinnata*	국화과	Compositae	어린순
405	까치발	*Bidens parviflora*	국화과	Compositae	어린순
406	구와가막사리	*Bidens radiata*	국화과	Compositae	어린순
407	가막사리	*Bidens tripartita*	국화과	Compositae	어린순
408	게박쥐나물	*Cacalia adenostyloides*	국화과	Compositae	어린순
409	구박쥐나물	*Cacalia auriculata*	국화과	Compositae	어린순
410	나래박쥐	*Cacalia auriculata var. kamtschatica*	국화과	Compositae	어린순
411	병풍쌈	*Cacalia firma*	국화과	Compositae	어린순
412	어리병풍	*Cacalia pseudo-taimingasa*	국화과	Compositae	어린순
413	민박쥐나물	*Cacalia hastata*	국화과	Compositae	어린순
414	애기우산나물	*Syneilesis aconitifolia*	국화과	Compositae	어린순
415	우산나물	*Syneilesis palmata*	국화과	Compositae	어린순
416	지느레미엉겅퀴	*Carduus crispus*	국화과	Compositae	연한줄기
417	담배풀	*Carpesium abrotanoides*	국화과	Compositae	어린순
418	좀담배풀	*Carpesium cernuum*	국화과	Compositae	어린순
419	긴담배풀	*Carpesium divaricatum*	국화과	Compositae	어린순
420	조뱅이	*Cephalonoplos segetum*	국화과	Compositae	어린순
421	산국	*Chrysanthemum boreale*	국화과	Compositae	꽃
422	엉겅퀴	*Cirsium maackii*	국화과	Compositae	어린순
423	큰엉겅퀴	*Cirsium pendulum*	국화과	Compositae	어린순
424	도깨비엉겅퀴	*Cirsium schantarense*	국화과	Compositae	어린순
425	고려엉겅퀴	*Cirsium setidens*	국화과	Compositae	어린순
426	망초	*Erigeron canadensis*	국화과	Compositae	잎
427	등골나물	*Eupatorium japonicum*	국화과	Compositae	어린순
428	골등골나물	*Eupatorium lindleyanum*	국화과	Compositae	어린순
429	금떡쑥	*Gnaphalium hypoleucum*	국화과	Compositae	어린순
430	풀솜나물	*Gnaphalium japonicum*	국화과	Compositae	어린순
431	떡쑥	*Gnaphalium multiceps*	국화과	Compositae	어린순
432	왜떡쑥	*Gnaphalium uliginosum*	국화과	Compositae	어린순
433	지칭게	*Hemistepta lyrata*	국화과	Compositae	어린순
434	금불초	*Inula britannica*	국화과	Compositae	어린순
435	가는금불초	*Inula britannica var. lineariaefolia*	국화과	Compositae	어린순
436	솜나물	*Leibnitzia anandria*	국화과	Compositae	어린순
437	솜다리	*Leontopodium coreanum*	국화과	Compositae	어린순

번호	이름	학명	과명	학명(과)	식용 부위
438	곰취	*Ligularia fischeri*	국화과	Compositae	어린잎
439	긴잎곰취	*Ligularia jaluensis*	국화과	Compositae	어린순
440	곤달비	*Ligularia stenosephala*	국화과	Compositae	어린순
441	털머위	*Farfugium japonicum*	국화과	Compositae	엽병
442	머위	*Petasites japonicus*	국화과	Compositae	엽병
443	금강분취	*Saussurea diamantica*	국화과	Compositae	어린순
444	솜분취	*Saussurea eriphylla*	국화과	Compositae	어린순
445	서덜취	*Saussurea grandifolia*	국화과	Compositae	어린순
446	각시서덜취	*Saussurea macrolepis*	국화과	Compositae	어린순
447	버들분취	*Saussurea maximowiczii*	국화과	Compositae	어린순
448	산골취	*Saussurea neoserrata*	국화과	Compositae	어린순
449	은분취	*Saussurea pseudogracilis*	국화과	Compositae	어린순
450	각시취	*Saussurea pulchella*	국화과	Compositae	어린순
451	분취	*Saussurea seoulensis*	국화과	Compositae	어린순
452	그늘취	*Saussurea uchiyamana*	국화과	Compositae	어린순
453	구와취	*Saussurea ussuriensis*	국화과	Compositae	어린순
454	솜방망이	*Senecio integrifolius*	국화과	Compositae	어린순
455	산비장이	*Serratula coronata*	국화과	Compositae	어린순
456	나래미역취	*Solidago decurrens*	국화과	Compositae	어린순
457	미역취	*Solidago japonica*	국화과	Compositae	어린순
458	수리취	*Solidago deltoides*	국화과	Compositae	어린잎
459	큰수리취	*Synurus excelsus*	국화과	Compositae	어린잎
460	국화수리취	*Synurus palmatopinnatifidus*	국화과	Compositae	어린잎
461	뻐국채	*Rhapontica uniflora*	국화과	Compositae	어린잎
462	껄껄이풀	*Hieracium coreanum*	국화과	Compositae	어린순
463	조밥나물	*Hieracium umbellatum*	국화과	Compositae	어린순
464	께묵	*Hololeion maximowiczii*	국화과	Compositae	뿌리
465	선씀바귀	*Ixeris chinensis*	국화과	Compositae	뿌리, 어린순
466	씀바귀	*Ixeris dentata*	국화과	Compositae	뿌리, 어린순
467	벋음씀바귀	*Ixeris japonica*	국화과	Compositae	뿌리, 어린순
468	벌씀바귀	*Ixeris polycephala*	국화과	Compositae	어린순
469	왕고들빼기	*Lactuca indica*	국화과	Compositae	어린순
470	산씀바귀	*Lactuca raddeana*	국화과	Compositae	뿌리, 어린순
471	쇠서나물	*Picris japonica*	국화과	Compositae	어린순
472	쇠채	*Scorzonera albicaulis*	국화과	Compositae	어린순

번호	이름	학명	과명	학명(과)	식용 부위
473	멱쇠채	*Scorzonera austriaca*	국화과	Compositae	연한꽃대, 어린순
474	사데풀	*Sonchus arvensis*	국화과	Compositae	어린순
475	방가지똥	*Sonchus oleracea*	국화과	Compositae	어린순
476	흰민들레	*Taraxacum coreanum*	국화과	Compositae	연한잎
477	좀민들레	*Taraxacum hallaisanensis*	국화과	Compositae	연한잎
478	산민들레	*Taraxacum ohwianum*	국화과	Compositae	연한잎
479	민들레	*Taraxacum platycarpum*	국화과	Compositae	어린잎
480	까치고들빼기	*Youngia chelidoniifolia*	국화과	Compositae	어린순
481	이고들빼기	*Youngia denticulata*	국화과	Compositae	어린순
482	뽀리뱅이	*Youngia japonica*	국화과	Compositae	어린순
483	말	*Potamogeton oxyphyllus*	가래과	Potamogetonaceae	연한줄기, 연한잎
484	거머리말	*Zostera marina*	가래과	Potamogetonaceae	근경
485	지채	*Triglochin maritimum*	지채과	Scheuchzeriaceae	연한잎
486	메귀리	*Avena fatua*	벼과	Gramineae	열매
487	띠	*Imperata cylindrica*	벼과	Gramineae	잎
488	올방개	*Eleocharis kuroguwai*	사초과	Cyperaceae	괴경
489	앉은부채	*Symplocarpus renifolius*	천남성과	Araceae	잎
490	닭이장풀	*Commelina communis*	닭이장풀과	Commelinaceae	어린순
491	덩굴닭이장풀	*Streptolirion cordifolium*	닭이장풀과	Commelinaceae	어린순
492	실달래	*Allium grayi*	백합과	Liliaceae	연한식물체
493	달래	*Allium monanthum*	백합과	Liliaceae	연한식물체
494	참산부추	*Allium succuliferum*	백합과	Liliaceae	어린식물체
495	산파	*Allium schoenoprasmum*	백합과	Liliaceae	연한식물체
496	두메부추	*Allium senescens*	백합과	Liliaceae	연한식물체
497	한라부추	*Allium taquetii*	백합과	Liliaceae	연한식물체
498	산부추	*Allium thunbergii*	백합과	Liliaceae	연한식물체
499	산마늘	*Allium victorialis*	백합과	Liliaceae	연한식물체
500	천문동	*Asparagus lucidus*	백합과	Liliaceae	연한줄기
501	방울비짜루	*Asparagus oligoclonos*	백합과	Liliaceae	어린순
502	비짜루	*Asparagus schoberioides*	백합과	Liliaceae	어린순
503	나도옥잠화	*Clitonia udensis*	백합과	Liliaceae	어린순
504	윤판나물	*Disporum sessile*	백합과	Liliaceae	어린순
505	애기나리	*Disporum smilacinum*	백합과	Liliaceae	어린순
506	큰애기나리	*Disporum virescens*	백합과	Liliaceae	연한식물체
507	얼레지	*Erythronium japonicum*	백합과	Liliaceae	잎

번호	이름	학명	과명	학명(과)	식용 부위
508	원추리	*Hemerocallis aurantiaca*	백합과	Liliaceae	어린순
509	각씨원추리	*Hemerocallis dumortieri*	백합과	Liliaceae	어린순
510	왕원추리	*Hemerocallis fulva*	백합과	Liliaceae	어린순, 꽃
511	골잎원추리	*Hemerocallis koreana*	백합과	Liliaceae	어린순
512	큰원추리	*Hemerocallis middendorfii*	백합과	Liliaceae	어린순
513	애기원추리	*Hemerocallis minor*	백합과	Liliaceae	어린순, 꽃
514	참비비추	*Hosta clausa*	백합과	Liliaceae	연한잎
515	주걱비비추	*Hosta japonica*	백합과	Liliaceae	어린순
516	산옥잠화	*Hosta lancifolia*	백합과	Liliaceae	어린순
517	비비추	*Hosta longipes*	백합과	Liliaceae	어린순
518	좀비비추	*Hosta minor*	백합과	Liliaceae	어린순
519	털중나리	*Lilium amabile*	백합과	Liliaceae	뿌리
520	땅나리	*Lilium callosum*	백합과	Liliaceae	뿌리
521	솔나미	*Lilium cernuum*	백합과	Liliaceae	뿌리
522	하늘나리	*Lilium concolor*	백합과	Liliaceae	뿌리
523	날개하늘나리	*Lilium davuricum*	백합과	Liliaceae	뿌리
524	말나리	*Lilium distichum*	백합과	Liliaceae	뿌리
525	섬말나리	*Lilium hansonii*	백합과	Liliaceae	뿌리
526	중나리	*Lilium leichtlinii*	백합과	Liliaceae	뿌리, 어린잎
527	참나리	*Lilium tigrinum*	백합과	Liliaceae	뿌리
528	하늘말나리	*Lilium tsingtauense*	백합과	Liliaceae	뿌리, 어린순
529	큰솔나리	*Lilium tenuifolium*	백합과	Liliaceae	뿌리
530	삿갓나물	*Paris verticillata*	백합과	Liliaceae	어린순
531	진황정	*Polygonatum falcatum*	백합과	Liliaceae	뿌리, 연한순
532	각시둥굴레	*Polygonatum humile*	백합과	Liliaceae	어린순
533	퉁둥굴레	*Polygonatum inflatum*	백합과	Liliaceae	뿌리, 어린순
534	용둥굴레	*Polygonatum involucratum*	백합과	Liliaceae	어린순
535	죽대	*Polygonatum lasianthum*	백합과	Liliaceae	어린순
536	둥굴레	*Polygonatum odorum*	백합과	Liliaceae	뿌리, 어린잎
537	층층둥굴레	*Polygonatum stenophyllum*	백합과	Liliaceae	뿌리
538	무릇	*Scilla chinensis*	백합과	Liliaceae	뿌리, 어린잎
539	솜대	*Smilacina japonica*	백합과	Liliaceae	어린순
540	민솜대	*Smilacina davurica*	백합과	Liliaceae	어린순
541	자주솜대	*Smilacina bicolor*	백합과	Liliaceae	어린순
542	청미래덩굴	*Smilax china*	백합과	Liliaceae	어린순

번호	이름	학명	과명	학명(과)	식용 부위
543	청가시덩굴	*Smilax sieboldii*	백합과	Liliaceae	어린순
544	선밀나물	*Smilax nipponica*	백합과	Liliaceae	어린순
545	밀나물	*Smilax oldhami*	백합과	Liliaceae	어린순
546	뻐꾹나리	*Tricyrtis dilatata*	백합과	Liliaceae	어린순
547	마	*Dioscorea batatas*	마과	Dioscoreaceae	뿌리
548	참마	*Dioscorea japonica*	마과	Dioscoreaceae	뿌리
549	도꼬로마	*Dioscorea tokoro*	마과	Dioscoreaceae	뿌리

제3장
한반도의 청동기시대 도작농경과 지형환경

外山秀一　皇學館大學
역: 이희진

Ⅰ. 머리말

장강유역에서 기원한 도작의 전파루트와 도작의 실태, 나아가서 일본열도와의 관계를 인식하는데 있어 한반도의 도작의 개시와 그 환경을 명확히 규명하는 일이 매우 중요하다. 한국에서는 충적저지의 개발과 동반하여 발굴조사가 각지에서 이루어졌고, 청동기시대를 중심으로 하여 수전지와 벼자료가 증가하고 있다.

여기서는 한반도에 있어서 종전의 벼자료의 검출상황을 정리·검토하면서, 현재까지 한국에서 실시되었던 플랜트오팔(식물규산체의 화석)분석의 성과에 입각하여 청동기시대의 도작농경과 지형환경에 관하여 고찰하고, 이후의 과제에 관하여 언급하고자 한다.

Ⅱ. 플랜트오팔 분석과 지형환경

필자는 한국에서 현재까지 10기가 넘는 유적에서 플랜트오팔 분석에 참여했지만, 여기에서는 충청남도 논산군의 마전리유적과 부여군의 노화리유적에서의 성과를 간단하게 보고하겠다.

1. 마전리유적

마전리유적은 논산분지의 남부에 위치하며, 분지는 저구릉과 이를 개석하는 천곡과 계곡저지, 그리고 강경천(江景川)과 여산천(礪山川)이 만드는 충적저지로 구성된다. 유적은 양하천에 협재하는 표고 30~40m의 구릉상에서 계곡저지에 걸쳐 분포하고 있다. 구릉 위에는 청동기시대의 수혈주거와 옹관묘, 석관묘, 동쪽의 경사면에는 밭형상의 유구, 천곡의 곡저에는 동시기의 수전지가 발굴되었던 것과 함께(사진 1), 수로와 저수시설, 우물, 저장혈 등이 출토되었다(李弘鐘 2000).

이처럼 구릉상의 거주역과 묘역, 변계지점(緣辺部)과 개석곡저의 생산역이라는 취락 내의 구조가 세트를 이루고 있다. 이러한 청동기시대의 유적의 취락내부구조는 다른 농경유적에 관하여

사진 1 _ 마전리유적(고려대학교 매장문화재연구소 2004)

도 같은 양상이 보이는 경향이 있고, 또한 일본의 죠몬시대 만기와 야요이시대의 유적입지의 방식도 유사하다.

플랜트오팔 분석은 A~F의 6지점에서 실시했는데, 그 중 A 지점은 곡저지의 시굴트렌치에서 13a층 상부의 시료 17부터 상위에서 벼가 검출되었다(그림 1). 또한, 12a층(시료 16) 층준에서는 청동기시대 후기의 소구면의 수전지가 발굴되었다.

이러한 수전이 완경사지와 곡저지에 형성되어 있는데, 전자는 계단형태로 세장하게 구획되었고 또 후자에는 불완형 소구면의 두둑(畦畔)에 의해 조영되어 있다. 수전층의 하위에는 갈색의 미사(silt)층과 청회색의 글레이층이 퇴적되어, 후자는 용수와 천수의 영향을 받아 지하수위가 비교적 높다.

구릉의 완경사지와 곡저지의 내부에는 목재를 조립한 우물과 구릉말단부의 용수의 저수시설로 볼 수 있는 토광, 그들을 연결하는 수로로 보이는 구가 발굴되었다. 또 수로에는 구릉에서부터 용천한 물을 집수하여 흐르는 것과 그곳부터 수전면에 합수하는 것 등이 있다.

수전에서는 토광에서 끌어올린 물을 관개용수로 사용하였으며 유적은 이러한 도수 체계를 이용했던 수전경영을 하였다. 즉 구릉 주변부에서 용수를 일단 저수장에 집수하고, 그곳에서 수로를

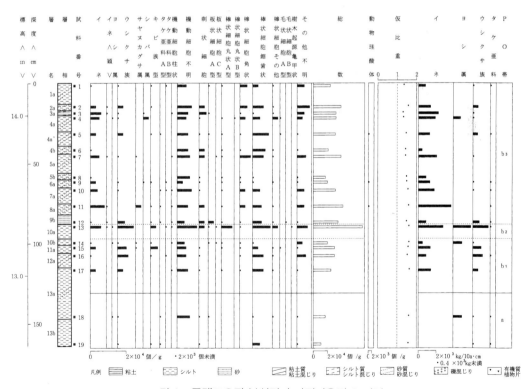

그림 1 _ 플랜트오팔 분석결과 마전리유적 A 지점

통하여 수전에 관수하는 관계체계가 취해졌다.

또한 이러한 수로유구는 경상남도의 옥현유적과 노화리유적에서도 같이 보이는데 원삼국시대의 충청남도 관창리유적에도 방죽(堰)의 시설이 확인되고 있다. 어쨌든 당시 한국에서는 고도로 발달했던 수리시설이 정비되었던 것을 알 수 있다.

한편 유적에는 종래수전으로서 사용되고 있던 토지가 그 후 밭으로 전환되고 있다. 이러한 토지이용의 변화는 각지의 유적에서도 볼 수 있고, 경상남도의 반계동유적의 삼국시대의 수전에는 3~4회의 논밭 반복전환이 발생하였다. 郭鐘喆(2000)은 이러한 논밭전환 현상의 목적에 대하여, 잡초와 병해충에 반하는 직접방제와 연작으로 인한 수확량의 감소, 물부족과 노동력 분배 등에 대응하였던 농법으로 추정하고 있다.

2. 노화리유적

노화리유적은 백마강의 지류인 구룡천이 만드는 구룡평야의 배후저지에 위치한다. 배후의 구룡면(九龍面)이라고 부르는 구릉지에서부터 얻을 수 있는 지하수의 영향으로 인해 약간 저습한 환경이었으며, 그곳에서 생성되었던 지층을 이용하는 수전이 경영되었다.

조사구는 A지구와 B지구로 나눠서, 전자를 충남대학교, 후자를 고려대학교가 발굴을 담당했다. 유적에서는 전체에 50면이 넘는 청동기시대의 소구면 수전과 수로, 삼국시대의 수전과 밭이 확인되었고(사진 2), 전자의 수전 시기는 약 3000~2900년 전으로, 지금까지 한국에서 가장 오래된 것이다. 또한, 그 하층에서 3300~3200년 전으로 보이는 구상유구가 확인되었으며, 그곳에서는 반월형석도가 출토되었다.

벼의 플랜트오팔은 청동기시대의 층준보다 상위에서 검출되었고(그림 2), 기타의 플랜트오팔도 유사한 형태의 출현경향을 보여 안정한 토지조건으로 도작이 계속되었던 것을 알 수 있다.

또한, 수전지가 발굴되었던 청동기시대의 동일지표면으로 10점

사진 2 _ 노화리유적

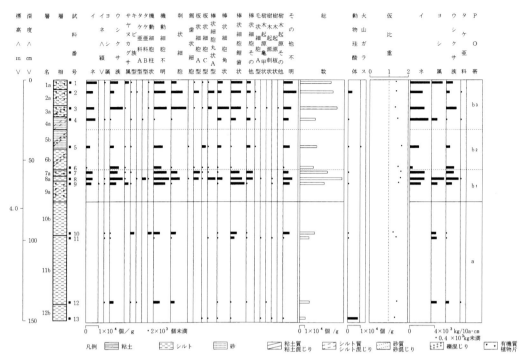

그림 2 _ 플랜트오팔 분석결과 노화리유적 1

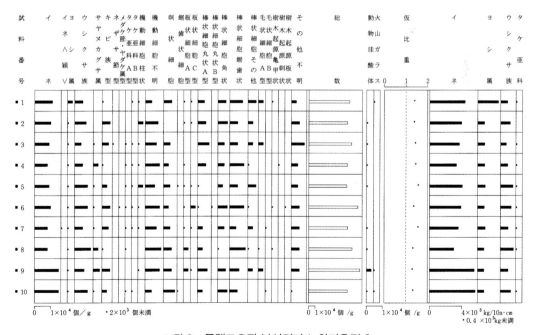

그림 3 _ 플랜트오팔 분석결과 노화리유적 2

의 시료를 채취하여, 플랜트오팔의 검출상황을 검시하였다. 그 결과, 모두 벼가 안정하게 검출되었다(그림 3). 기타 플랜트오팔도 유사한 출현경향을 보이고 시료에서 커다란 차이가 인정되지 않아, 수전면 전면에서 벼가 재배된 것을 알 수 있다. 그리고 노화리유적에서는 논의 둑과 밭의 고랑유구가 확인되었고 양자가 교차로 조영되었던 것으로 보이는 흔적이 있으며, 또한 마전리유적에서도 유사한 유구가 발견되었다.

Ⅲ. 수전지와 지형환경

한국에서 수전지는 청동기시대를 중심으로 주로 중남부에서 발굴되고 있다. 옥현유적에는 구릉지에서 청동기시대의 수혈주거지와 조선시대의 주거지 및 동시대의 밭이 발굴되었고, 구릉 전면의 용수대에 해당되는 충적저지에는 청동기시대와 삼국시대, 조선시대의 수전이 확인되었다. 또한, 마전리유적에서 발굴되었던 청동기시대의 수전은 구릉지의 사면말단부의 개석곡저에 개척되었다. 취락과 생산역이 세트를 이루고 있는데, 이는 한반도 중남부에 걸쳐 당시 하나의 일반적인 모습으로 간주되고 있다(李相吉 2002). 그리고 경상남도의 야음동유적에서는 청동기시대의 주거지와 수전지, 삼국시대의 수전지가 출토되었다. 전자는 소구면과 계단식의 두 개의 형태를 가지고 있고, 후자는 표고에 따라 계단상에 세장하게 분포하는 란전상(계단식)의 수전이다.

이렇게 옥현, 마전리, 야음리의 각 유적에는, 구릉상에 주거지, 구릉 사이의 좁은 곡저의 저지에 수전이 만들어져, 유사한 지형환경에 유적이 입지하고 있다. 청동기시대의 수전은 구릉지경계부의 개석곡저에 개척되었던 것이 많고, 완만한 경사를 가진 지형면이 수전으로서 이용되고 있다. 이는 일본의 죠몬시대 만기와 야요이시대의 수전에서 보이는 지형환경과 유사하다.

또한, 노화리유적은 하천배후의 저지에 위치해, 구릉경계지의 용수를 이용했던 저습지에 수전이 운영되었다. 자연제방상의 미고지와 배후저지와의 사이에 개척되었던 수전으로서는 현재까지 경상남도의 금천리유적 뿐이다.

이상과 같이 한국에서 청동기시대의 수전지의 지형환경을 정리하면 이하의 3개의 형태로 나누어 볼 수 있다. 즉, 곡저저지, 저습지, 자연제방상의 미고지에서 배후저지으로의 점이지대이다. 그러나 하천유역에의 발굴조사가 많다고 할 수 없고, 금후 자연제방배후의 저지와 습지에서 동시기의 수전이 나올 가능성도 높아, 당시 다양한 토지이용이 있었을 것으로 추정된다.

각지에서 보이는 청동기시대의 수전지의 형태는 서로 다르나, 지형의 경사와 관개체계를 잘 이용하였다. 즉, 수로와 구와 동반하여 방형의 소구면 수전이 나타나는데 일부에는 수구가 설계되어 있다. 또 기복이 있는 지점(微起伏)에 대응해서 밭을 배치하며 이것은 일본의 죠몬시대 만기와 야요이시대와 유사한 형태의 수전조영의 기술이다.

또, 청동기시대의 수전시설에 관하여 田崎(2001)는 수전 주변에서의 용수와 천수가 수로에 도수되고 마전리유적에는 저수시설까지 갖추어져 있기 때문에, 한반도에 도입되었던 수전도작에는 당초부터 수리시설이 공반되었던 가능성을 지적하였다. 청동기시대에는 원형주거지와 유경식석검, 단도마연토기, 삼각형 반월형석도, 결입된 편인석부, 석관묘, 지석묘 등이 갖추어져, 그 이전과는 다른 문화양상으로 확인됨으로써 이들은 수전도작농경의 수용과 관련하여 해석된다.

이상 청동기시대의 도작농경을 개관하면 그 구조와 지형환경 등은 일본의 죠몬시대 만기와 야요이시대와 유사하며 자연지형을 이용한 비슷한 수전조영의 방법이 인지된다. 또, 기타의 도작농경 문화요소에 관해서는 농구 등이 각각 고유의 특징을 보여준다고 하더라도, 많은 공통점에서 한반도와 일본열도와의 밀접한 관계를 볼 수 있다.

Ⅳ. 한반도의 수전지와 벼자료

여기서는 현재까지 주로 한반도의 중남부에서 출토한 수전지와 벼자료에 기초하여 도작연구의 흐름과 한반도의 초기 도작농경의 실태에 관하여 접근해보고 싶다. 그런데 종래 신석기시대의 벼자료로 추정되었던 것 중에는 연대추정에 오류가 있는 것이 많이 포함되었다고 의문시된다(安承模 2007; 庄田 2009). 그와 같은 상황을 감안하여 〈표 1〉을 작성하였다.

또한, 한반도와 일본열도에서의 도작의 상황을 비교검토하기 위하여 시기구분에 관해 정리해 둘 필요가 있다. 그 분류와 기준은 연구자에 따라 다소 다르지만 현재에는 다음과 같이 나누어 볼 수 있다. 즐목문토기의 시대를 신석기시대로 하고, 이는 약 3000년 전 까지에 해당된다. 청동기시대는 무문토기시대로 칭해지는데, 거의 일본의 죠몬시대 만기에 병행한다. 이러한 청동기시대의 특징적인 문화현상으로서, 趙現鐘(2000)은 청동기의 수용, 거석분묘의 조영, 마제석기의 이용, 무문토기의 제작, 그리도 도작농경의 개시를 들고 있다.

한반도에서 초기 도작농경의 존재를 보여주는 자료는 1920년대의 경상남도의 김해패총에서 출토한 원삼국시대의 탄화미덩이가 처음으로 알려졌다(梅原·濱田 1923). 그러나 그 후의 벼자료의 검출이 한정되어, 북부 큐슈를 중심으로 일본열도에 비해 적은 편이었다. 따라서 마제석기군 등 도작의 존재를 간접적으로 보이는 기타의 고고자료에서, 한반도와 북부 큐슈와의 관계가 논의되어 왔다.

1970년대가 되면 청동기시대의 벼와 잡곡류의 탄화물, 분흔(籾痕)토기 등이 출토되기 시작했다. 또, 한국에는 도작농경의 시작에 관하여 귀중한 자료를 제공했던 것은 충청남도의 송국리유적으로, 탄화미와 수확구로 보이는 반월형석도와 석겸이 출토해 중국과 일본에의 상관관계가 주목

표 1 _ 한반도의 수전지와 벼자료

시대	시기	수전지	탄화미·도인(稻籾)	플랜트오팔	토기압흔
신석기	말기			農所里(慶尙南道)	
청동기	전반기	蘆花里(忠淸南道) 琴川里(慶尙南道)	欣岩里(京畿道) 早洞里(忠淸北道) 松菊里(忠淸南道) 古南里(忠淸南道) 白石洞(忠淸南道) 校洞(江原道) 大坪里(慶尙南道) 檢丹里(慶尙南道) 敎洞里(慶尙南道) 泗川里(慶尙南道) 南京(平壤市)	蘆花里(忠淸南道)	渼沙里(京畿道) 白石洞(忠淸南道) 大平里(忠淸南道) 大坪里(慶尙南道) 檢丹里(慶尙南道) 鳳溪里(慶尙南道)
청동기	후반기	麻田里(忠淸南道) 九鳳里(忠淸南道) 新昌洞(全羅南道) 漆谷(慶尙北道) 玉峴(慶尙南道) 也音洞(慶尙南道) 自隱洞(慶尙南道) 鉢里(慶尙南道) 南川(慶尙南道) 栢川(慶尙南道) 華亭洞(慶尙南道)	宮坪里(忠淸南道) 麻田里(忠淸南道) 月岐里(忠淸南道) 郡谷里(全羅南道) 新昌洞(全羅南道) 大坪里(慶尙南道) 勒島(慶尙南道)	麻田里(忠淸南道) 松邑里(慶尙南道)	渼沙里(京畿道) 松菊里(忠淸南道) 休岩里(忠淸南道) 古南里(忠淸南道) 所山里(全羅北道) 月內洞(全羅南道) 郡谷里(全羅南道) 大谷里(全羅南道) 中島(江原道) 知礼里(慶尙北道) 城洞(慶尙北道) 大也里(慶尙南道) 江櫻里(慶尙南道) 勒島(慶尙南道)
원삼국		西羅城(忠淸南道) 宮南池(忠淸南道) 寬倉里(忠淸南道) 長山里(忠淸南道) 泉田里(江原道) 西辺洞(慶尙北道) 玉峴(慶尙南道) 盤溪洞(慶尙南道) 加音丁洞(慶尙南道)	早洞里(忠淸南道) 東外洞(慶尙南道) 府院洞(慶尙南道) 金海(慶尙南道)	宮南池(忠淸南道) 寬倉里(忠淸南道) 新昌洞(全羅南道) 泉田里(江原道) 盤溪洞(慶尙南道)	西屯洞(京畿道) 盤谷里(全羅北道) 松龍里(全羅北道) 朝島(慶尙南道)

되었다. 또한, 이 때에는 북부 큐슈와 거의 동시기의 한반도 중남부에서 도작과 중북부에서 신석기시대 잡곡재배의 가능성이 제기되었다.

그리고 1990년대 후반 이후가 되면 한국에의 도작연구는 한층 더 발전하였다. 중국도 마찬가지로, 새로운 시점과 방법으로 유적의 발굴이 진행됐고, 또한 자연과학의 분석기법이 적극적으로 도입되었다.

그런데 도작의 흔적을 찾아 당시의 환경을 복원하는 방법으로 플랜트오팔 분석법은 유력한 수단이지만, 한국에의 도입은 1990년대에 이루어져 후반 이후에 그 성과가 보여지기 시작하였다. 또한, 신석기시대 말기의 즐목문토기의 태토에서 벼의 플랜트오팔이 검출되었다(郭他 1995). 그리고 청동기시대의 유적의 조사의 증가와 함께 수전유구와 밭유구가 확인되었다. 특히 충청남도의 노화리유적과 마전리유적, 전라남도의 신창동유적, 경상남도의 금천리유적과 옥현유적, 야음동유적 등, 각지에서의 청동기시대의 수전지 발굴은 한반도 중남부의 초기수도농경의 실태를 구체적인 형태로서 보여주고 있다.

이와 같이 일본의 죠몬시대 후기에 해당하는 신석기시대 말기에서 벼가 확인됨에 따라 도작을 비롯한 생업이나 생산역과 관계되는 새로운 정보가 증가해, 취락의 모습과 유적의 입지론에 이르기까지 논의가 전개되었다.

V. 벼와 도작농경의 전파와 파급

이와 같이 플랜트오팔 분석의 결과와 한반도에 있어 수전지와 벼자료의 검출성과에 근거하여 여기에서는 벼와 도작농경의 전파와 파급에 관하여 검토해 보고자 한다. 중국에 존재하는 4000년 전 이전의 벼자료를 정리한다면, 장강유역을 중심으로 150개에 달하는데, 그중에도 5000~4000년 전의 벼자료가 장강유역에서 주변지역으로 급속하게 확산되는 모습을 보인다(Toyama 2002).

한반도의 오래된 벼자료의 분포상황을 본다면 한반도 중북부보다도 오히려 서울과 목포, 울산을 연결하는 삼각지대에 집중해 있는 것을 알 수 있다(그림 4). 이것을 한반도 도작의 트라이앵글로 부르고 싶다.

따라서 종래 주장되었던 산동반도에서 요동반도를 경유하는 벼와 도작의 흐름과 함께, 중국의 황해와 동지니해의 연안지역에서 한반도 남서부의 경기도와 충청남도, 전라북도, 전라남도에 벼가 직접적으로 도입되었을 가능성도 고려해야 할 것이다. 이것이 벼와 도작전파의 제 1단계이다. 이때까지 한반도에서 전개되었던 잡곡농경에 벼가 도입되었고, 잡곡용의 농경구는 벼의 재배용으로서도 이용되었다고 추정된다.

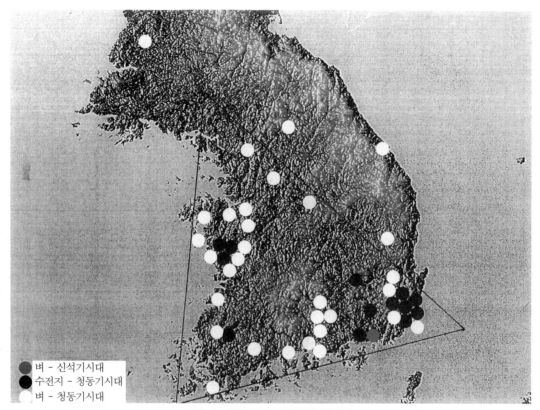

벼 - 신석기시대
수전지 - 청동기시대
벼 - 청동기시대

그림 4 _ 한반도의 수전지와 벼자료

이에 반해 본격적인 수도작으로서의 벼는 중국 각 지에 전파되는 가운데, 청동기시대에 황해와 동지나 해안지역에서 한반도의 도작의 트라이앵글지역에 전파된다. 그곳에는 도작농경문화를 구성하는 요소가 정비되어, 수도농경문화로서 완성되어 갔다. 그리하여 죠몬시대 만기 후반에 수도 농경문화가 북부 큐슈에 전해지면서 대륙계의 마제석기군과 청동기, 환호취락 등의 문화가 복합 적으로 전파되었다. 이것이 벼와 도작전파의 제 2단계이다. 이와 같이 벼와 도작문화는 대륙에서 단계적으로 한반도와 일본으로 전파되었던 것으로 보인다.

그런데 황해와 동지나해 연안지역에서 한반도에의 벼의 전파를 의문시하는 이들이 많다. 반면 에 한반도에서 북부 큐슈에의 전파는 적극적으로 수용하는 사람들이 있는 것도 사실이다. 물질의 움직임이 육지를 통해서 인간의 이동으로 인해 전달된다는 고정관념이, 그 배경이 있는 것이 아닐 까? 정크라고 하는 배는 황해와 동지나해의 연안지역에서 1주야에 한반도와 큐슈에 도착한다고 한다. 바다를 건너는 문화의 전파를 받아들이는 측면에서 차이가 보인다.

Ⅵ. 맺음말

한반도에서는 이러한 도작 농경 뿐 아니라, 잡곡류를 비롯한 밭경작의 규명, 그리고 양자의 관계를 근거로 한 농경의 실태를 알아볼 필요가 있다. 또한, 경상남도의 살내유적과 금천리유적, 대평리유적, 전라북도의 여의곡유적, 경기도의 미사리유적 등에는 청동기시대로 올라가는 밭유구가 구릉과 범람원에서 발굴되었다. 또한 李相吉(2002)은 대평리유적의 신석기시대의 노지와 경상남도의 동삼동패총의 주거지에서 조가 검출되었던 것을 근거로 해서, 밭농사를 중심으로 하는 농경이 이미 신석기시대 중기에 시작했었다는 것을 시사한 바 있다(中山他 2013).

또한 레프리카 법에 따른 식물압흔의 연구에서는 청동기시대 뿐 아니라 신석기시대도 잡곡의 검출례가 증가하고 있다. 즉 동삼동패총에는 조기에 기장이, 전기에는 조가 검출되었고(小畑他 2011), 중기의 경기도의 석교리유적과 경상북도의 송죽리유적, 후기의 경상북도의 지좌리유적에는 조와 기장이 확인되었다(中山他 2013). 그리고 플랜트오팔 분석에서 신석기시대 전기의 살내유적에서는 기장족의 기동세포 규산체의 화석이 안정적으로 검출되었으며, 후기의 지좌리유적에서도 기장족형이 검출되었다.

이상과 같이 신석기시대의 잡곡농경을 보여주는 새로운 데이터가 축적되고 있다. 이들에 도작이 추가되어 한반도의 생업방식이 어떠한 변화를 보이고, 또 일본열도에 전파된 것인지 문제삼을 수 있다. 이러한 잡곡농경과 도작농경에 대한 개연성이 있는 설명이 이후의 과제이다.

그런데 한반도 중남부에는 거의 남북으로 연결되는 산지와 그 사이의 분지, 그리고 남부에서 서부에 걸쳐진 침강해안이 발달한다. 이러한 대지와 평야의 분포는 서일본의 그것과 공통적으로 보인다. 또 식생은 한국의 남부와 서일본의 상록광엽수립(조엽수림), 중북부와 동일본의 낙엽광엽수립을 주를 이루는 식생대로 구분하며, 여기에도 자연환경의 유사성이 보여진다.

하천과 충적평야에의 규모는 산지와 분지, 침강해안 등 지형의 제약을 받아 일본보다도 소규모이다. 그러나 제하천에서 만들어지는 미지형의 분포는, 특히 각하천에서 자연제방의 발달이 현저하다. 그 구성층 중에는 대륙의 황토가 보이며, 그 영향을 받은 천곡과 충적평야에는 모래층이 두껍게 퇴적되어 있다. 이러한 충적평야는 그 형성과정이나 미지형과 유적의 입지의 위치관계 등의 지형분석을 진행하는데 좋은 조건을 가지고 있어, 이러한 지형환경의 형성과정을 이해하여 지형분석과 플랜트오팔 분석을 실시해 유적의 입지환경을 복원해 둘 필요가 있다.

참고문헌

安承模, 2000, 「稻作の出現と擴散」 國立中央博物館編 『韓國古代の稻作文化』(國立中央博物館學術シンポジウム發表要旨)(ハングル).

安承模, 2007, 「作物遺体を中心にみた朝鮮半島の先史農耕」(小畑弘己譯)日本考古學協會2007年度熊本大會實行委員會編『研究發表資料集』.

梅原末治・濱田耕作, 1923, 『大正九年度古墳調査報告第一册 金海貝塚發掘調査報告』, 朝鮮總督府.

小畑弘己他, 2011, 「東三洞貝塚發見の韓國最古のキビ壓痕」 日本植生史學會 『日本植生史學會第26會大會講演要旨』.

郭鐘喆, 2000, 「發掘調査を通じてみた我國古代の水田稻作」 國立中央博物館編 『韓國古代の稻作文化』(國立中央博物館學術シンポジウム發表要旨)(ハングル).

郭鐘喆 他, 1995, 「新石器時代土器胎土から檢出されたイネのplant-opal」 『韓國考古學報』 32(ハングル).

高麗大學校埋藏文化財研究所・韓國道路公社編, 2004, 『麻田里遺跡C地區』 高麗大學校埋藏文化財研究所研究叢書18.

後藤 直, 2006, 『朝鮮半島初期農耕社會の研究』, 同成社.

(財)慶南文化財研究院編, 2005, 『韓・日新石器時代の農耕問題』 第6回韓・日新石器時代共同學術大會發表資料集(ハングル).

庄田愼矢, 2009, 「東北アジアの先史農耕と弥生農耕 -朝鮮半島を中心として-」 設樂博已他編 『弥生時代の考古學5 食糧の獲得と生産』, 同成社.

田崎博文, 2001, 「日韓における初期水稻農耕比較 -紀元前一千年紀を中心として-」, 愛媛大學教育學部編 『日韓文化交流 -研究及び研修記錄-』.

田崎博文, 2002, 「朝鮮半島の初期水田稻作 -初期水田遺構と農具の檢討-」, 西谷 正他編 『韓半島考古學論叢』 すずさわ書店.

田崎博文, 2002, 「日本列島の水田稻作 -紀元前1千年紀の水田遺構からの檢討-」 後藤 直・茂木雅博編 『東アジアと日本の考古學IV 生業』, 同成社.

趙現鐘, 2000, 「稻作農耕の起源と展開」 『尹世英教授停年記念論叢 韓國古代文化の変遷と交渉』 書溪文化社(ハングル).

外山秀一, 2000, 「韓國における遺跡の立地環境の復原」 『尹世英教授停年記念論叢 韓國古代文化の 遷と交渉』書溪文化社.

Toyama, S., 2002, The Origin and Spread of Rice Culture as Seen from Rice Remains. In:Yasuda Y.(Ed.), *The Origins of Pottery and Agriculture*. Roli Books.

外山秀一, 2004, 「麻田里遺跡の地形環境と稻作」 高麗大學校考古環境研究所編 『麻田里遺跡』.

外山秀一, 2006, 『遺跡の環境復原』, 古今書院.

外山秀一, 2007, 「稻作技術の伝播」 石原 潤他編 『アジアの歴史地理1 領域と移動』, 朝倉書店.

外山秀一, 2009,「イネ(遺存体,プラント・オパール分析)」小杉 康他編『縄文時代の考古學 3 大地と森の中で -縄文時代の古生態系-』,同成社.

中山誠二 他, 2013,「韓國內における雑穀農耕起源の探求」山梨縣立博物館研究紀要 7.

宮本一夫, 2003,「朝鮮半島新石器時代の農耕化と縄文農耕」『古代文化』55-7.

李相吉, 2002,「韓國の水稻と畠作」(後藤 直譯)後藤 直・茂木雅博編『東アジアと日本の考古學Ⅳ 生業』,同成社.

李弘鐘, 2000,「我國の初期水田農耕」『韓國農工學會誌』42-3(ハングル).

제4장
토기에서 관찰되는 동·식물상
―토기의 압흔에 대한 연구

山崎純男 고려대학교 고고환경연구소
역: 土田純子

Ⅰ. 머리말

토기의 시기를 비정할 수 있다면 자연스럽게 압흔의 시기도 알 수 있다. 압흔은 토기가 부드러운 상태일 때 남겨지지만 그러한 사례는 극히 적고 대부분은 태토 안에 혼입된 물질이 압흔으로 관찰된다. 따라서 그 혼입 시기가 문제이다. 혼입 시기로 생각되는 것은 ① 토기의 소재인 태토에서 유래하는 것과 ② 토기제작 시 혼입된 것으로 구분된다. 어쨌든 압흔은 토기제작 시 혹은 그 이전에 혼입된 것으로 볼 수 있다. 즉 오염은 자연히 배제시킬 수 있다. 문제는 압흔의 탐색과 동정이다. 탐색은 출토 토기를 꼼꼼히 조사하면 극복할 수 있다. 반면 동정은 식물·곤충학자와의 제휴가 필요하다. 또한 현생표본을 수집하여 압흔을 관찰한 다음 이들 표본과의 비교검토를 하는 작업도 실시해야 할 것이다.

일본열도에서는 압흔조사가 진행됨에 따라 압흔의 출현 경향뿐만 아니라 지역과 시기에 따라서도 차이가 있었음을 알 수 있었다. 현재 쌀과 관련된 대표적인 해충의 하나로 알려진 바구미의 압흔은 죠몬시대 조기까지 거슬러 올라가는데, 조사 결과 바구미는 오히려 쌀과 연관되지 않고 도토리류와 관계가 있는 것으로 밝혀졌다. 이로써 원래 바구미는 쌀의 해충이 아니었으나 쌀과의 만

남을 통해 쌀을 상하게 한 것으로 생각되며, 이제는 그 발생지가 어디인가 하는 새로운 문제가 남는다. 또한 바구미가 쌀의 해충이 되는 과정 등의 곤충학적인 문제도 있다. 처음에는 무슨 압흔인지 불분명하였으나 필자가 와쿠도이시(ワクド石) 타입으로 설정하였던 압흔(山崎 2005)이 小畑弘己 등의 연구(小畑·佐々木·仙波 2007)에 의해 콩 배반의 압흔인 것으로 판명되었기 때문에, 콩이 죠몬시대의 주요 재배식물일 가능성이 높아졌다. 또한 잡초로 불리는 식물(재배식물이 아닌 식물)의 압흔도 주변 환경을 상정하기 위한 귀중한 정보를 제공해준다.

이러한 압흔조사는 일본뿐만 아니라 한국에서도 진행되고 있는데, 현재 한국에서 이루어지고 있는 압흔조사는 두 가지의 방향성을 가지고 있다. 하나는 小畑弘己·中山誠二 등으로 대표되는 일본인 연구자들에 의해 이루어진 조사로서 주로 신석기시대 토기를 대상으로 삼아 일본의 농경 기원문제나 시원지, 전파경로 등을 추구하는 것이다. 또 다른 하나는 孫晙鎬·金城旭 등(孫·中村·百原 2010; 金·中山 2013)으로 대표되는 한국인 연구자들에 의한 조사이다. 대상은 신석기시대나 청동기시대 출토 토기이고, 남한의 압흔에 대한 기초자료를 축적하고 있다. 필자도 한국에 장기체류하게 된 것을 계기로 삼아 충청남도 연기지역을 중심으로 청동기시대의 압흔조사를 실시하고 있다.

본고에서는 먼저 일본의 압흔 연구에 대해 정리한 다음 일본·한반도에서의 압흔 연구의 현황과 그 전망에 대해 살펴보고자 한다.

Ⅱ. 압흔의 종류

小林達雄은 『日本原始美術大系1 繩文土器』에서 토기에 남겨진 압흔의 종류를 간략하게 분류하여 ① 제작자의 지문, ② 동물의 압흔(진드기·가리비·고래 척추골 등), ③ 식물(樹)의 압흔(도토리·호두·강아지풀의 종자 등), ④ 식물(나무 잎)의 압흔으로 분류하였다(小林 1977). 이외에도 토기제작 시 제작대 혹은 깔개에 의해 생기는 압흔을 들 수 있는데, 이는 암페라상의 압흔이라 불리는 편물의 압흔이나 뜨개질로 만든 바구니류의 압흔 등을 들 수 있다. 이러한 사실은 큐슈(九州)의 죠몬시대 후기 후반 만기에 출토된 조직흔 토기의 관찰을 통해 알 수 있는데, 즉 동체부 하단부와 저부에 토기를 만들 때 틀로 이용된 바구니류의 압흔을 비롯해 틀과 점토와의 박리를 위해 사용된 직물·짚·그물과 같은 압흔이 현저하게 남아 있었다(鏡山 1961, 62쪽). 이와 같이 압흔의 종류는 다종다양하다. 극단적으로 말하자면 토기에 시문된 스탬프문, 승문, 연사문(撚糸文), 압인문(押型文), 패각 압인문 등은 압흔을 이용해서 만들어진 문양이다. 또한 수전이나 밭유구에서 관찰되는 사람 또는 동물의 발바닥의 흔적, 도로유구에 남겨진 바퀴자국도 큰 범위 내에서 생각하면 압흔의 한 종류일 것이다.

여기서 다시 한번 압흔에 대해 정리하고자 한다. 먼저 압흔은 Ⅰ. 땅, Ⅱ. 토기로 대별된다. Ⅰ의 땅에 부착된 압흔은 전술한 사람이나 동물의 발바닥, 바퀴자국이다. Ⅱ의 토기에 남겨진 압흔은 1. 문양으로 시문된 압흔, 2. 문양 이외의 압흔으로 나누어진다. 1에 대해서는 전술한 바와 같다. 2의 압흔은 또다시 3종류로 분류가 가능하다. (1) 토기제작과 관련된 압흔, (2) 태토 안에 혼입된 자연 유물의 흔적, (3) 토기 사용 시 안에 넣어진 물질이 여러 조건하에 의해 투영된 흔적이다.

(1)은 다시 ① 제작자의 지문, ② 토기제작대의 압흔 및 깔개의 압흔(토기제작대로 사용된 가리비·고래 척추골 등의 압흔, 깔개로 이용된 나뭇잎의 흔적이나 암페라·발상 등과 같은 뜨개질의 압흔), ③ 토기제작의 틀 및 완충재의 압흔(틀로 이용된 뜨개질의 바구니류)과 점토와의 완충재로 이용된 직물·짚·그물 등의 압흔)으로 소별된다. 여기서 ①과 ②의 나뭇잎을 제외하면 모두 인공물의 압흔이다.

(2)는 압흔의 종에 따라 다시 소별이 가능하다. 즉 ① 곤충류(애벌레 포함), ② 거미류·진드기류 등의 절지동물류, ③ 식물의 견실, ④ 작은 나뭇잎, ⑤ 미소패류로 편의상 분류하였다. 이들 압흔은 모두 자연물에 의한 것으로 여기서 문제는 자연물의 혼입이 의식적으로 이루어진 것인지 아니면 우연히 이루어진 것인지 알 필요가 있다. 이에 대해서는 다음 장에서 후술하고자 한다.

(3)은 엄밀하게 말하면 압흔이 아니다. 그러나 수량이 상당히 적은 편이긴 하지만, 토기를 씌우는 것 혹은 토기에 넣은 것이 여러 조건에 의해 토기면에 투영된 것 즉 토기에 그 형태가 반영되는 것을 광의의 의미로 받아들여 압흔의 일종으로 취급하겠다. 한편 이러한 압흔은 인영(印影)할 수 있는 조건에서 다음과 같은 분류가 가능하다. ① 토기의 내용물이 타서 잔존물이 남아 있는 경우 ② 토기에 내용물이 들어간 채 습지에 매몰된 경우. 토기면에 접한 내용물의 형태가 투영된 사례가 간혹 관찰된다. ③ 호형토기는 뜨개질로 만든 바구니류와 주로 짝을 이루기 때문에 그 흔적을 투영하는 사례가 많이 존재한다는 것은 주지의 사실이다. ④ 이러한 사례는 북부 큐슈의 옹관에서 관찰되는 현상이다. 옹관 내부가 비어있을 경우 유체 안치부분을 제외한 곳은 검은색의 반점이 일면에서 관찰되는데 부착물이 없는 곳은 결과적으로 유체를 안치한 모습이 불분명하지만 부상하는 사례가 간혹 있다. ②, ③의 양상은 공통된 것으로 생각된다. 그러나 투영된 물건의 동정은 어려운 일이다. 본고에서 주로 다루는 주제는 (2)의 사례에 대해서이다. 또한 (3)의 ②에 대해서는 간단하게 언급하고자 한다.

Ⅲ. 검출된 압흔의 사례들(일본열도)

일본에서 검출된 압흔은 다종다양하며, 지역에 따라 압흔의 종류와 시기도 다르다. 여기서 제시하는 압흔자료는 필자가 직접 관찰한 큐슈의 것에 한정되기 때문에 일본열도 출토 압흔을 망라

한 것은 아니다. 따라서 종류는 더욱 증가할 것으로 생각한다. 특히 동일본 낙엽수림대의 이른바 잡초의 종자압흔이 크게 결여되었다고 생각된다. 이에 대해서는 다음 논고에서 보완하고자 한다.

1. 죠몬시대의 압흔(그림 1, 2)

초창기, 조기의 압흔은 견과류 과피의 압흔을 제외하면 비교적 적다. 이 시기 鹿兒島를 중심으로 한 남부 큐슈에서는 바구미의 압흔이 관찰된다. 압흔의 증가는 전기 이후 특히 후기 후반의 흑색마연토기 단계부터이다. 이를 특징적인 압흔을 중심으로 부가 설명하겠다.

1) 재배식물(그림 1-1~4)

큐슈에서는 일찍부터 후·만기 농경론이 제창되어왔지만 좀처럼 재배식물의 존재를 확인할 수 없었고 최근에 들어서야 구체적인 검토가 이루어지기 시작했다. 재배식물은 대두를 중심으로 한 콩류이다. 〈그림 1-1, 2〉에 福岡市 香椎A유적[이하 유적은 생략, 시기에 대해서 香椎A, 重留, 이시노모토(石の本)는 만기 초두, 肥賀太郎의 만기 후반은 생략, 그 외는 ( )에 표시하였다] 출토 콩의 전형과 배꼽부분, 〈그림 1-3〉에 熊本縣 太郎迫(후기 후반) 출토 배꼽의 주사전자현미경사진(이하 사진)을 제시하였다. 〈그림 1-4〉는 熊本縣 이시노모토(石の本)(후기 후반) 출토 팥의 사진이다. 현재 큐슈에서 가장 이른 시기에 해당되는 콩은 후기 전반에 비정되는 鹿兒島縣 柊原패총 출토품이다. 일본에서 가장 이른 것은 중부지방 소재 山梨縣 酒呑場을 비롯한 여러 유적에서 중기에 해당하는 사례가 알려져 있다. 중부지방 콩 재배의 시원문제는 동일본적 문물의 전파와 관련하여 중기의 콩 재배가 중기 후반에서 후기 초두에 걸쳐 큐슈, 특히 남서 큐슈에 전파된 것으로 알려져 있다(山崎 2012, 2013).

2) 벼과 식물(그림 1-5~20)

큐슈의 후·만기 죠몬농경론에서 상정된 재배식물은 벼를 비롯한 피, 조 등의 벼과 식물이었다. 그러나 아직까지 죠몬시대에 해당되는 명확한 벼과 재배종은 확인되고 있지 않다. 후술하겠지만 한반도 신석기기대 조·전기에서 조·기장이 존재한다는 것은 토기의 압흔을 통해 알 수 있다. 신석기(죠몬)시대의 한일 간의 교류 상황을 고려하면 당연히 일본 특히 북부 큐슈에 이러한 벼과 재배종이 전파가 되었어도 이상할 것이 없으나 현실은 전술한 바와 같다. 어떤 이유로 전파되지 않았는지 앞으로 검토할 필요가 있다. 이를 확인하기 위해서도 현재까지 확인된 벼과 식물의 검토는 불가피하다.

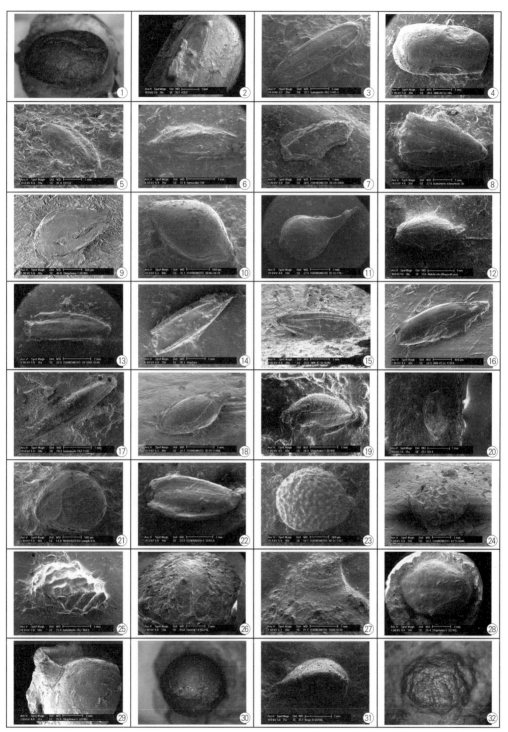

그림 1 _ 죠몬시대의 압흔 Ⅰ: 1,2,16,20,26,30,32,香椎A, 3,6,17,25,太郎迫,
4,7,8,10,11,13,15,16,18,23,24,27,石の本, 5,大矢, 9,19,28,29,重留,
12,野首, 14,肥賀太郎, 21,ワクド石, 22,飛櫛, 26,周船寺, 31,名子

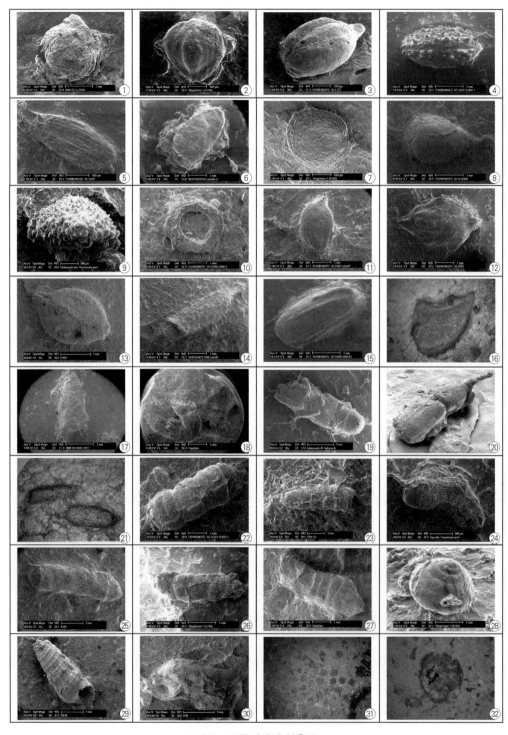

그림 2 _ 죠몬시대의 압흔 Ⅱ

1,3~5,8~12,15,17,19,20,22,石の本, 2,7,26,28,重留, 6,ワクド石, 13,16,21,25,29,30,香椎A,
14,太郎迫, 18,27,肥賀太郎, 23,24,大矢, 31,32,曾畑

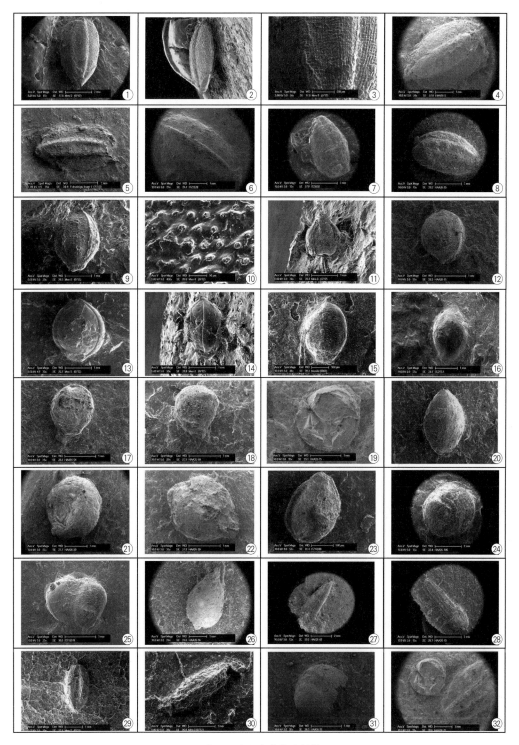

그림 3 _ 야요이시대의 압흔
1~3,9~11,13,14,29,30,免, 4,8,12,17~22,24,26~28,31,32,原, 5,福重稻木,
6,7,15,16,23,25,板付

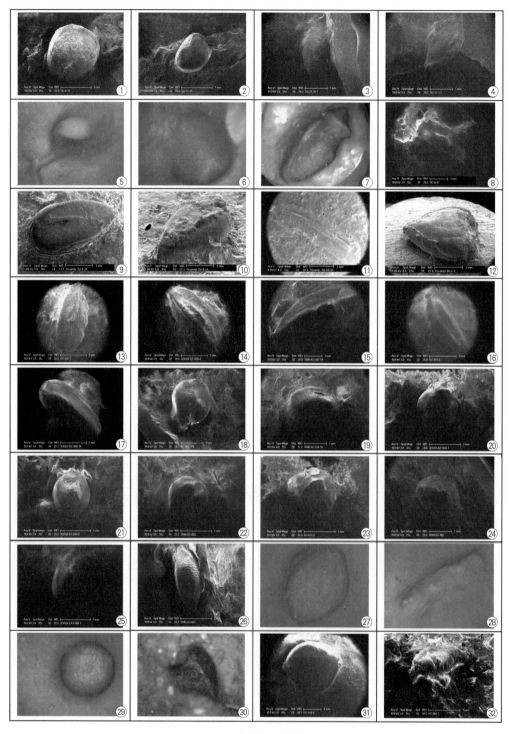

그림 4 _ 한반도의 압흔
1~8,石橋里, 9~12,東三洞, 13,18,23,25,31,32,大平里, 14,16,17,20,21,30,松潭里,
15,19,22,24,26,松院里, 27,28,29,宮坪里

여기서는 옛날 필자가 벼과의 재배식물로 취급하였으나 찬동을 얻지 못했던 종자에 대해 소개를 한 후 재배식물이 아니면 어떠한 식물인지 검토를 하고자 한다.

〈그림 1-5~7〉은 벼의 압흔으로 추정하였다. 〈그림 1-5〉는 熊本縣 大矢(중기 후반), 〈그림 1-6〉은 同縣 太郎迫(후기 후반), 〈그림 1-7〉은 同縣 이시노모토(石の本)(후기 후반)의 압흔이다. 〈그림 1-5〉는 시기가 가장 거슬러 올라간다. 압흔은 점토접합부에 있는데 접합부의 박리 때문에 둘로 나누어진다. 현존하고 있는 것은 외영측이며, 박리된 파편에 내영측의 압흔이 있었을 것으로 추정된다. 다만 외영의 선탄부가 둥그스름한 점, 전체적으로 과립상(顆粒狀) 돌기열(突起列)이 불분명하다는 점, 까끄라기(芒)가 없는 점 등으로 현미의 압흔으로 추정하였다. 〈그림 1-6〉은 압흔이 얕고 정확한 전형을 알 수 없다. 압흔은 장타원형을 띠고 선탄부에 까끄라기의 일부만이 미세하게 남는다. 基部는 불분명하다. 선탄부에 과립상 돌기열의 일부로 생각되는 부분이 관찰되지만 전체적으로 불분명하다. 〈그림 1-7〉은 압흔의 가장자리가 구부러져 변형된다. 이는 겉겨(籾殼)의 외영측의 압흔으로 보이며, 높은 부분은 표면의 조직이 남아 있지 않지만 다른 부분은 과립상 돌기열이 잘 관찰된다. 주변부의 구부러짐을 수정하면 전형은 외영에 가까워진다. 문제는 구부러진 이삭(穎)이 어떤 상황에서 발생했는지 불명확하다는 것이다. 벼로 생각되는 압흔은 상기 3개의 사례 이외에 太郎迫에 한 사례, 이시노모토(石の本)에 세 사례가 확인된 바가 있다. 〈그림 1-8〉은 熊本縣 이시노모토(石の本)에서 확인된 보리의 압흔이다. 영과는 평면형이 계란 모양이며 선탄은 銳形을 띤다. 基部는 부러졌는지 없다. 원래는 타원형이었던 모양이다. 중앙부에 굵고 깊은 세로방향의 홈(縱溝)이 있다. 측면은 약간 편평하다. 이 영과의 표면에는 미세한 세로방향의 주름(縱皺)이 관찰된다. 이에 대해서는 九州대학 명예교수인 小西德郞의 교시를 받았다. 〈그림 1-9〉는 福岡市 重留의 압흔이다. 전에는 조의 압흔으로 보고하였으나 유두상의 돌기가 날카롭다는 지적을 받아 부정된 자료이다. 확실히 사진에서 보이는 돌기는 날카롭지만 이것이 레플리카(복제품)의 완성도에 의한 것이라고도 생각된다. 또한 이러한 압흔을 현생 조의 돌기와 비교해보면 같은 부분도 있어서 일괄적으로 결정할 수는 없다. 내외영의 단은 뚜렷하다. 이에 대해서는 앞으로 자세히 검토할 필요가 있다. 〈그림 1-10〉은 熊本縣 이시노모토(石の本)(만기 중경)의 피로 생각되는 압흔이다. 전형은 방추형을 띤다. 내외영은 뚜렷하며, 내영측은 둥그스름한 모양을 띠고 크게 부풀어 있다. 아랫부분에는 포영(苞穎)이 관찰된다. 〈그림 1-11〉은 熊本縣 이시노모토(石の本) 출토 염주속(ジュズダマ屬)의 압흔, 전형의 주요부는 난형을 띠고 선탄부는 끝으로 갈수록 가늘어진다. 선탄에는 수컷의 작은 수상화축이 포초부(苞鞘部)를 찌르고 뻗은 특징이 있다. 아랫부분에는 기반이 배꼽상의 돌기로 남아 있다. 〈그림 1-12〉는 長崎縣 野首(만기·黑川式)의 피속으로 생각되는 압흔이다. 내외영은 뚜렷하고 까끄라기는 길다. 이삭에는 장축에 평행한 5개의 능선이 명확하다. 〈그림 1-13〉은 熊本縣 이시노모토(石の本)에서 확인된 겨풀속(サヤヌカグサ屬)으로 생각되는 압흔이다. 선탄부는 결실되었다. 극히 벼와 유사한 압흔이지만 과립상 돌기열은 불규칙하고 내영측 돌기열의 입자는 작다. 또한 이삭의 강모의 양상이 다르다. 벼의 강모는 선탄부로 갈수록 커지는

반면에 이번 사례는 아랫부분에 강모가 많다. 기반이 뚜렷하게 남아 있기 때문에 자연스럽게 탈립(脱粒)한 것으로 생각된다. 〈그림 1-14〉는 長崎縣 肥賀太郞의 압흔이다. 전형이 선상의 장타원형을 띠고 있으나 일부 선탄이 없다. 내영측의 기부에는 소축(小軸) 돌기가 확인된다. 이삭 전체에 과립상의 돌기열이 관찰되지만 규칙성은 없다. 基部側의 소수축(小穗軸)은 구부려 버려진 상태를 나타낸다. 〈그림 1-15〉는 熊本縣 이시노모토(石の本)(후기 말)의 압흔이며 전형은 거의 〈그림 1-10〉과 같다. 일부 선탄부가 결실된다. 基部는 관절부에서 없어졌지만 기반이 잘 남아 있어서 자연 탈립한 것을 알 수 있었다. 〈그림 1-16〉도 熊本縣 이시노모토(石の本)의 압흔으로 전형은 선상의 장타원형을 띤다. 까끄라기, 기반 모두 결실되고 있지만 형상으로 보아 벼과 식물의 종자임을 알 수 있다. 외영의 장축에 따라 불명확한 능선이 확인되고 기반측에 불규칙한 작은 알갱이 모양의 돌기가 있다. 〈그림 1-14~16〉은 다소 큰 벼과의 종자이고 개밀속(カモジグサ屬)의 종자에 가까운 것으로 생각된다. 같은 종자가 많은 유적에서 확인되고 있어서 주목된다. 〈그림 1-17〉은 熊本縣 太郞迫의 소형 벼과 종자의 압흔이며 전형이 극히 양호한 상태로 남아 있었다. 까끄라기는 긴 편이며 2.52mm로 계측된다. 이삭은 길고 가는 유선형을 띤다. 基部측의 소수축은 구부려 버려진 상태이다. 〈그림 1-18〉은 熊本縣 이시노모토(石の本)의 압흔이다. 소형의 종자이며, 전형은 장타원형, 선탄부는 뾰족하다. 과피의 일부는 박리된 상태이다. 열매껍질에는 타원형의 낮은 돌기열이 관찰된다. 종은 불명확하지만 벼과 식물의 영과로 보인다. 〈그림 1-19〉는 福岡縣 重留의 강아지풀의 압흔이다. 영과의 전형은 장타원형이고 내영측은 편평, 외영측은 둥그스름하다. 유두 돌기열이 현저히 남아 있지만 규칙성이 없고 형태적으로도 강아지풀로 보는 것이 타당하다. 〈그림 1-20〉은 福岡縣 香椎A의 압흔이다. 이는 소형의 종자로 크기 및 형태가 〈그림 1-14〉와 유사하다.

3) 식용식물(그림 1-21~26)

재배식물 외에 식용식물에서도 압흔이 관찰된다. 자소과의 일종인 자소·들깨는 대부분이 야생종이지만, 일찍부터 재배종이 출현한다. 물론 이러한 재배종인 자소·들깨는 이후에도 존속하나 그 중 일부가 야생화한 것으로 추정된다. 어쨌든 자소나 들깨는 지금도 재배되고 있는 재배식물이다.

〈그림 1-21〉은 熊本縣 와쿠도이시(ワクド石) 출토 자소과의 압흔이며, 많은 유적에서 확인되고 있다. 자소과의 자소·들깨는 서로 유사한 점이 많기 때문에 이 둘을 구별할 수 있는 방법은 크기 비교밖에 없다. 따라서 자소과의 압흔은 자소·들깨의 압흔 모두를 포함한다. 〈그림 1-22〉는 福岡縣 桑原飛櫛 출토 우엉속의 압흔이며, 전체적인 기형은 타원형인 배형을 띠고 있다. 압흔 및 전형은 타원형인 배형이다. 基部에는 둥근 구멍이 확인되기 때문에 국화과 식물의 특징을 나타낸다. 그러나 이에 대해서는 앞으로의 검토가 필요할 것이다. 〈그림 1-23〉은 熊本縣 이시노모토(石の本)에서 확인한 꾸지나무(カジノキ)의 압흔으로 이의 과실은 식용이 된다. 극히 유존상태가 양

호한 압흔이기 때문에 2000배로 확대해도 조직을 선명하게 관찰할 수 있다. 수과(痩果)의 평면형은 계란 모양, 선탄 중앙부에는 갈고리 형태로 꾸부러진 암술대의 基部가 숙재한다. 측편의 한쪽은 능선이고 또 다른 쪽은 평평한 띠모양을 띤다. 띠모양 이외의 과피에는 선상의 낮은 돌기가 분포한다. 〈그림 1-24〉는 熊本縣 이시노모토(石の本), 〈그림 1-25〉는 熊本縣 太郎迫의 산초나무속 과실의 압흔이다. 산초나무속의 압흔은 여러 유적에서 확인된다. 산초나무속에는 산초나무, 청초, 머귀나무 등이 포함된다. 산초나무는 향신료로 유용하다. 또한 산초나무 및 청초에서는 기름을 채취할 수 있다. 〈그림 1-26〉은 福岡縣 周船寺(만기 후반) 출토 고사리 잎편(羽片)의 압흔이다. 고사리 잎편은 후기 후반으로 비정되는 太郎迫유적 출토 토기의 압흔을 비롯해 만기에 해당하는 여러 유적에서 확인된다. 고사리는 새싹이 식용될 뿐만 아니라 뿌리와 줄기에서는 전분이 채취된다. 유적에서 유존하기 어려운 식물질 식량의 일부분을 확인할 수 있었다는 점에서 의의가 있다.

4) 도토리류(그림 1-27~29)

압흔 중에서는 도토리류 과피의 압흔이 가장 많다. 그러나 모두 작은 파편이기 때문에 도토리류로 판단하기는 어렵다. 후기 후반에서 만기에 비정되는 북부 큐슈 출토 粗製토기에는 혼화재료로 도토리류 및 그와 유사한 견과류의 과피가 혼입된 사례가 극단적으로 많다. 따라서 복제품의 제작은 형상을 알 수 있는 자료에 한해서 실시한다. 도토리수혈군의 존재 등으로 도토리류가 죠몬인의 주식이었음은 쉽게 추정할 수 있다.

〈그림 1-27〉은 熊本縣 이시노모토(石の本), 〈그림 1-28, 29〉는 福岡縣 重留 출토 도토리류의 압흔이다. 〈그림 1-27, 29〉는 암술대 부분의 확대사진이다. 암술대를 둘러싼 줄무늬 모양(몇 개의 가로줄)이 확인된다. 종은 알 수 없으나 조엽수림의 도토리일 것이다. 〈그림 1-25〉는 과피가 제거된 도토리의 견실로 추정되며 세로로 반을 자른 한쪽 편이 압흔으로 남아 있다. 종은 알 수 없다.

5) 그 외의 식물종자(그림 1-30~그림 2-14)

〈그림 1-30〉은 福岡縣 香椎A 출토 털조장나무의 압흔이다. 이 압흔의 내부에는 종자가 탄화되어 완전한 모습으로 남아 있었다. 〈그림 1-31〉은 福岡縣 名子14차 조사구(후기 중경) 출토 압흔이 반정도 확인되었다. 종자의 표면에는 작고 많은 돌기가 있으나 돌기의 배치에는 규칙성이 없고 종은 불분명하다. 〈그림 1-32〉는 福岡縣 香椎A 출토 층층나무의 압흔이다. 香椎A유적에서는 비교적 많은 수량의 층층나무 압흔이 확인되었다. 〈그림 2-1〉은 熊本縣 이시노모토(石の本) 출토 압흔이다. 종자는 공처럼 둥근 모양을 띠고 두 곳에 뿔모양과 같은 돌기가 있다. 씨껍질에는 전체적으로 미세하고 낮은 돌기가 확인된다. 그들을 다소 굵은 돌기선(隆線)으로 구획하여 그 안에 작고 낮은 돌기가 전면 관찰된다. 종은 불분명하다. 〈그림 2-2〉는 福岡縣 重留의 압흔이다. 전

형은 가로로 넓은 계란 모양을 띤다. 한쪽 면은 둥그스름하게 부풀리고 중앙부가 띠모양으로 한층 높아진다. 종은 불분명하다. 〈그림 2-3〉은 熊本縣 이시노모토(石の本)(만기 후반)의 압흔이며 유존 상태는 양호하다. 선탄은 돌기상으로 뾰족하고 씨는 3개로 분리된다. 씨껍질에는 미세하고 낮은 과립상 돌기열이 있다. 종은 불분명하다. 〈그림 2-4〉는 熊本縣 이시노모토(石の本)유적의 압흔이며 전형은 방추형을 띤다. 이 종자는 2개의 침선에 긴 4개의 돌기선이 장축을 따라 배치되었으며 그 사이의 돌기열이 특징적이다. 길이 3mm, 폭 1.34mm로 계측되었다. 이번 사례 외에 熊本縣 太郎迫유적, 福岡縣 大原D유적에서도 확인되었다. 종은 불분명하다. 〈그림 2-5〉는 熊本縣 이시노모토(石の本)유적의 압흔이다. 수과(瘦果)의 평면형은 타원형을 띠고 세로방향의 선이 다수 들어간다. 측면은 편평하고 종은 불분명하다. 〈그림 2-6〉은 熊本縣 와쿠도이시(ワクド石)(후기 후반~만기 전반)유적 출토 注口土器의 주구부에서 확인한 압흔이다. 전형은 계란 모양이지만 한쪽 끝은 둥그스름하게 뾰족하다. 基部는 직선적이지만 원래의 모습인지 부러진 것인지 판단할 수 없다. 종자의 장축 중앙부에서 약간 떨어져서 높이가 다른 능선이 확인된다. 이는 약간 부풀어졌으나 편평하다. 종은 불분명하다. 〈그림 2-7〉은 福岡縣 重留의 압흔이다. 평면형은 넓은 계란 모양이며 배꼽은 장축 중앙보다 다소 치우쳐져 있다. 이는 편평하고 전체적으로 얕게 패인 그물코 모양이고 가지과의 종자이다. 〈그림 2-8~12〉는 熊本縣 이시노모토(石の本)의 압흔이다. 8의 수과(瘦果)는 평면형이 넓은 형태이며 基部는 이단의 단을 두었다. 씨껍질에는 미세한 세로방향의 선이 관찰된다. 종은 불분명하다. 〈그림 2-9〉는 복과(集合果)의 압흔이며 종은 불분명하다. 〈그림 2-10〉의 평면형은 환상을 띠고 외변에 산 모양의 칼자국을 새긴다. 톱니바퀴 모양(齒車狀)의 특이한 종자이다. 종자는 불분명하다. 〈그림 2-11〉의 전형은 넓은 타원형이며 선탄은 뾰족하다. 열매껍질에는 낮은 능선이 확인된다. 〈그림 2-12〉의 전형은 넓은 계란 모양이며 양단은 뾰족하다. 열매껍질에는 세로방향의 능선이 있다. 〈그림 2-13〉은 香椎A의 압흔이다. 전형은 계란 모양이고 선탄부는 뾰족하다. 基部는 약간 밖으로 튀어 나와있다. 세로방향의 능선이 관찰된다. 이들은 모두 마디풀과의 종자이다.

6) 付着散布型의 종자(그림 2-15~17)

사람 또는 동물에 부착해서 산포되는 종자는 일명 '달라붙는 벌레'로 불린다. 이 종의 종자압흔도 여러 유적에서 비교적 다수가 확인된다.

〈그림 2-14〉는 熊本縣 太郎迫(만기 후반)의 압흔이며, 같은 토기에 동일 종 4개의 압흔을 확인할 수 있었다. 압흔의 전체형은 긴 타원형을 띠고 선단은 뾰족하며 전체적으로 장축에 따라 깊은 선이 다수 돌아간다. 基部는 극단적으로 오므라지고 단부는 그립 모양이다. 국화과 식물의 종자이며 이에 달라붙는 벌레의 일종이다. 〈그림 2-15〉는 熊本縣 이시노모토(石の本)유적의 압흔이며 전형이 타원형을 띤다. 양측에 갈고리 모양의 악치(calyx teeth)가 자라지만 선단은 결손되었다.

종자는 일부 포과가 노출된다. 포과는 장원통체를 띠며, 화피(花被)에는 장축을 따라 돌기선(隆條線)을 관찰할 수 있다. 〈그림 2-16〉은 福岡縣 香椎A 출토의 압흔이다. 전형은 半橫廣卵形(가로로 넓은 계란 모양)이며 가선을 두른다. 배면은 편평하지만 중앙부는 약간 부푼다. 이는 도둑갈고리(ヌスビトハギ)의 종자이다.

7) 싹(그림 2-17)

압흔의 의외의 사례로 나무 싹을 들을 수 있다. 양적으로는 많지 않지만 이시노모토(石の本) 이외에 宮崎縣 타케노우치(竹ノ內), 鹿兒島縣 柊原지역 등에서 확인된다. 후술할 한반도 동삼동에서도 수습되었다. 〈그림 2-17〉은 熊本縣 이시노모토(石の本) 출토 싹의 압흔이다. 싹은 직경 2mm 전후의 원통형을 띠고 선단은 뾰족하다. 유린아(有鱗芽)로 아린(芽鱗)은 10매 이상 겹쳐져 있다.

8) 거미류(그림 2-18)

〈그림 2-18〉은 長崎縣 肥賀太郎에서 확인된 거미의 압흔이다. 이는 토기의 단면에서 관찰된 특이한 사례이다. 유존부분은 위턱, 두흉부, 다리의 일부이다. 위턱은 강대하고 基部는 둥그스름하게 부풀어 있다. 선탄부는 결실되었고 현존 길이는 1.3mm이다. 눈은 앞줄 4개가 완존한다. 전곡(前曲), 앞가운데 눈(前中眼)은 앞옆눈(前側眼)보다 작다. 뒷줄은 박리된 것으로 생각된다. 두흉부의 현존 길이는 2.8mm이다. 다리에는 다리수염과 첫번째 다리(第一脚), 두번째 다리(第二脚)가 잔존한다. 자루거미과(フクログモ科) 자루거미속(フクログモ屬) 노랑염낭거미와 유사하지만 단정할 수는 없다. 노랑염낭거미는 5~6월경 벼 등의 벼과 식물의 가는 잎을 3개로 접어서 산실을 만드는데 주로 초원, 논길, 수전에서 많이 관찰되는 보편적인 자루거미이다. 또한 굴뚝거미과(ガケジグモ科)의 거미일 가능성도 있다는 교시를 받았다.

9) 곤충(바구미)(그림 2-19~21)

곤충의 압흔 중 90% 이상은 바구미가 점한다. 바구미는 죠몬시대 전시기에 걸쳐 확인되며 유존상태는 상당히 양호하다. 이는 갑충인 것과 관련이 있을 것으로써 점각열(点刻列)도 명료하다. 바구미는 현재 쌀의 최대의 해충이지만 죠몬시대에는 도토리류와의 관련이 깊을 듯하다. 그러나 바구미는 도토리의 딱딱한 껍질에 구멍을 뚫을 수 없었기 때문에, 바구미가 도토리와 관련성을 갖는 것은 죠몬인이 도토리 껍질을 제거한 이후의 일일 것이다. 즉 인간이란 매개체가 없으면 도토리와 바구미의 관련성은 발생하지 않았던 것이다. 이와 같이 도토리류와 관련이 많은 바구미가 언제, 어디서 쌀의 해충이 되었는지에 대해 밝히는 것은 앞으로 해결해야 할 중요한 과제 중 하나이다. 다음 장에서 언급하겠지만 일본에서는 수도농경이 확실히 실시되는 야요이시대 이후 바구미의 압흔은 상당히 적다. 이 문제에 대해서는 후술하겠다.

〈그림 2-19·20〉은 熊本縣 이시노모토(石の本)유적 출토 바구미의 압흔이다. 〈그림 2-19〉는 복면측을 관찰할 수 있다. 다리의 흔적까지 잘 남아 있으나 선단부가 결실된다. 〈그림 2-20〉은 배면측으로 흡관까지 완전하지만 다리는 남아 있지 않다. 한편 〈그림 2-19〉와 동일 파편에 또 다른 바구미의 압흔이 1마리 확인되었다. 〈그림 2-21〉은 福岡縣 香椎A유적 출토 바구미의 압흔이다. 2마리의 바구미가 서로 마주보고 있다. 이와 같이 여러 바구미가 동일 파편에서 관찰된다는 것은 바구미가 태토 중에 혼입되었을 가능성을 시사하는 것으로 생각된다.

10) 곤충 애벌레(그림 2-2~27)

곤충의 종류는 거의 바구미로 한정되는데 비해 애벌레는 많은 종류가 확인된다. 물론 바구미만큼 많지는 않지만 한 유적 당 1~2마리 정도의 애벌레 흔적이 확인되어서 꽤 보편적인 압흔으로 볼 수 있다.

〈그림 2-22〉는 熊本縣 이시노모토(石の本)유적 출토 졸참나무바구미(コナラシギゾウムシ) 또는 도토리거위벌레(ハイイロチョッキリ)의 애벌레로 추정되는 압흔이며, 측면에 늘어선 장타원형의 돌기가 관찰된다. 〈그림 2-23, 24〉는 熊本縣 大矢(후기 초두)유적의 압흔이다. 〈그림 2-23〉은 머리부분이 결실되었고 〈그림 2-24〉는 장타원형의 미세한 돌기열이 관찰된다. 〈그림 2-25〉는 福岡縣 香椎A의 압흔이지만 일단이 결실된다. 〈그림 2-26〉은 福岡縣 重留유적의 압흔이지만 그 수가 상당히 적으며 전체 길이는 3.00mm이다. 전면에 미세한 돌기가 관찰된다. 〈그림 2-27〉은 長崎縣 肥賀太郎유적의 압흔이다. 머리부분으로 생각되는 부분은 약간 굵고 뾰족한 삼각형을 띤다. 다른 부위는 결실된다. 〈그림 2-23~27〉의 종은 불분명하다.

11) 微小貝(그림 2-28~30)

미소패(매우 작은 조개)의 압흔의 양은 많지 않다. 북부 큐슈에서는 태토에 작게 부순 패각을 혼입시킨 예가 있어 패각이 녹은 후 압흔으로 남아 있는 사례가 많다. 그러나 이들 압흔은 극히 작기 때문에 전체 기형과 종의 특정은 어렵다. 복제품은 전형이 수 mm인 이른바 미소패로 불리는 자료이다. 여기에 제시한 미소패는 모두 죠몬 만기 초두에 해당한다. 또한 패류의 동정에는 千葉縣立博物館의 黑住耐二의 교시를 받았다.

〈그림 2-28〉은 福岡縣 重留유적의 압흔인데, 아키마키비류(ハリマキビ류: 학명 Parakariella sp.cf.harimensis/陸産貝類)보다도 껍질이 낮기 때문에 확실히 이 종으로 동정할 수는 없다. 그러

나 아키마키비일 가능성도 충분이 있다. 아마 이 조개는 완전히 성장한 크기로 추정된다. 이 자체는 다양한 환경에서 자주 볼 수 있는 종이다. 〈그림 2-29, 30〉은 福岡縣 香椎A유적의 압흔이다. 〈그림 2-29〉는 시마모쯔보(학명 Finella purpureoapicata/海産貝類)이다. 이는 내만의 砂泥 바닥에서 자라며, 완전히 성장한 조개지만 조금 더 커질 가능성이 있다. 껍질 선단의 결실은 애초부터인 듯하여 죽은 껍질(死殼)인 것으로 생각한다. 〈그림 2-30〉은 치이성가이도키(クチキレガイモドキ류-"Odostomia"sp.) 또는 시마하바쯔보(シマハマツボ-Alabapicta/海産貝類) 중 하나일 테지만 결정하기는 어렵다. 치이성가이도키(クチキレガイモドキ)류로 결정할 수 없는 이유는 사진과 같이 체층(각구에서 한바퀴 돌았을 때 가장 큰 한 층)이 완만한 곡선을 이루는 형태가 거의 없기 때문이다. 시마하마쯔보로 생각하기 어려운 점은 폭이 좁은 껍질과 패각의 선단이 치이성가이도키류와 유사한 특징적인 나선(異旋)으로 보이기 때문이다. 크기에 대해서 언급하면 치이성가이도키의 경우 완전히 성장한 조개로, 시마하마쯔보의 경우 아직 어린 조개로 볼 수 있다. 이들 미소패는 토기 태토 안에 우연히 들어간 것으로 생각된다.

12) 토기에 투영된 종자

〈그림 2-31 · 32〉는 熊本縣 曾畑(전기)유적의 사례이다. 曾畑式 深鉢形土器 하반부에 31과 같은 원형의 인영이 전체적으로 관찰된다. 확대사진을 32에 제시하였으며 전사된 상은 2중의 원형으로 되어 있다. 바깥의 원형은 진한 선으로, 내측의 색은 연한 선으로 원을 그린다. 그렇다면 이러한 상은 어떻게 생기는 것인가? 이에는 수분이 큰 역할을 하고 있다고 생각된다. 수분이 증발하는 과정에서 표면장력의 관계로 수분이 종자의 주변에 모였기 때문에 수분에 포함되는 색소가 토기에 부착된 결과로 생각한다. 과즙을 사용한 실험결과 상기와 같은 상을 만들 수 있었다. 토기편에서 확인된 흔적은 333점이었다. 흔적 중 최대는 길이 3.93mm×폭 2.58mm이며, 최소는 길이 0.78mm×폭 0.93mm이다. 크기를 통해 적어도 3종류 이상으로 분류 가능하다.

이 토기에 남겨진 인영에 대한 자세한 보고는 별도의 기회에 언급하고자 한다.

2. 야요이시대 조 · 전기의 압흔(그림 3)

야요이시대가 되면 종자압흔의 종류는 크게 변화한다. 이때까지 출현하지 않았던 벼과의 재배식물이 급증하는데 비해 죠몬시대에 압도적으로 많았던 견과류(도토리류)의 껍질 파편의 압흔은 볼 수 없게 된다. 이를 대신할 압흔의 주체는 겉겨(현미)이다. 주체를 점한다고 해도 죠몬시대 출토 견과류의 껍질과 비교하면 그 수량은 적다. 따라서 주식은 완전히 대체한 것이 아닌 듯하다. 야요이시대에는 겉겨와 현미의 압흔이 주체를 이룬다. 이에 조 · 기장이 추가되어서 재배식물을 구성한다. 죠몬시대에 재배된 것으로 추정되는 콩류의 압흔은 모습을 감춘다. 그러나 콩류를 재배하지 않았던 것은 아니다. 유적에서는 간혹 저장된 탄화 콩류가 수습된다. 그렇다면 왜 콩류의 압흔은 없는 것인가? 그간의 사정에서 압흔의 의미를 찾을 수 있을 듯하다. 또한 죠몬시대에 대량 존재한 야생식물의 종자 압흔도 모습을 감춘 반면 야요이시대에는 재배식물의 수반식물인 벼과 식물이 약간 존재하는 것에 지나지 않는다. 이도 야요이시대의 큰 특징이다. 반면 조 · 기장은 북부 큐슈에서는 양적으로 적지만 동일본에 전파되어 큰 전개를 보여주는 것도 주목된다.

1) 재배식물(그림 3-1~14)

북부 큐슈의 야요이시대 조 · 전기 출토 재배식물은 죠몬시대와 다르며 벼과 식물이 중심을 이룬다. 압흔의 대부분은 겉겨 및 현미이다. 조 · 기장은 이차적으로 존재하는 것에 지나지 않는다. 그러나 이들이 동일본으로 전파되면 그 구성은 역전하여 조, 기장이 주체가 된다. 이를 통해 시기 장소에 따라 중심이 되는 재배식물이 달랐음을 알 수 있다. 앞으로 고고식물학의 연구가 진행되면 그 실체는 더욱 명확해질 것으로 생각한다.

여기서 취급할 유적의 시기는 免第3次調査區유적, 原第26次調査區유적, 福重稻木유적이 刻目突帶文土器, 板付유적이 刻目突帶文土器 板付Ⅱ式이다.

〈그림 3-1~3〉은 福岡縣 免第3次調査區 확인 겉겨의 압흔이고, 까끄라기는 부러졌는지 발견할 수 없었다. 基部 양측에는 호영이 명료하게 남아있었다. 이는 기반부가 부러져 뗀 상황을 나타낸다. 2는 측면사진이며 외영과 내영, 호영은 잘 남아 있다. 〈그림 3-3〉은 과립상 돌기열의 확대사진이다. 〈그림 3-4~6〉은 각 유적에서 확인된 겉겨의 흔적이다. 〈그림 3-4〉는 福岡縣 原第26次調査區유적, 〈그림 3-5〉는 福岡縣 福重稻木유적, 〈그림 3-6〉은 福岡縣 板付유적에서 확인된 일본에서 가장 오래된 벼 자료이다. 〈그림 3-7〉은 福岡縣 板付유적, 〈그림 3-8〉은 福岡縣 原第26次調査區유적의 현미 압흔이다. 이 중에서는 탈곡 도중인 것도 포함되어 있어, 이삭이 얇게 남아 있었다. 이때까지 겉겨의 압흔으로 보았던 것들 중에 적지 않게 현미의 압흔이 포함되어 있었던 것을 알 수 있었다. 〈그림 3-9〉는 福岡縣 免第3次調査區유적 출토 조의 압흔이다. 전형은 둥글고 외영측에 유두 모양의 돌기열이 명료하게 남아 있었다. 〈그림 3-10〉은 정연하게 서 있는 유두 모양 돌기열의 확대사진이다. 〈그림 3-11〉은 福岡縣 免第3次調査區유적, 〈그림 3-12〉는 福岡縣 原第26次調査區유적에서 확인한 조의 압흔이다. 모두 원형에 가깝고 외영측에 유두 모양의 돌기열이 잘 남아 있다. 〈그림 3-13〉은 福岡縣 免第3次調査區유적에서 확인한 기장의 압흔이고 〈그림 3-14〉는 그 측면사진이다. 내외영에 명확한 단(段)을 확인할 수 있고, 외영측은 둥글게 부풀었으며 평활하다.

2) 재배식물 이외의 식물(그림 3-15~30)

벼, 조, 기장 등의 재배식물 이외에 식물은 양과 종류가 모두 적어진다. 식물은 재배식물인 벼과 식물과 종을 알 수 없는 것만 약간 검출되는데 지나지 않는다. 이러한 현상은 야요이시대의 유적에서 확인된 압흔분석이 아직 완전히 진행되지 않았다는 사실에 기인한 것인지 아니면 본래 야요이시대의 상황을 나타내는 것인지 선뜻 결정하기가 어렵다. 그러나 압흔 검출의 작업을 통해서만 볼 때에는 후자의 상황이 더 근거가 있을 듯하다.

〈그림 3-15, 16〉은 福岡縣 板付유적 검출 강아지풀의 압흔이다. 앞에서 언급한 조의 압흔과 비교하면 장타원형이며 배면은 둥글고 돌기열은 불규칙적이다. 〈그림 3-17~19〉는 福岡縣 原26次調査區유적의 압흔이다. 〈그림 3-17〉은 내외영이 명료하고 형상과 크기로 보면 조일 가능성이 크지만 외영측의 유두 모양의 돌기열이 명확하지 않기 때문에 종을 결정하기 쉽지 않다. 〈그림 3-18〉도 같다. 〈그림 3-19〉는 직경 2mm 전후인 공모양의 영과에 대한 압흔이다. 압력이 가해져 있었기 때문에 영과의 껍질 상면이 작게 깨졌다. 현재로서는 어떤 종의 압흔인지 특정하기는 어렵지만, 압흔의 유존상태가 양호하여 고배율로 표면을 관찰한 결과 일면에서 작은 과립상의 돌기가 퍼져 있음이 확인되었다. 이러한 돌기는 현생 기장 영과의 표면에서도 같은 배율로 관찰하면 확인이 된다. 따라서 본 자료는 기장일 가능성이 높으며 앞으로 더욱 검토를 할 예정이다. 〈그림 3-20〉은 福岡縣 免第3次調査區유적의 압흔이며 전형은 방추형을 이룬다. 내외영는 불명확하고, 외영측은 둥글면서 크게 부풀어 있다. 종은 불분명하다. 〈그림 3-21, 22〉는 福岡縣 原26次調査區 검출의 압흔이다. 〈그림 3-21〉은 직경 2.5mm 전후인 공모양의 압흔이지만 일부는 결실되었다. 표면에는 돌기가 전면적으로 확인되지만 앞에서 제시한 기장의 돌기와 비교하면 불명료하면서 낮고 크다. 종은 불분명하다. 22는 2~3mm 전후의 평탄한 基部의 사진이다. 이의 선단부는 날카롭고 약간 타원형이며 이삭으로 덮어져 있었을 것이지만 확인할 수는 없다. 종은 불분명하다. 〈그림 3-23〉은 福岡縣 板付유적 검출 벼과 식물의 종자로 생각되는 압흔이며 평면형은 타원형이고 비교적 편평하다. 종자의 테두리에는 돌기대(隆帶)가 돌아간다. 후술할 〈그림 4-27〉과 동종으로 생각된다. 〈그림 3-24〉는 福岡縣 原26次調査區유적에서 검출된 압흔이며 타원형을 띤 공모양의 종자이다. 전체 표면은 그물코 모양이다. 종은 불분명하다. 〈그림 3-25〉는 福岡縣 板付유적 검출의 압흔이다. 이삭은 완전히 벗겨져서 영과만이 남았다. 알의 직경이 2mm 전후인 점, 씨젓부(배유부)가 깊이 파인 점, 껍질의 밑에서 미세한 돌기가 관찰되는 점 등으로 미루어 보아 기장일 가능성이 있지만 결정하기는 어렵다. 이에 대해서는 좀더 논의할 필요가 있다. 〈그림 3-26~28〉은 福岡縣 原26次調査區유적에서 검출된 압흔이다. 〈그림 3-26〉은 계란 모양의 압흔이다. 길이 4mm, 폭 2mm 전후이며 날카로운 선탄이다. 표면은 이삭으로 덮어져 있다. 종은 불분명하다. 〈그림 3-27〉은 가는 타원형의 압흔이지만 하반부는 결실된다. 또한 날카로운 선단부를 가진다. 장축 중앙부에 능선이 있는 것 같이 보이지만 판연하기 어렵다. 종은 불분명하다. 〈그림 3-28〉은 세장한 압흔이며 장축을 따라 6개의 가는 선(條線)이 확인된다. 종은 불분명하다. 〈그림 3-29, 30〉은

福岡縣 免第3次調査區유적에서 검출된 압흔이다. 〈그림 3-29〉는 타원형이고 중앙부에 세장한 우묵한 곳이 있다. 종은 불분명하다. 〈그림 3-30〉은 세장한 타원형의 압흔이다. 복제품의 완성도는 약간 떨어지지만 〈그림 2-4〉에 제시한 압흔과 동종으로 생각된다.

3) 미소패(그림 3-31)

〈그림 3-31〉은 福岡縣 原26次調査區유적에서 검출된 압흔이다. 이 압흔의 종은 해산패류(기수산을 포함)의 일종이다. 그러나 마열한 패각상부(殼頂部)때문에 정확히 동정할 수는 없고, 다만 앞서 말한 Assiminea japonica 그룹(カワザンショウガイ類)과 유사한 점은 알 수 있다. 또한 Littoraria articulate(マルウズラタマキビ)의 패각상부가 마모된 파편일 가능성도 부정할 수 없다. 만약 이 둘 중 하나라면 1cm 미만이기 때문에 식용으로 운반되었을 가능성은 없다.

4) 기타(그림 3-32)

〈그림 3-32〉는 福岡縣 原26次調査區유적에서 검출된 극히 희귀한 흔적이다. 〈그림 3-19〉에 제시한 공모양의 압흔과 벼(현미)가 근접하고 있다. 이와 같이 접한 위치에 압흔이 존재하는 사례는 거의 없다. 이는 압흔이 되는 이전의 상황을 시사하고 있는 듯하다. 전술한 바와 같이 〈그림 3-19〉는 기장일 가능성이 높고 찌그러져 있는 상태이다. 옆에 있는 벼의 압흔은 이삭을 제거하고 완전히 현미가 된 것이다. 모두 매조미를 한 상태로 압흔이 되었다. 이로 인해 기장과 벼가 함께 매조미가 되었을 가능성을 추정할 수 있다.

Ⅳ. 검출된 압흔의 사례들(한반도)

한반도의 압흔 연구는 이제 막 시작한 단계에 있기 때문에 압흔의 흔적이 관찰된 유적과 지역은 매우 한정적이다. 따라서 본고에서 다루고 있는 압흔의 사례들은 한반도의 전반적인 상황을 반영하고 있는 것은 아니며, 단지 대략적인 경향만을 가리킬 것으로 판단된다. 한반도에서 농경의 시작은 생각보다 오래되었는데 신석기시대 조 · 전기까지 거슬러 올라갈 것으로 판명되었으며, 이보다 더 이를 가능성도 있다. 또한 각 지역에서의 전개양상에 대해 흥미는 끝이 없다. 이 장에서 다루는 압흔자료는 필자가 조사한 것에만 한정하였고, 한반도 전체의 압흔을 망라한 것은 아니다. 이에 대해서는 향후에 보완하고자 한다.

1. 신석기시대의 압흔(그림 4-1~12)

신석기시대 압흔자료에 대한 사례는 적다. 필자는 石橋里유적과 東三洞패총 출토 토기의 일부에 대해 압흔조사를 실시하였다. 조사 결과, 신석기시대의 이른 단계부터 재배식물이 출현한다는 점에서 일본의 죠몬시대와 달랐으며, 또한 일본에서는 벼과 식물을 비롯해 다종다양한 식물종자가 있는데 비해 한반도에서는 그 종류가 적었다.

〈그림 4-1~8〉은 석교리유적에서 검출된 압흔이다. 〈그림 4-1〉은 기장의 압흔이다. 크기는 직경 2mm 전후이며, 내외영은 명료하다. 탈각(有ふ果) 외영측은 둥글고 평활하다. 석교리유적 압흔 중 20점은 기장이고, 나머지 1점은 기장일 가능성이 있는 것으로 총 21점이 확인되었다. 〈그림 4-2〉는 조의 압흔이다. 크기는 직경 1mm 강, 내외영은 명료하고 탈각 외영측은 둥글게 부풀었다. 표면에는 유두 모양의 돌기열이 잘 남아 있다. 석교리유적에서는 14점의 조 및 조일 가능성이 있는 압흔을 확인하였다. 〈그림 4-3, 4〉는 강아지풀의 압흔이다. 조에 비해 약간 세장한 장타원형을 띠고 있다. 〈그림 4-3〉은 영과, 〈그림 4-4〉는 탈각이다. 3의 표면에는 다소 불규칙한 돌기열이 있지만 불명료하다. 〈그림 4-4〉의 외영과 내영은 잘 남아 있다. 유두 모양 돌기열도 불명확하지만 관찰할 수 있다. 〈그림 4-5〉는 식물 종자가 싹이 튼 상태를 나타낸 특이한 압흔이다. 이는 자엽(떡잎) 양측에 뿌리가 뻗은 상태이다. 싹이 튼 상태의 압흔은 토기제작의 계절을 알 수 있는 중요한 자료가 된다. 그러나 종은 불명확하다. 〈그림 4-6〉과 〈그림 4-7〉은 대형의 압흔이며 〈그림 4-6〉은 그 일부만 남아 있는 상태이다. 〈그림 4-7〉의 전체적인 평면형은 장타원형을 띠지만 한쪽 편의 선단에 가까운 부분의 측변에는 파인 부분이 관찰된다. 파인 부분의 윗쪽에는 능선이 들어가며 거기서 단부(端部)에 걸쳐서 삼각형을 띤다. 그 아랫부분은 껍질이 삼각 모양으로 벌어져 있는 듯하다. 〈그림 4-8〉은 단자엽식물 잎의 일부로 생각된다. 압흔은 길이 4.4mm, 폭 2.6mm, 두께 0.6mm로 작지만 중앙부에는 잎줄기가 관찰된다. 〈그림 4-9~12〉는 동삼동패총의 압흔이다. 〈그림 4-9, 11, 12〉는 나무 싹의 압흔이다. 이는 큐슈의 여러 유적에서 확인되지만 많지 않기 때문에 특이한 상황이라 할 수 있다. 나무 싹의 압흔은 토기제작시기를 말해주는 근거가 된다. 〈그림 4-7〉은 언뜻 보기에 겉겨로 추정되는 압흔이다. 장축을 따라 미세한 선이 돌아가고 이에 직교하는 가로로 긴 돌기열이 관찰된다. 종은 불명확하다.

2. 청동기시대의 압흔(그림 4-13~32)

청동기시대에 해당하는 압흔의 가장 큰 특징은 벼의 출현과 전개이다. 또한 신석기시대 이래의 재배식물인 기장, 조도 계속해서 존재한다. 그 외에 재배식물의 수반식물로 생각되는 약간의 벼과 식물과 부가산포형인 식물종자, 종을 알 수 없는 압흔과 곤충의 압흔이 각각 한 사례씩 존재할 뿐이다. 벼의 압흔을 제외하면 신석기시대의 압흔 구성과 큰 차이는 없다. 조사유적은 大平里유적, 松院里유적, 松澤里유적, 宮坪里유적 등 총 4개 유적이다. 시기는 돌대문토기, 가락동식토기 단계로 일부는 송국리식토기 단계도 포함한다.

〈그림 4-13~16〉은 벼의 겉겨 압흔이다. 모두 단립의 자포니카종이며 겉겨 표면에는 과립상 돌기열이 잘 남아 있다. 〈그림 4-13〉은 대평리유적, 〈그림 4-14, 16〉은 송담리유적, 〈그림 4-15〉는 송원리유적에서 확인된 압흔이다. 〈그림 4-17〉도 송담리유적에서 검출된 벼의 압흔이지만 영은 基部의 일부만 남아 있는 상태이다. 첨단부(尖端部)는 완전히 소멸되어 있어서 현미와 같다. 이는 매조미의 도중이었던 것으로 보인다. 〈그림 4-18, 19〉는 기장이다. 〈그림 4-18〉은 대평리유적, 〈그림 4-19〉는 송원리유적의 압흔이다. 이들은 직경 2mm 전후이고 내외영은 잘 남아 있다. 〈그림 4-20~22〉는 조의 압흔이다. 〈그림 4-20, 21〉은 송담리유적, 〈그림 4-22〉는 송원리유적에서 검출된 것이다. 이들은 직경 1mm 강이며 잘 남아 있는 내외영과 유두 모양 돌기열이 규칙적으로 배치된 외영측으로 구성된다. 〈그림 4-23, 24〉는 들깨이다. 〈그림 4-23〉은 대평리유적, 〈그림 4-24〉는 송원리유적의 압흔이다. 표면에는 가늘고 낮은 돌기선(隆條線)에 의한 그물코상의 문양이 관찰된다. 〈그림 4-25〉는 송담리유적, 〈그림 4-26〉은 송원리유적에서 검출된 강아지풀의 압흔이며, 〈그림 4-25〉는 영에 싸였다. 〈그림 4-26〉은 수과이며 표면에는 돌기열이 선명하게 잘 남아 있다. 〈그림 4-27~29〉는 궁평리유적의 압흔이며, 〈그림 4-27〉은 벼과 식물의 종자이다. 평면형은 능형에 가까운 타원형이며 테두리에 돌기대(隆帶)를 둘러싸고 편평하다. 〈그림 4-28〉은 벼과 식물 포영의 압흔이다. 그 외에 동형인 압흔 1점이 같은 토기에서 확인된다. 〈그림 4-29〉는 직경 3mm, 두께 1.5mm 전후인 원반형을 띠고 세로방향의 힘줄이 들어간다. 종은 불명확하다. 〈그림 4-30〉은 송담리유적의 압흔이다. 이는 삼능형(三稜形)을 띠며 길이는 3.2mm이다. 기부에는 파인 부분이 확인된다. 종은 불명확하다. 〈그림 4-31, 32〉는 대평리유적의 압흔이다. 〈그림 4-31〉은 도둑갈고리(ヌスビトハギ)의 파편이고 〈그림 4-32〉는 곤충의 압흔이다. 가장 특징을 나타내는 머리부분이 남아 있지 않아서 단정하기는 어렵지만 몸의 점각렬(点刻列)이나 크기로 보아 바구미일 가능성이 높다. 만약 바구미라면 벼와 함께 검출된 가상 오래된 사례가 될 것이다.

V. 압흔에 대한 약간의 검토

이상 일본 죠몬시대~야요이시대 전반과 한반도 신석기시대~청동기시대 전반의 토기의 압흔에 대한 개략을 언급하였다. 여기서는 먼저 압흔에 대한 검토를 한 후 결론을 내리고자 한다.

죠몬시대의 압흔은 식물의 종자 뿐만 아니라 나무의 싹, 거미류, 진드기류, 곤충, 곤충의 애벌레, 미소패 등 다종다양하다. 물론 토기제작 장소의 근처에 있던 것이 무차별로 토기 태토 안에 혼입하였다고 볼 수도 있으나 그렇게 단순한 것만은 아니다. 만약 그렇다면 항상 지표면을 기어서 돌아다니는 개미류의 압흔도 대량 검출되어야 하지만, 필자는 이를 확인한 적도 없고 아직까지 보고된 사례도 없다. 따라서 압흔이 된 자료가 혼입되는 데에는 여러 가지 이유가 있을 듯하다. 이에 대해서 각각 검토해보자.

먼저 생각되는 것은 토기의 혼화재(混和材)에 섞여 들어가서 압흔이 된 경우이다. 미소패는 그 중 하나로 생각된다. 북부 큐슈에서는 작게 파쇄된 패각을 혼화재로 활용한 지역이 있다. 미소패는 이들 패각에 혼입되어 태토 안에 들어간 것으로 추정된다. 그러나 혼화재로 이용되는 조개류는 해산(鹹水産) 조개류가 많기 때문에 담수, 육산 미소패의 압흔에 대해서는 일고할 필요가 있을 것이다. 도토리류, 곤충의 애벌레도 혼화재와의 관련성에서 혼입된 것으로 생각한다. 이 경우 견과인 도토리류의 껍질(일부에 도토리류와 다른 껍질이 존재하지만 동정하기는 어렵다)을 혼화재로 이용하였다. 지역적으로는 파쇄한 조개류를 이용하는 지역과 일부 중복되지만 그 범위는 광범위하다. 도토리류의 압흔은 이들 혼화재 중 특징적인 부분이 다소 큰 파편으로 잔존한 것이다. 그러나 도토리류의 압흔 중에는 이와 같이 우연한 것이 아니라 의식적으로 태토 안에 매납한 것으로 생각되는 압흔을 2, 3 사례 확인하였다. 이에 대해서는 앞으로 충분히 검토할 필요가 있다. 견과류와 같은 도토리의 껍질에 혼동되어서 태토 중에 들어간 것 중에 곤충의 애벌레가 있다. 크기는 2~6mm로 비교적 크다. 애벌레 중 종류가 판명된 것은 졸참나무바구미(コナラシギゾウムシ) 혹은 도토리거위벌레(ハイイロチョッキリ)로 추정되는 한 사례뿐이다. 도토리류는 종류에 따라 기생하는 바구미의 종류도 다르고 그 수도 많다. 껍질을 혼화재로 사용하였을 때 애벌레도 함께 혼입된 것으로 생각된다.

부착산포형인 식물종자 중 쇠무릎지기(イノコズチ), 국화과 식물인 도둑갈고리(ヌスビトハギ) 등은 죠몬인이나 집에서 기르는 개에 부착된 채 토기제작 장소까지 운반되어서 태토에 들어가는 기회가 많았다고 생각한다. 재배식물, 식용식물은 항상 취락 내에 존재하고 있었다고 생각되기 때문에 부착형의 식물보다 더욱 태토에 들어가는 경우가 많았다고 생각할 수 있다.

이상의 자료들에서는 어떡하든 태토에 혼입된 이유를 설명할 수 있었지만, 개중에는 설명이 어려운 자료도 있다. 그 중 하나가 바로 다수 존재하는 벼과 식물과 바구미이다. 대부분의 벼과 식물은 人里植物이기 때문에 취락의 근처에서 존재하고 있었음은 틀림이 없지만 어떻게 취락 내에 들어간 것일까. 벼과 식물의 압흔을 관찰하면 대부분은 후기 후반 이후에 속한다. 이들은 주로 대형이 많지만 소수축(小穂軸)에서 꺾어 뽑은 것, 자연적으로 탈립한 것, 다른 부분이 결실된 것 등은 사람의 손길이 닿은 것이다. 그럼 왜 사람의 손이 들어가게 된 것일까? 이 시기에는 이미 콩을 주로 하는 농경이 큐슈에 전파되어서 실제로 콩류를 재배하고 있었다. 이에 관해 다른 정보에 의하면 한반도는 이미 기장, 조의 농경을 했을 가능성이 높기 때문에 죠몬인이 벼과 식물에 흥미를 가지고 재배화의 시행착오를 반복하고 있었음은 충분히 상정 가능하다. 따라서 벼과 식물이 취락 내에 들어가서 처리되었기 때문에 전술한 바와 같이 벼과의 압흔이 잔존한 것으로 생각된다. 그러나 현재로서는 이러한 견해를 증명할 수 있는 방법이 거의 없으므로 향후의 과제로 남기고자 한다. 또한 거미류는 그 종류로 보아 벼과 식물의 채집에 따라 혼입되었을 가능성이 있다. 다음은 바구미의 압흔에 대해 검토하고자 한다. 바구미는 입(吻)으로 도토리류의 껍질을 뚫을 수 없다. 따라서 바구미의 식량은 껍질을 제거한 과육(果肉)이다. 또한 바구미는 과육에 알을 낳아 세대를 잇는다. 그럼 왜 바구미는 압흔으로 남는 것일까. 이는 바구미의 압흔 양상 자체에서 의미를 찾을 수 있을 듯하다. 바구미의 압흔은 동일종 중 가장 많은 부류에 속하여 토기의 동일파편에 남겨진 여러 마리(2~5마리)의 압흔도 자주 확인할 수 있다. 동일 토기에서 관찰되는 압흔은 우연한 것이 아니다. 우연성이 일어나는 행위 즉 태토 중에 의식적으로 혼입한 것일 가능성이 높다는 것이다. 그렇다면 왜 그러한 행위가 이루어졌던 것일까. 이와 같은 문제는 토기의 혼화재에서도 찾을 수 있다. 혼화재로 이용된 도토리류 또는 조개의 껍질은 작게 부수었기 때문에 이들은 복제할 수 없을 만큼 방대한 양이다. 도토리류는 죠몬인의 주식이었고 조개류도 중요한 식량이었음은 주지의 사실이다. 이러한 점을 참고로 한다면 도토리류와 조개의 껍질이 단순히 토기의 혼화재로 이용되었다고 보기에는 미흡한 점이 많다. 그렇다면 만약 이들을 토기의 태토 중에 혼입하는 것 자체에 의미가 있었다고 생각하면 어떨까. 예를 들어 태토 중에 혼입시키는 행위는 풍요, 풍어를 기원한 제사적인 행위였다고 생각할 수는 없을까. 당시 죠몬인들이 도토리의 과육 안에서 솟아 나오는 바구미를 승화한 것으로 파악하고 토기 중에 의도적으로 혼입시켰을 가능성도 생각할 수 있을 것이다. 물론 증명은 어렵지만 압흔의 의미를 찾기 위해 다각도의 검토가 필요하다.

한일의 신석기 · 청동기시대, 죠몬 · 야요이시대의 압흔을 정리하면 다음과 같다. 죠몬시대의 압흔은 도면으로 제시한 바와 같이 식물 40종, 거미, 곤충류 각 1종, 곤충 애벌레 6종, 미소패 3종으로 총 51종이다. 도면으로 제시하지 않은 것을 포함하면 그 종은 더욱 증가한다. 압흔의 경우 재배식물인 콩류, 바구미가 눈에 띄지만 다종다양하기 때문에 당시의 환경을 잘 나타낸다.

한편 야요이시대는 일변하여 압흔의 종류가 극히 감소한다. 재배식물인 벼, 조, 기장의 압흔이 주체를 점하지만 그 중에서도 벼가 중심을 이룬다. 벼의 압흔에는 겉겨와 현미 두 종류가 있다. 그 외의 식물은 재배식물의 수반식물인 벼과와 기타식물이 약간이시반 존재한다.

한반도에서는 신석기시대와 청동기시대 사이에 큐슈에서 관찰된 것과 같은 큰 변화는 없다. 그 원인으로는 압흔분석을 실시한 유적 수가 많지 않다는 점도 있겠지만 무엇보다 신석기시대의 이른 시기부터 조, 기장의 재배가 실시되었던 것이 주된 원인일 것이다. 재배식물 이외에는 강아지풀이나 종을 알 수 없는 종자와 나무 싹의 압흔이 약간 관찰된다.

청동기시대도 거의 신석기시대와 같지만 중요한 점은 재배식물인 벼가 새로이 확인된다는 것이다. 그러나 압흔에서 보면 양적으로는 조, 기장이 많다. 벼의 압흔의 대부분은 겉겨지만 송담리 유적의 압흔은 영이 반 이상 박리되었기 때문에 언뜻 보기에 현미로 보인다. 이는 매조미 단계의 것일까. 그 밖에 들깨, 강아지풀, 벼과 식물, 종을 알 수 없는 것, 도둑갈고리 등이 있지만 양은 적다. 가장 주목되는 것은 바구미로 생각되는 곤충의 존재이다. 특정을 알 수 있는 머리부분이 결실되었기 때문에 확정할 수 없지만 그럴 가능성이 높다. 또한 이는 벼와 함께 검출된 가장 오래된 사례이다.

VI. 토기의 압흔으로 본 농경의 개시와 전개

여기서는 토기의 압흔을 통해 본 한반도, 일본의 농경 개시와 전개, 그 관련성에 대해 검토하고자 한다.

지금까지의 압흔조사를 통해 한반도에서는 신석기시대 조·전기의 이른 단계부터 조, 기장을 재배하는 농경이 시작되었던 것이 명확해졌는데 이러한 개시연대는 동아시아에서 가장 오래된 시기에 상당한다. 한편 현시점에서 일본 죠몬시대는 조, 기장을 재배하는 농경은 존재하지 않는다. 그러나 중기에 중부지방에서는 대두를 중심으로 한 콩류의 재배가 성립하여 중기 후반~후기 전반에는 큐슈로 전파된다. 중기 이후 한반도와 일본은 전혀 다른 농경이 존재하였던 것이다. 그간, 한반도와 일본 특히 큐슈 북부지역과의 교류가 끊임없이 계속되었던 것은 양지역에서 출토된 반입토기나 석기, 기타 다른 문화제요소를 나타내는 유물을 통해 실증된다. 그럼 왜 한반도의 조, 기장의 재배농경은 일본에 전파되지 않았던 것일까. 또는 일시기 전파는 하였으나 사정으로 인해 전개하지 않았던 것일까. 흥미로운 문제이다.

한반도의 신석기시대에서 청동기시대에 걸친 농경의 변화는 압흔에서 보는 한 재배식물에 벼가 추가될 뿐이고 다른 식물 압흔에서도 큰 변화는 관찰되지 않는다. 그러나 실제 문제로서는 벼를 재배하기 위한 새로운 생산지의 확보가 있어야 한다. 즉 수전의 개발, 조성이 필요하다. 수전 조성에는 수로의 굴착, 수전면의 조성, 우물(井堰)의 설치 등 대규모의 토목공사가 수반되기 때문에 주변환경까지 큰 변화를 가져오지만 전기단계에는 그 정도까지 전개하지는 않았던 것으로 생각된다. 압흔을 통해 보는 한 조·기장이 주체를 점하고 벼는 부수적이다. 그다지 넓은 경작지를 필요로 하지 않았던 것으로 생각되며 자연제방 뒤쪽의 구하도 등을 선정하였다. 수리(水利)관계는 불충분한 채로 이용되었을 가능성이 높다. 그보다 안 좋은 환경의 경우 조·기장의 경작지에 벼를 혼재하는 형태로 재배되었을 가능성도 생각된다. 이와 같은 청동기시대 전기의 농경은 남하하여 곧 서북 큐슈에서 북부 큐슈의 해안부에 전파된 듯하다.

압흔에서 보면 큐슈에 전파된 농경은 한반도 청동기시대의 압흔 구성과 비교해도 큰 변화는 관찰되지 않는다. 재배식물은 벼, 조, 기장으로 구성되고 종류는 완전히 같다. 그러나 구성 비율만 크게 변화한다. 이전까지 종적인 존재였던 벼가 중심을 이룬 반면 조, 기장은 그 흔적을 남기는 데에 지나지 않는다. 이는 남하에 따라 재배식물의 순화가 진행된 결과로 생각된다. 이 시기에 해당하는 북부 큐슈의 수전은 확인되지만 밭은 없다. 福岡市 板付유적의 경우 취락의 동서에 위치한 충적지에 수로를 끌어들이고 이러한 수로에 둑(堰)을 설치해서 관개설치를 정비·완성시킨 수전이다. 佐賀縣 菜畑유적의 수전은 전형적인 산골짜기 수전(谷水田)이다. 전기단계에는 골짜기의 중앙부에 배수용 수로가 굴착되고, 수로의 도중에는 수량 조절을 위한 돌을 설치하였다. 이 수전도 완성된 한 형태이다(山崎 1987). 그 밖에 여기서 취급한 免유적, 原유적, 重留稻木유적은 모두 早良평야 충적지의 자연제방상에 입지한다. 이러한 상황을 고려하면 기장, 조의 생산지인 밭은 취락이 입지하는 중위단구나 자연제방 등 한정된 장소에서 조성할 수 밖에 없기 때문에 대단히 좁은 공간이었을 것으로 생각한다. 만일 수전을 이용하였다고 하더라도 벼와 조, 기장은 서로 반대되는 경작지에서 재배되기 때문에 공존할 수 없는 것은 명백하다. 〈그림 3-32〉의 사진과 같이 기장으로 추정되는 압흔과 현미의 압흔이 서로 옆에 위치하는 것은 동시에 매조미(현미의 상태로 탈곡)하였음을 알 수 있는 것이고 벼와 기장은 미분화 상태였던 것을 가리킨다. 이상의 상황을 고려하면 재배식물이 벼로 특화되어서 수전을 완성해가는 지역은 한반도 남서부에서 서북부 큐슈 일대였다고 추정된다. 이것이 맞다면 완성된 문화로 출현하는 板付 I 식토기와 이 문화도 이 일대에서 성립하였다고 생각할 수 있다. 최근 경상남도 진주시 平居洞유적 3-1지구(경남발전연구원 2011)에서 채색토기 2점이 출토되어 板付 I 식토기의 채문토기와 비교가 가능해졌다. 앞으로 이 지역의 조사가 진전되면 청동기시대의 농경 내용과 전파의 상황이 좀 더 명백해질 것으로 생각된다.

또한 야요이시대 개시에 수반되는 농경의 전파에 대해서는 많은 사람의 이주가 있었음은 주지의 사실이다. 무덤, 주거의 형태는 물론 토기, 석기, 목기 등의 생활도구나 여러 문화적 요소에 이르는 모든 부분에서 큰 변화가 있었다. 농경의 전개에 있어서도 많은 사람의 이주가 필요했고 이주한 사람들이 큰 역할을 수행한 것은 더 이상 말할 필요가 없다. 죠몬시대에는 재배식물이 전파되었을 가능성을 시사하였으나 큐슈의 죠몬시대에는 이주로 볼 수 있는 변화는 없다. 어느 정도의 이주자가 없으면 농경의 전개는 없었던 것일까? 앞으로의 과제로 남기고 싶다.

여기서는 한 유적에서 출토된 모든 토기를 대상으로 압흔의 출현율에 대해 언급하고자 한다. 석교리유적에서 출토된 토기·토제품 총 513점(토기 511점, 토제품 2점) 중 최종적으로 압흔이 확인된 것은 52점이며 이러한 압흔의 출현율은 10.14%이다. 1점의 도기편에서 여러 가지의 압흔을 관찰할 수 있기 때문에 실제로 더욱 비율은 떨어지지만 약 10%의 토기에서 압흔이 관찰된다. 이 비율은 한반도의 경우와 거의 공통되며 청동기시대 전기의 자료로 제시한 대평리, 송원리, 송담리, 궁평리에서도 같은 결과를 얻었다. 이러한 비율은 일본 죠몬·야요이시대 출토 토기에서 검출된 압흔의 출현율이 1% 전후라는 점을 감안하면 대단히 높은 비율이라고 할 수 있다. 그렇다면 왜 이러한 현상이 일어난 것일까? 명확한 해답을 내릴 수는 없지만 대신 그에 대한 단서는 동일 토기에서 관찰되는 많은 압흔에서 찾을 수 있다. 여기에서는 극단적인 사례를 들기로 한다. 석교리유적 출토 유물번호 290번 토기는 거의 완형으로 복원할 수 있는 심발형토기이다. 이 토기의 내면에는 기장 5, 기장(?) 2, 조 1, 조(?) 2, 강아지풀(속) 2점 등 합계 12점의 압흔을 관찰할 수 있다. 표면에 보이지 않는 압흔을 고려하면 이들 종자가 우연히 태토에 혼입되었다고 생각하기 보다는 인위적인 결과로 보는 것이 타당할 듯하다. 인위적으로 혼입하였다면 그 용기에 넣을 재배식물의 풍요를 기원한 것으로 생각된다. 큐슈 검출 바구미나 토기의 혼화재로 이용된 도토리류 또는 조개의 껍질 또한 그 풍요와 풍어를 기도한 결과로 보아야 할 것이다.

Ⅶ. 맺음말

　일본, 한반도 출토 토기의 압흔에 대해 개관하였으나 압흔 연구는 아직 초보적인 단계에 있다. 앞으로 압흔의 자료 수집, 축적이 진행되면 농경문제나 환경문제뿐만 아니라 많은 문제가 해명되는 동시에 많은 과제가 제기될 것으로 생각한다. 한국에서의 필자의 압흔 연구도 이제 막 시작하였기 때문에 앞으로 기대한 바가 크다.

　본고 작성에 있어서 많은 분들께 협조와 교시를 받았다. 그 중 고려대학교 이홍종 교수님께서는 연기지역의 유적 출토 압흔 탐사 및 복제품 제작에 편의를 제공하셨고 또한 많은 교시를 받았다. 金武重, 金權中, 趙成祜, 朴潤珠, 孫晙鎬, 玄大煥, 崔仁建, 金智賢, 梁智勳, 藤田憲司, 比佐陽一郎, 片多雅樹, 田上勇一郎, 宮崎敬士, 池田明生, 黑住耐二, 小西德郎 각 선생님께서도 협조 및 교시를 받았다. 이에 감사드린다.

小畑弘己 · 佐々木由香 · 仙波靖子, 2007, 「土器壓痕から見た繩文時代後 · 晚期における九州のダイズ栽培」 『植生史研究』15-2, 日本植生史學會, pp.97~114.

鏡山 猛, 1961 · 1962, 「原生期の織布 -九州の組織文土器を中心に-」『史淵』上 · 中 · 下.

金城旭 · 中山誠二, 2013, 「松竹里遺蹟 及 鳳溪里遺蹟 土器壓痕 分析의 成果」『先史時代朝鮮半島內陸部における雜穀農耕の科學的研究』ワークショップ資料集.

경남발전연구원, 2011, 『진주평거 3-1지구유적Ⅰ~Ⅵ』.

小林達雄, 1977, 「器面に殘された繩文土器の環境」『日本原始美術大系Ⅰ 繩文土器』, 講談社.

孫晙鎬 · 中村大介 · 百原新, 2010, 「복제(replica)법을 이용한 청동기시대 압흔 분석」『야외고고학』제8호, 한국문화재조사연구기관협회.

山崎純男, 1987, 「北部九州における初期水田 -開田地の選擇と水田構造の檢討-」『九州文化史硏究所紀要』 32, 九州大學文學部九州文化史研究所.

山崎純男, 2005, 「西日本繩文農耕論」『韓 · 日新石器時代の農耕問題』第6回韓 · 日新石器時代共同學術大會發表資料集.

山崎純男, 2012, 「西日本における蛇の裝飾」『尖石繩文考古館10周年記念論文集』, 茅野市尖石繩文考古館, pp.54~77.

山崎純男, 2013, 「足形土器の祖形と展開」『先史學 · 考古學研究と地域 · 社會 · 文化論』高橋信武退職記念論集編集委員會, pp.61~81.

제5장
청동기시대 어패류 연구

김건수 　목포대학교 고고학과

Ⅰ. 머리말

　　우리나라에 농경 생활이 본격적으로 영위되던 청동기시대가 되면 이전의 수렵 · 채집 · 어로 생활을 영위하던 신석기시대와는 달리 많은 변화가 일어났고, 그 결과가 유적의 형성과도 직접적으로 관련짓게 된다. 즉 신석기시대의 많은 패총들이 청동기시대가 되면 중부 동북지방과 서해안지방을 제외하고는 대부분의 지역에서 소멸되게 된다. 이처럼 패총들이 급감하여 산성이 강한 우리나라의 토양에서는 유기물질인 어패류가 남지 않으므로 청동기시대의 어패류를 검토하기는 어려움이 많다. 그동안의 발굴조사에 의해 청동기시대의 어패류가 확인된 곳은 〈사진 1〉에 보이는 것처럼 8개 유적에 불과하다. 그 분포를 보면 〈표 1〉에 나타낸 것처럼 동북지방에 1개소, 서해안지방에 7개소가 집중되어 있다.[1]

　　어패류의 분석에 관한 세부 내용을 살펴보면 1990년대 이전까지는 보통 발굴자의 주관에 의해 다량 · 보통 · 소량으로 표시하였으나 1990년 이후로는 물체질에 의한 정량분석이 이루어지고 있

---

1) 나진 초도패총이 청동기시대에 속하는지에 관해서는 의견이 분분하나 소고에서는 청동기시대에 포함시켜둔다.

다. 패총의 대략적인 성격을 파악하기 위해서는 전자의 경우도 가능하나 패총을 형성한 사람들의 어로생활을 알기 위해서는 후자를 필요로 한다. 단편적인 예로 서천 옥북리유적의 분석 사례에는 종의 대한 정량 분석이 이루어지지 않아 패총을 형성한 사람들이 식용으로 어떤 패류를 이용하였는지 혹은 패류를 채취하기 위한 옥북리 사람들의 행동반경은 얼마나 되었는지 알 수 없다. 단지 패각의 계절성분석이 이루어졌는데 종래의 나이테분석이 아닌 산소동위원소를 이용한 방법이 시도되고 있는 점은 높이 평가할 수 있을 것이다(김진경·우경식 2007).

표 1 _ 청동기시대 어패류 출토 유적 일람표

유적			어·패류 출토현황
동북 지방	나진 초도	패류	백합, 귀조개(전복), 밥조개(가리비), 참굴, 밤색무늬조개, 털담치, 동해담치, 성게, 골뱅이
		어류	방어, 명태, 상어, 불볼락, 은어, 망상어, 가자미
서 해 안	장금도패총	패류	참굴, 비로드복털조개
	고 남 리 패 총	1차 패류	갯우렁이, 눈알고둥, 대수리, 대추고둥, 댕가리, 동다리, 밤고둥, 비틀이고둥, 어깨뿔고둥, 점박이계란고둥, 주름송곳고둥, 큰구슬우렁이, 피뿔고둥, 가리맛조개, 가무락조개, 참꼬막, 참굴, 대복, 바지락, 말백합, 왕우럭조개, 키조개
		1차 어류	감성돔, 옥돔, 참돔, 황돔, 농어, 자주복, 방어, 참복科, 광어, 가오리科, 매가오리
		2차 패류	전복, 피뿔고둥, 대수리, 어깨뿔고둥, 눈알고둥, 밤고둥, 비단고둥, 동다리, 댕가리, 갯비틀이고둥, 대추고둥, 흰삿갓조개, 갯우렁이, 큰구슬우렁이, 각시수랑, 돼지고둥, 참굴, 토굴, 바지락, 말백합, 대복, 가무락조개, 우럭, 가리맛조개, 비단가리비, 홍합, 꼬막조개科, 피조개, 동죽
		2차 어류	참돔, 타이완돔, 감성돔, 농어, 가자미科, 광어, 가오리科, 참복科, 졸복, 양태, 민어, 준치, 보구치, 붕장어, 매가오리, 상어目
		8차 패류	논우렁이, 동다리, 댕가리, 맵사리, 대수리, 피뿔고둥, 대추고둥, 참굴, 참꼬막, 피조개, 바지락, 말백합, 대복, 가무락조개, 살조개, 가리맛조개, 우럭
		8차 어류	참돔, 농어, 광어, 숭어, 양태
	옥북리유적	패류	참굴, 소라, 피뿔고둥, 말백합, 대수리, 가무락조개
	격하패총	패류	눈알고둥, 총알고둥, 갯고둥, 댕가리, 대수리, 피뿔고둥, 참굴, 바지락, 민들조개
	소송리패총	패류	피뿔고둥, 대수리, 두드럭고둥, 참굴, 말백합, 대복, 바지락, 가무락조개, 살조개, 동죽, 맵사리, 동다리, 보말고둥, 눈알고둥, 댕가리, 얼룩비틀이고둥, 개울타리고둥, 큰구슬우렁이
		어류	까치상어, 참복, 참돔
	오식도패총	패류	눈알고둥, 총알고둥, 대수리, 피뿔고둥, 홍합, 참굴, 돌조개
	가도패총	패류	참굴, 백합, 보말고둥, 눈알고둥, 피뿔고둥, 두드럭고둥, 대수리

청동기시대 어로에 관한 연구는 필자가 『한국의 원시·고대의 어로문화』에서 청동기시대의 어로활동은 벼농사의 본격적인 재배와 함께 급격히 쇠퇴하였고, 벼농사에 따른 내수면어업으로 변화하였음을 지적하였다(김건수 1997). 이후 신숙정이 청동기시대의 생업을 정리하는 가운데 약간 언급한 것이 있고(신숙정 2001), 이준정은 가도패총에서 청동기시대 패총이 참굴에 집중하고 유물의 출토 양상으로 보아 가도는 굴 채집만을 위한 패류 가공 유적으로 파악하고 있다(이준정 2002). 가공유적이라고 생각한 이유가 무엇인지는 모르겠지만 단지 참굴 종류만 보인다고 그렇게 단정하기는 어려울 것 같고 오히려 계절적 요인으로 보는 것이 타당할 것 같다. 그리고 김성욱이 청동기시대 어로활동 가운데 어패류를 언급한 것이 있는 정도이다(김성욱 2008). 소고에서는 그동안 발굴조사된 자료들을 종합하여 청동기시대의 어로생활 가운데 어패류 획득과 관련된 행위와 장래 과제점이 무엇인지를 밝히는 것을 목적으로 한다.

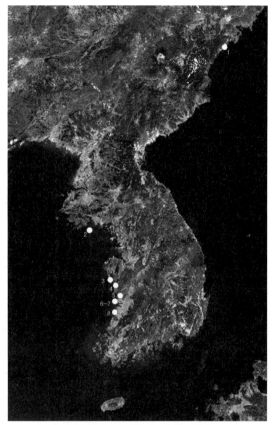

사진 1 _ 청동기시대 어패류 출토 유적 분포도

Ⅱ. 청동기시대 패류 출토유적과 성격

패류는 크게 수온, 저질, 염도에 의해서 서식지가 결정되는데, 이를 잘 정리한 것이 〈그림 1〉이다(松島 1984). 이를 바탕으로 패총인들이 어떠한 패류 채취 행위를 했는지 알 수 있다.

서해안에서 채취된 패류는 〈표 2〉에 보이는 것처럼 참굴, 반지락이 중심이고 피뿔고둥, 눈알고둥, 총알고둥, 대수리 등이다. 참굴은 간석지의 돌, 조간대의 암초 지대에 서식하는 종으로 현재 서해안지역에서는 석화라 불리우며 겨울철이 진미의 계절이다. 다음은 반지락으로 부안 격하패총, 고남리패총에서 확인되는데 이것들은 사니질의 조간대에서 서식하는 종이다. 권족류로는 피뿔고

水域	沿岸水			內灣水					
地理的位置	灣의 外側			灣口部	波食台	灣中央部		灣娛部	河口
底質	岩礁	砂泥質	砂質	砂礫質	岩礁	砂質	silt~泥質	砂泥質	砂泥質
潮間帶									感潮域群集 干潟群集 재첩科 굴 꼬막 가무락조개
上部淺海帶	外海岩礁性群集 소라 전복 밤고등				內灣岩礁性群集 큰뱀고둥	內灣砂底群集 백합 떡조개 반지락 동죽 새꼬막		돌고부지 동다리 內灣泥底群集 피조개	

그림 1 _ 내만 및 연안에서의 생식환경과 패류군의 구분(松島, 1984에 가필)

표 2 _ 청동기시대 패총 출토 패류 일람표(%)

종명 \ 유적	장금도패총	격하패총	오식도패총	소송리패총	고남리패총 1차	고남리패총 2차	고남리패총 (한서대)
참굴	99.9	23	92.5	79	88.3	60	68
피뿔고둥		0.2	1.7	2		8	4
눈알고둥		0.1	0.8				
총알고둥		3	0.6				
두드럭고둥				1			1.4
대수리		0.2	4.1	2		9	2.5
댕가리		0.8					
갯고둥		3.1					
바지락		54.5		11	5.5	13	23.1
민들조개		15					
돌조개			0.1				
홍합			0.1				
비로드복털조개	0.1						
말백합				4			
대복				1			
기타					6.2	10	1

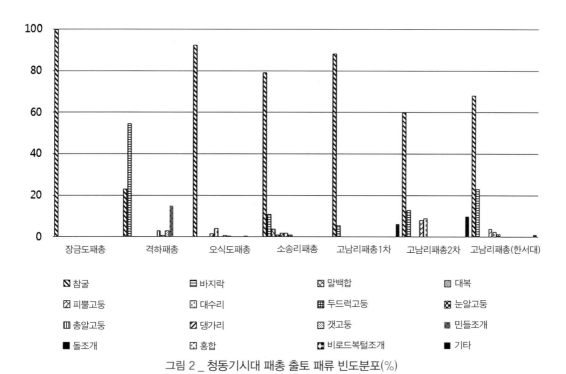

◨ 참굴	⊟ 바지락	⊠ 말백합	▥ 대복
⊠ 피뿔고동	⊞ 대수리	⊞ 두드럭고동	⊠ 눈알고동
⫿ 총알고동	⊘ 댕가리	⊠ 갯고동	▦ 민들조개
■ 돌조개	⊠ 홍합	⊞ 비로드복털조개	■ 기타

그림 2 _ 청동기시대 패총 출토 패류 빈도분포(%)

사진 2 _ 서해안지방 주요 패류(현생표본) (1. 참굴, 2. 백합, 3. 반지락, 4. 피뿔고동, 5. 대수리)

등, 총알고둥, 대수리 등이 있는데 피뿔고둥은 조간대의 사니질에 서식하고, 대수리와 총알고둥은 조간대의 암초지대에 서식한다. 이를 종합하여 살펴보면 서해안에서 식용을 목적으로 채취한 패류는 조간대의 간석지와 암초지대에서 참굴, 바지락을 중심으로 권족류인 피뿔고둥, 대수리 등을 채취하였다. 총알고둥은 상당한 비율을 차지하나 소형이기 때문에 다른 패류를 채취할 때 딸려 온 것으로 보인다.

Ⅲ. 청동기시대 어류 출토유적과 성격

어패류가 출토되는 청동기시대의 유적은 소수인데 그 가운데 어류가 출토되는 유적은 〈표 3〉에 보이는 것처럼 동북지방의 나진 초도패총과 서해 중부지방의 고남리패총과 소송리패총에 한정된다. 나진 초도패총의 경우 가자미, 방어, 명태, 상어류 등의 종류는 명시되어 있지만 그 양이 얼마인지 분석되지 않아 어떤 종류의 어류에 초도사람들이 집중되었는지는 알 수 없다. 여기서 우리가 알 수 있는 것은 가자미, 방어, 명태 등은 대표적인 한류성 어종임을 감안하면 겨울철에 활발한 어류포획이 이루어졌음을 알 수 있다. 한편 고남리패총과 소송리패총에서는 어로활동 결과가 〈그림 3〉과 같은 비율로 참돔, 가오리류, 숭어, 참복 등이 포획되었음을 알 수 있다. 특히 가장 많은 양을 차지하는 참돔인 것을 고려한다면 아주 흥미로운 사실을 생각할 수 있다. 참돔은 서

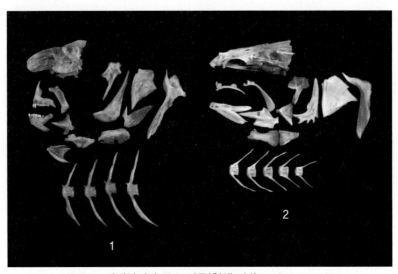

사진 3 _ 서해안지방 주요 어류(현생표본)(1. 참돔, 2. 농어)

표 3 _ 청동기시대 패총 출토 어류 일람표

유적종명	나진초도	장금도패총	고남리패총1차	고남리패총2차	고남리패총8차	고남리패총(한서대)	소송리패총	옥북리유적	오식도패총	가도패총	격하패총
참돔			2	17	9		6				
감성돔			1	2							
옥돔			2								
황돔			1								
타이완돔				2							
농어			2	3	5						
광어			1	3	2						
참복科			2	3		1					
참복							5				
자주복			1								
졸복				1							
양태				2	1						
숭어					9						
불볼락	O										
은어	O										
망상어	O										
가오리科			1	19							
매가오리			1	8							
가자미科				1							
가자미	O										
방어	O		1								
명태	O										
민어				1							
준치				2							
보구치				1							
붕장어				1							
상어目	O			1							
까치상어							1				

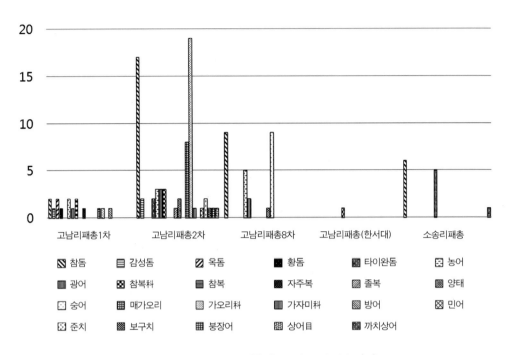

그림 3 _ 청동기시대 패총 출토 어류 빈도분포(%)

해안에 회유하는 계절이 초여름에서 가을까지이므로 고남리패총과 소송리패총 사람들은 초여름에서 가을 사이에 참돔을 대상으로 어로행위를 했음을 알 수 있다. 이외에 오식도패총, 부안 격하패총도 물체질에 의한 분석이 이루어졌으나 어류유체가 확인되지 않은 것을 보아 유적에 따라 어류포획을 위한 적극성에 차이가 있었거나, 유적의 형성에 있어 계절적인 요인에 의해 차이가 있을 것으로 생각된다. 즉 서해안의 경우 수온이 떨어져 휴어장이 되기 때문에 어류보다는 패류를 목적으로 패총이 형성되었음을 보여줄 수도 있다.

Ⅳ. 어패류로 본 청동기시대 어로활동

위에서 살펴본 바와 같이 청동기시대의 어로활동은 중부 서해안지방에 집중되어 있으며 약간 동북지방에 초도패총이 있을 뿐으로 신석기시대와 철기시대의 어로활동과는 비교할 바가 안된다.

청동기시대의 어로활동은 지역에 따른 차이점과 각기 유적의 특색이 반영되어 있다. 지역에 따른 차이점은 동해안과 서해안이라는 점이다. 동해안에서는 한류성 어종인 가자미, 방어, 명태 등

사진 4 _ 청동기시대 유적 출토 어구(1. 고남리패총 2차, 2. 오식도패총, 3. 격하패총)

이 주를 이루고, 서해안에서는 초여름에서 가을까지의 회유어인 참돔, 가오리류, 복어류가 주를 이루는 것이다. 각 유적의 특색을 보여주는 것은 패류만 채취한 유적과 어류와 패류를 포획한 유적이 있다. 패류만 채취한 유적은 옥북리, 오식도, 가도, 격하패총이 있고, 어류와 패류를 포획한 유적은 고남리패총과 소송리패총이 있다. 이들 유적간의 차이는 유적을 점유한 집단의 특징과 관련 있을 것으로 생각된다. 첫 번째는 유적을 점유한 계절성의 문제이다. 서해안은 겨울에 휴어장이 되는데 고남리와 소송리패총을 제외한 나머지 유적에서는 어류가 없던 겨울에 해안에서 참굴을 주로 채취하였던 유적이고, 고남리와 소송리패총은 년중 유적지 부근에서 생활하였음을 볼 수 있다. 이는 어류유체와 더불어서 고남리패총에서는 단식낚시(사진 4-1)가 출토되는 것으로 알 수 있다. 물론 어류유체가 확인되지 않았다고 해서 어류포획을 하지 않았다고 단정해서는 안된다. 시간과 예산의 문제로 모든 발굴자료를 물체질 할 수 없고, 또 어류유체는 확인되지 않았지만 오식도패총과 격하패총에서 확인되는 어망추로 보아 생각할 수 있다(사진 4-2 · 3).

이런 모든 요소를 고려하여 청동기시대의 어패류 포획활동은 계절적인 요인에 의해 움직여졌으며 그 무대는 조간대부근에서 활발히 이루어졌고, 또한 집단의 차이에 따라 어류와 패류의 선호도가 차이가 있음을 알 수 있다.

V. 맺음말

소고에서는 청동기시대의 어패류의 검토를 통해서 동해안과 서해안 일부 지역에 한정되어서 소수의 패총이 위치하고, 또 지역에 따라서는 물체질을 행하였음에도 불구하고 어류유체는 확인되지 않음을 알 수 있었다. 장래과제를 정리하는 것으로 맺음말에 대신하고자 한다.

소수밖에 없는 청동기시대 패총의 발굴조사시 자연유물에 대한 관심이다. 즉 정확한 정량분석이 이루어져야 그 패총이 갖고 있는 성격이 드러날 수 있다. 현재는 보고서에 부록으로 실리는 정도에 불과하고 있는데 자연유물도 인공유물과 차이 없이 다루어져야 한다.

왜 청동기시대가 되면 패총이 신석기시대에 비해 급감하게 되었는가? 신석기시대에 동해안 일부 지역을 제외한 전역에 분포하고 있는 패총이 청동기시대에 들면 소수만 남는데 그 이유가 무엇인지 아직 밝혀지지 않고 그저 생업의 변화에 기인할 것으로 추측만 하고 있다. 즉 본질적으로 생업이 변화하는데 왜 이렇게 되었는지는 제대로 설명되지 않고 있다.

왜 청동기시대에는 동·서해안 일부지역에서만 패총이 입지하는지? 지역적으로는 동·서해안에 입지하는데 신석기시대에 가장 왕성하게 패총이 형성되었던 남해안지방에는 패총이 형성되지 않았는지 그 이유를 우리는 아직 파악하지 못하고 있다. 이러한 것들이 해결되었을 때 작게는 청동기시대의 어패류가 갖는 특징을 알 수 있으며, 크게 청동기시대의 어로문화를 파악할 수 있을 것이다.

참고문헌

김건수, 1997,『한국 원시·고대의 어로문화』, 학연문화사.

김성욱, 2008,「청동기시대의 어로활동」『한국청동기학보』3호, 한국청동기학회.

김진경·우경식, 2007,「패각류 채집의 계절성 연구」『서천 옥북리유적』, 충청문화재연구원.

松島義章, 1984,「日本列島における後氷期の淺海性貝類群集」『神奈川縣立博物館研究報告』15號.

신숙정, 2001,「우리나라 청동기시대의 생업경제」『한국상고사학보』35호, 한국상고사학회.

이준정, 2002,「가도패총 신석기·청동기시대 생계양식의 변화상」『한국신석기연구』제3호, 한국신석기
　　　학회.

전북대·목포대박물관, 2002,『비응도·가도·오식도패총』.

중앙문화재연구원, 2008,『인천 장금도패총』.

충남대학교박물관, 2001,『가도패총』.

충청문화재연구원, 2007,『서천 옥북리유적』.

한양대학교박물관, 1990~1998,『안면도 고남리패총-1차~8차』.

한국문화재보호재단, 2000,『서해안고속도로 7·8공구 문화유적 발굴조사보고서』.

호남문화재연구원, 2005,『부안 격하패총』.

찾아보기

【ㅎ】